Michael Kain

Selenium

Web-Applikationen automatisiert testen

Alle in diesem Buch enthaltenen Programme, Darstellungen und Informationen wurden nach bestem Wissen erstellt. Dennoch sind Fehler nicht ganz auszuschließen. Aus diesem Grunde sind die in dem vorliegenden Buch enthaltenen Informationen mit keiner Verpflichtung oder Garantie irgendeiner Art verbunden. Autor(en), Herausgeber, Übersetzer und Verlag übernehmen infolgedessen keine Verantwortung und werden keine daraus folgende Haftung übernehmen, die auf irgendeine Art aus der Benutzung dieser Informationen – oder Teilen davon – entsteht, auch nicht für die Verletzung von Patentrechten, die daraus resultieren können. Ebenso wenig übernehmen Autor(en) und Verlag die Gewähr dafür, dass die beschriebenen Verfahren usw. frei von Schutzrechten Dritter sind.

Die in diesem Werk wiedergegebenen Gebrauchsnamen, Handelsnamen, Warenbezeichnungen usw. werden ohne Gewährleistung der freien Verwendbarkeit benutzt und können auch ohne besondere Kennzeichnung eingetragene Marken oder Warenzeichen sein und als solche den gesetzlichen Bestimmungen unterliegen.

Dieses Werk ist urheberrechtlich geschützt. Alle Rechte, auch die der Übersetzung, des Nachdrucks und der Vervielfältigung des Buches – oder Teilen daraus – vorbehalten. Kein Teil des Werkes darf ohne schriftliche Genehmigung des Verlags in irgendeiner Form (Druck, Fotokopie, Mikrofilm oder einem anderen Verfahren), auch nicht für Zwecke der Unterrichtsgestaltung, reproduziert oder unter Verwendung elektronischer Systeme verarbeitet, vervielfältigt oder verbreitet werden.

Bibliografische Information Der Deutschen Nationalbibliothek

Die Deutsche Nationalbibliothek verzeichnet diese Publikation in der Deutschen Nationalbibliografie; detaillierte bibliografische Daten sind im Internet über http://dnb.d-nb.de abrufbar.

© 2008 Open Source Press, München
Gesamtlektorat: Ulrich Wolf
Satz: Open Source Press (LaTeX)
Umschlaggestaltung: www.fritzdesign.de
Gesamtherstellung: Kösel, Krugzell

ISBN 978-3-937514-57-4   http://www.opensourcepress.de

Inhaltsverzeichnis

Vorwort   **9**

1 Einleitung   **11**
    1.1   Überblick 12
    1.2   Gebrauchsanleitung 15
    1.3   Welches Modul für welchen Zweck 16

2 Grundlagen des Testens   **19**
    2.1   Testprozess 20
    2.2   Teststufen 21
    2.3   Testarten 22
    2.4   Funktionaler Test 22
         2.4.1   Anwendungsfallbasierter Test 23
         2.4.2   Smoke-Test 24
         2.4.3   Äquivalenzklassenbildung 25
         2.4.4   Grenzwertanalyse 30
         2.4.5   Zustandsbezogener Test 36
         2.4.6   Spezielle Tests für Web-Applikationen 37
    2.5   Nicht-funktionaler Test 38
    2.6   Änderungsbezogener Test 40

3 Selenium IDE   **41**
    3.1   Installation 42
    3.2   Benutzeroberfläche 43
    3.3   Aufnehmen 44
    3.4   Bearbeiten 47

3.5	Abspielen	49
3.6	Export	51
3.7	Optionen	53
	3.7.1 General	53
	3.7.2 Formats	55
3.8	Beispiel	56

4 Selenese   61

4.1	Kommandos	63
	4.1.1 Actions	64
	4.1.2 Accessors und Assertions	75
4.2	Element Locators	81
	4.2.1 DOM	85
	4.2.2 XPath	86
	4.2.3 CSS	88
4.3	Attribute Locators	89
4.4	Option Locators	90
4.5	Variablen	92
4.6	String-Match Patterns	95

5 Selenium Core   99

5.1	Installation	101
5.2	Benutzeroberfläche	102
5.3	Continuous Integration	106

6 Selenium on Rails   109

6.1	Installation	110
6.2	Formate	110

7 Selenium Remote Control   113

7.1	Installation	114
7.2	Interactive Mode	115
7.3	Experimentelle Browserlauncher	118
7.4	Kommandozeilenoptionen	120
7.5	Driven Mode	122

	7.5.1	Java	125
	7.5.2	C#	127
	7.5.3	PHP	129
	7.5.4	Perl	131
	7.5.5	Python	132
	7.5.6	Ruby	133
	7.5.7	JavaScript	134
	7.5.8	Selenese	135
7.6	HTTPS		137

8 Selenium Grid   139

	8.1	Architektur	140
	8.2	Demonstration	145
	8.2.1	Installation	145
	8.2.2	Ein Rechner – sequentielle Testausführung	147
	8.2.3	Ein Rechner – parallele Testausführung	151
	8.2.4	Viele Rechner – parallele Testausführung	152
	8.2.5	Viele Rechner – Verschiedene Umgebungen	154

9 Ergänzungen   157

	9.1	UI-Elemente	158
	9.1.1	JSON	158
	9.1.2	Domänenmodell und Terminologie	159
	9.1.3	Installation und Beispiel	162
	9.2	Rollup-Regeln	164
	9.2.1	Export	166
	9.3	Eigene Kommandos und Flow Control	167
	9.4	Eigene Formate und TestNG	169
	9.5	FitNesse-Integration	173
	9.6	Macromedia Flash	174
	9.6.1	TCallLabel – Flash MX und Selenium IDE	175
	9.6.2	ExternalInterface – Flash 8 und Selenium RC	178

A Selenium-API-Referenz   185

	A.1	Actions	185

	A.1.1	Maus 185
	A.1.2	Tastatur 187
	A.1.3	Eingabefelder 188
	A.1.4	Browser 189
	A.1.5	Programmfluss 192
	A.1.6	Erweiterungen 193
A.2 Accessors und Assertions 195
	A.2.1	Browser 195
	A.2.2	Window 195
	A.2.3	Webseite 196
	A.2.4	Eingabefeld 198
	A.2.5	Elemente 201
	A.2.6	JavaScript-Dialog 204
	A.2.7	TestRunner 206

Vorwort

Im Laufe meiner Diplomarbeit hatte ich die Möglichkeit, mich mit den unterschiedlichsten Open-Source-Frameworks für das Testen von Webanwendungen zu beschäftigen. Allerdings gibt es derart viele solcher Werkzeuge, dass es generell schwer fällt, überhaupt den Überblick zu behalten. Zuletzt schrieb ich eine Erweiterung für Canoo WebTest, das für das Problem der automatischen Generierung von Testskripten für Webanwendungen am besten geeignet war. Es machte Spaß, mit diesem Werkzeug zu arbeiten, und so kam ich zur Testautomatisierung.

Seither beschäftigte mich eine Frage: Gibt es ein freies Framework, das Tests aufzeichnet, während ich mit der zu testenden Webanwendung arbeite? Für die Tests von Desktop-Anwendungen in Swing beispielsweise standen freie Capture-Replay-Werkzeuge zur Verfügung. Auch die lizenzpflichtigen Werkzeuge am Markt leisteten dies schon. Idealerweise sollte das Tool keine Auseinandersetzung mit dem Quellcode erfordern – und genau diese Bedingungen erfüllt Selenium.

Es handelt sich wirklich um ein faszinierendes Werkzeug mit beeindruckend niedrigen Einstiegshürden. Jeder kann die Selenium IDE binnen Minuten installieren, ausprobieren und einsetzen. Hinter den Kulissen jedoch und im Rahmen professioneller Testautomatisierung bietet Selenium hohe Flexibilität und maximale Konfigurierbarkeit, die wiederum nicht ohne einen gewissen Aufwand und Einarbeitung nutzbar sind. An dieser Stelle setzt das Buch an, und es ist Ihnen beim ersten wie auch dem fortgeschrittenen Einsatz von Selenium hoffentlich ein hilfreicher Begleiter!

Danksagung

Viele Bücher erzählen Geschichten, und alle haben selbst eine ganz eigene Geschichte – auch dieses kleine Fachbuch. Begonnen hat sie damit, dass mich ein Arbeitskollege auf Selenium aufmerksam machte: Die Frage, wie *er* denn das Problem der immer wieder auszufüllenden Webformulare bei der Entwicklung von Erweiterungen gelöst habe, beantwortete er mit dem „folgenschweren" Hinweis auf Selenium – Dank dafür an Dich, Reimer.

Eine weitere Station in dieser Geschichte war ein Artikel über Selenium in der Zeitschrift JavaSpektrum (04/2007). Nachdem ich festgestellt hatte, dass es noch keine Veröffentlichung zu Selenium in den mir bekannten Zeitschriften gab, brachten mein Mentor von Resco/Acando, meinem Arbeitgeber, und ich diesen Artikel auf den Weg. Danke an Dich, Thomas, für Dein tolles Mentoring und die gemeinsame Publikation. Mein Dank gilt auch dem JavaSpektrum, insbesondere Herrn Dr. Michael Stal, dessen Chefredakteur, der immer offen für neue Themen ist.

Wie sich vielleicht schon erahnen lässt, wurde durch diesen Artikel der Verlag Open Source Press auf uns aufmerksam, wobei damit die (vorläufig) letzte Station dieser Geschichte erreicht wäre. Danke an Dich, Ulrich, für Deine Anfrage, dieses Buch zu machen, und für Deine rastlose Begleitung als Lektor. Nicht selten musstest Du meinem Berater-Schreibstil Einhalt gebieten und mich zum Leser zurückholen. Ebenso gilt mein Dank Herrn Dr. Markus Wirtz, der alle vertraglichen Belange so offen mit mir diskutiert hat, dass sein Verlag zu Recht den Begriff und damit auch die Ideale von Open Source trägt.

Daneben gibt es natürlich auch eine Reihe von Personen, die außerhalb des Verlags an der Entstehung des Buchs mitgewirkt haben. Mein Dank gilt also Dir, Andreas. Deinen wiederholten Anfragen verdanken die Leser dieses Buchs das Kapitel über das Testen von Flash-Anwendungen. Außerdem war es eine sehr schöne Erfahrung, Teile dieses Buchs zusammen mit Dir auf der Konferenz *Testing and Finance* in Frankfurt präsentieren zu dürfen. Danke auch an Dich, Guido, der Du dieses Buch vollständig fachlich begleitet hast. Unsere Zusammenarbeit im Entwicklungsteam ist mir eine große Freude.

Mein besonderer Dank aber gilt Doro, die dieses Buch parallel lektoriert hat und mit ihrem Gespür für die deutsche Sprache dieses Werk bereichert hat. Ihr ist dieses Buch gewidmet.

Michael Kain   Kammerich, im Juli 2008

Einleitung

Selenium ist ein Testframework für Webanwendungen. Selenium-Tests laufen direkt im Browser ab, also dort, wo auch der menschliche Benutzer mit der Anwendung interagiert. Sie funktionieren im Internet Explorer, im Mozilla und im Firefox – auf Windows und unter Linux –, genauso wie im Safari Browser auf dem Mac. Für die Zukunft gibt es sogar Pläne, sie auf dem iPhone unter Safari zum Laufen zu bringen. Damit ist schon eine der großen Stärken von Selenium erwähnt: Das Framwork ist komplett Browser- und betriebssystem-unabhängig und grenzt sich dadurch stark von vielen anderen Testwerkzeugen für Webanwendungen ab.

Durch seine Plattformunabhängigkeit kann es für das Testen von Websites bezüglich deren Browserkompatibilität eingesetzt werden. Und weil die Tests auf Basis von JavaScript und HTML im entsprechenden Browser ausgeführt werden, ist es möglich, auf diese Weise die Akzeptanz durch den Benutzer sicherzustellen – im Sinne eines Akzeptanztests. Ein weiterer Aspekt, der im Zusammenhang mit der Sicht des Endanwenders steht, ist die Überprüfung aller wichtigen Funktionen einer Web-Applikation – ganz im Sinne eines funktionalen Tests. Die letzte Testart, der Selenium gleichermaßen zugeordnet werden kann, ist die als Werkzeug für Regressionstests, da alle Tests beliebig oft wiederholt werden können.

Selenium ist als Open-Source-Software frei und kostenlos unter der Apache 2.0 Lizenz beziehbar. Es kann von der OpenQA[1]-Website heruntergeladen[2] werden. OpenQA (Open Quality Assurance) ist ein Portal für freie Open-Source-Softwareprojekte, die alle der Qualitätssicherung dienen. Ursprünglich wurde Selenium von einem Team aus Entwicklern und Testern bei der Firma ThoughtWorks[3] entwickelt. Mittlerweile arbeiten mehrere Entwickler aus unterschiedlichen Firmen an diesem Projekt mit. ThoughtWorks ist ein Anbieter von IT-Dienstleistungen im Bereich der agilen Methoden und der Entwicklung von Enterprise Software.

Tester und Entwickler profitieren gleichermaßen von Selenium – auch das unterscheidet es von anderen Testframeworks. Tests können deklarativ oder programmatisch entwickelt werden: entweder ein Tester editiert sie in Form von HTML-Tabellen, analog zu FIT[4], oder ein Entwickler bearbeitet sie beispielsweise in Java oder C#. Es ist kein Problem, die Ausführung einer Selenium-Testsuite in einen ANT-Build zu integrieren oder Selenium-Tests in einer Continuous-Integration-Umgebung (CI) zu etablieren. Zusätzlich gibt es in Selenium sowohl für Tester als auch für Entwickler die Möglichkeit, ihre Tests abzuspeichern und wiederholt abzuspielen. Selenium bietet somit einen vollwertigen Testroboter, der als Capture-and-Replay-Werkzeug eingesetzt werden kann. Diese Aufgabe übernimmt die Selenium IDE. Mit ihrer Hilfe können Testsuiten in Form von HTML-Tabellen im Firefox aufgezeichnet und wieder abgespielt werden. Diese Tests können anschließend nach Java, C#, PHP, Perl, Python oder Ruby exportiert werden.

Der schnellste Weg, sich mit Selenium vertraut zu machen, führt über die Selenium IDE. Aus diesem Grund wird diese bereits in Kapitel 3 behandelt. Wenn Sie also eher der praktische Typ sind, laden Sie sich sofort die Selenium IDE als Erweiterung Ihres Firefox-Browsers herunter und beginnen Sie damit, einen Test aufzunehmen. Das dürfte Sie nur zehn Minuten Ihrer Zeit kosten, Ihnen aber viel Arbeit sparen.

1.1 Überblick

Wer sich das erste Mal bei OpenQA umsieht, um sich über Selenium zu erkundigen, der dürfte relativ schnell damit überfordert sein herauszufinden, was sich alles hinter den unterschiedlichen Projekten unterhalb von Selenium verbirgt. Was steckt hinter solchen Namen wie Selenium Core, Selenium IDE, Selenium RC, Selenium Grid und Selenium on Rails? Einen

[1] http://www.openqa.org
[2] http://selenium.openqa.org
[3] http://www.thoughtworks.com
[4] http://fit.c2.com

ersten Überblick darüber soll dieses Kapitel bieten, um etwas Licht in das Dunkel der einzelnen Selenium-Module zu bringen und klarzustellen, wie diese überhaupt zusammenspielen. Graphisch veranschaulicht wird dies alles durch Abbildung 1.1.

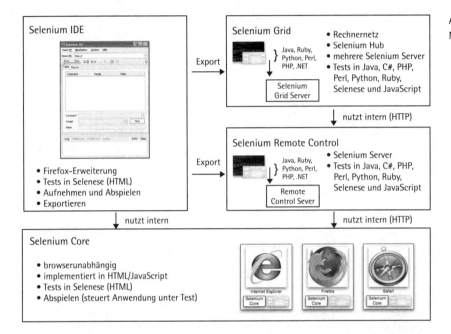

Abbildung 1.1: Modulüberblick

Das Herzstück von Selenium ist das Modul Selenium Core. Hinter dieser Bezeichnung verbergen sich aber zwei getrennt zu berücksichtigende Aspekte.

Zum einen wird als Selenium Core der funktionale Kern von Selenium bezeichnet: eine JavaScript-Bibliothek, die eine Schnittstelle bereitstellt, um Benutzerinteraktionen auf Webanwendungen zu simulieren. Diese läuft ihrer Natur entsprechend im Browser selbst und ist somit die Grundlage der Plattformunabhängigkeit von Selenium, da sie die Spezifika einzelner Browser im Bezug auf JavaScript kapselt. Diese Bibliothek ist in jedem anderen Selenium-Modul enthalten. Aus diesem Grund basieren auch alle anderen Module auf einer Version von Selenium Core. Welche Plattformen genau von Selenium Core 0.8.3 und damit von Selenium unterstützt werden, ist in Tabelle 1.1 explizit aufgeführt.

Zum anderen ist das Core Modul aber auch schon ohne zusätzliche Ergänzungen zum Ausführen von Testsuiten zu gebrauchen. Diese laufen dann im *Core Mode* oder *Bot Mode* ab. Selenium Core enthält nämlich eine Datei `TestRunner.html`, die einen Testroboter zur Verfügung stellt. Dieser kann Tests auf Basis von HTML in fast jedem Browser ausführen. Dies alles funktioniert, indem mit dem gewünschten Browser eine HTML-Datei geöffnet und diese Testsuite aus dem Dateisystem geladen wird, die anschließend abgespielt werden kann. Dies geschieht innerhalb eines IFrames im TestRunner, indem dort die Kommandos auf der zu testenden Anwendung ausgeführt werden. Die zu testende Anwendung wird übrigens im Tester-Jargon allgemein als *AUT* bezeichnet, was sowohl für *Anwendung Unter Test* als auch für *Application Under Test* stehen kann. Mehr Informationen zu Selenium Core und u.a. dessen Besonderheit, was die Installation anbelangt, finden sich in Kapitel 5.

Tabelle 1.1: Unterstützte Browser

Betriebssystem	Browser
MS Windows:	Internet Explorer 6.0 und 7.0, Firefox 0.8 bis 3.0, Mozilla Suite 1.6x, 1.7x, Seamonkey 1.0, Opera 8 und 9
Mac OS X:	Safari 2.0.4x, Firefox 0.8 bis 3.0, Camino 1.0a1, Mozilla Suite 1.6x, 1.7x, Seamonkey 1.0 (noch nicht unterstützt: OmniWeb)
Linux:	Firefox 0.8 bis 3.0, Mozilla Suite 1.6x, 1.7x, Konqueror, Opera 8 und 9

Die Selenium IDE ist eine integrierte Entwicklungsumgebung für Selenium-Testsuiten, die im Moment nur als Erweiterung des Firefox-Browsers verfügbar ist. Mit ihrer Hilfe können Tests deklarativ in HTML aufgenommen, editiert und abgespielt werden. Dies wird als *Record Mode* bezeichnet. Zusätzlich kann jeder Test für die Verwendung innerhalb der nachfolgend besprochenen Module Selenium Remote Control oder Selenium Grid in eine Programmiersprache exportiert werden. Folgende Sprachen sind dabei möglich: Java, C#, PHP, Perl, Python oder Ruby. Die Selenium IDE erlaubt außerdem das Setzen von Breakpoints für das Debuggen von Anwendungen und stellt ein Browser-Kontextmenü für Zusicherungen sowie die automatische Vervollständigung von Kommandos zur Verfügung. Den Umgang mit der Selenium IDE und weitere nützliche Funktionen beschreibt Kapitel 3.

Die Selenium Remote Control (RC) ist, wie der Name sagt, ein Modul für die Fernsteuerung von Selenium-Tests. Diese gilt sogar in zweifacher Hinsicht. Sie bietet die Möglichkeit, dass sich sowohl die Tests als auch der Remote Control Server als auch die zu testende Anwendung, also die AUT, auf getrennten Rechnern befinden. Technisch bedeutet dies, dass ein Entwickler lokal auf seinem Rechner eine Testsuite mit Selenium-Tests z.B. in JUnit (Java) oder NUnit (C#, .NET) installiert hat und diese startet. Die Unit-Tests verbinden sich anschließend via HTTP mit dem RC Server und übertragen diesem die Testkommandos, die auf der AUT ausgeführt werden sollen. Der RC Server startet auf seinem System lokal für jede Session einen Browser, indem er die AUT öffnet und so fernsteuert, wie es ihm der Unit-Test vorgibt. Aus diesem Grund besteht die Selenium Remote Control aus zwei Teilen: erstens einer Client Bibliothek (Driver), die entsprechend in JUnit oder NUnit eingebunden werden muss und den RC Server füttert, und zweitens dem Selenium Server, der an einem Port lauscht und den Browser lenkt. Intern bedient sich der Server wiederum des Core Moduls, um im Browser den Benutzer zu simulieren. Diese Art der Testausführung wird als *Driven Mode* bezeichnet. Kapitel 7 beschäftigt sich intensiv mit diesem Modul.

Bei Selenium Grid handelt es sich um eine weitere Ausbaustufe der Selenium Remote Control, die hauptsächlich zwei Ziele verfolgt: zum einen, die Testausführung deutlich zu beschleunigen, und zum anderen die Infrastruktur aus den daran beteiligten Rechnern noch transparenter für die eigentlichen Tests zu machen. Das Ziel, dass eine Testsuite nur noch einen Bruchteil ihrer ursprünglichen Laufzeit benötigt, wird dem Titel entsprechend durch ein Rechnernetz, einem sogenannten Grid, erreicht. Dabei werden einzelne Tests parallel auf mehrere Remote Controls verteilt. Diese befinden sich auf verschiedenen Rechnern mit unterschiedlichen Umgebungen. Die Koordination dieser ganzen verteilten Tests übernimmt ein weiterer Server, der Selenium Grid Server oder Selenium Hub genannt wird. Die Tests werden genau wie in der Remote Control in Java, C#, PHP, Perl, Python oder Ruby implementiert, rufen aber anstatt eines einzelnen Selenium Servers immer den Selenium Hub auf. Mehr Informationen zum Selenium Grid finden sich in Kapitel 8.

Der Vollständigkeit halber wird an dieser Stelle der Überblick mit dem letzten Modul abgeschlossen, dessen kurze Beschreibung sich in Kapitel 6 nachlesen lässt. Die Rede ist von Selenium on Rails. Dieses Modul ist in Abbildung 1.1 nicht enthalten, da es sich in einem sehr frühen Stadium der Entwicklung befindet und neben den anderen Modulen wohl eher ein Schattendasein führt. Es bietet lediglich eine gewisse Vereinfachung, um Anwendungen auf Basis von Ruby on Rails leichter mit Hilfe der Selenium Core zu testen.

1.2 Gebrauchsanleitung

Wie ist dieses Buch aufgebaut und wie setze ich es am besten ein, um möglichst schnell Fortschritte mit Selenium zu machen? Wenn Sie bisher weder Erfahrungen mit Selenium noch mit dem systematischen Testen von Webanwendungen gemacht haben, sollten Sie nach dem Schnelleinstieg mit der Selenium IDE, der in Kapitel 3 beschrieben ist, das folgende Grundlagenkapitel lesen, das kurz in die Begriffswelt und Vorgehensweise beim Testen von Software allgemein und Webanwendungen im Besonderen einführt, immer aus der Sichtweise eines Selenium-Anwenders. Im darauf folgenden Kapitel 4 wird Selenese vorgestellt, die Sprache oder API von Selenium. Sobald Sie nämlich erste Erfahrungen mit Selenium gesammelt haben, werden Sie ein reges Interesse an der Vielzahl seiner Kommandos haben.

Da es in Selenese eine wirklich große Menge an Kommandos gibt, lohnt es sich, zunächst etwas Struktur in diese zu bringen und deren Funktionsweise darzustellen. Außerdem ist Selenese, die API von Selenium, als Bestandteil des Selenium Core in jedem Modul präsent und somit ein allumfassender Baustein von Selenium. Im Anschluss an Kapitel 4 folgen die Kapitel zu den restlichen Selenium Modulen: in Kapitel 5 Selenium Core, in Kapitel 6 Selenium on Rails und in den Kapiteln 7 und 8 Selenium Remote Control und Selenium Grid. Welches Modul für Sie eine Rolle spielen könnte, entnehmen Sie bitte dem nächsten Abschnitt. Den Abschluss des Buchs bilden zwei Kapitel. In Kapitel 9 folgen Ergänzungen, die sich rund um Selenium drehen, woran sich im Anschluss die Selenese-API-Referenz reiht.

1.3 Welches Modul für welchen Zweck

Zu einer guten Gebrauchsanleitung gehört es auch, den Einsatzzweck der zu beschreibenden Gerätschaften, hier also der Selenium-Module, zu vermitteln. Dafür soll der Entscheidungsbaum in Abbildung 1.2 einen Leitfaden geben.

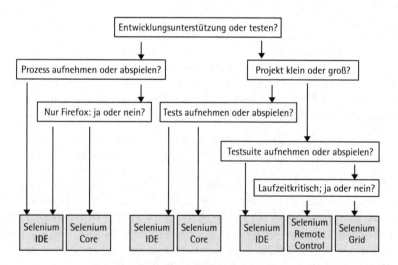

Abbildung 1.2: Entscheidungsbaum: Welches Modul für welchen Zweck?

Er beginnt mit der ersten Entscheidung, ob Selenium als Werkzeug zur Entwicklungsunterstützung oder zum Testen im Sinne einer Qualitätssicherung (Quality Assurance oder QA) und eines Softwaretests verwendet werden soll. Denn oft arbeiten Webentwickler an bestimmten Prozessen innerhalb von Webanwendungen, die aus mehreren Schritten und somit

Webseiten bestehen. Die Bestellung eines Buchs wäre beispielsweise ein solcher Prozess. Dabei kann es passieren, dass ein Entwickler, wenn er eine Erweiterung auf einer der letzten Seiten innerhalb dieses Webprozesses implementieren muss, häufig selbst immer wieder dorthin navigieren muss, um seine Arbeit zu überprüfen. Er könnte ja – um beim Beispiel zu bleiben – eine Erweiterung auf der Übersichtsseite der Buchbestellung durchführen müssen.

An dieser Stelle kann Selenium sehr hilfreich sein, weil es dem Entwickler viel Zeit und Mühe abnimmt, da dieser nicht wiederholt die gleichen Formulare manuell ausfüllen muss. Dem Entwickler reicht häufig ein einzelner Selenium-Test und ihm wird viel Arbeit abgenommen. Es kann hierbei allerdings nicht von Testen gesprochen werden, sondern höchstens von Entwicklungsunterstützung.

Was die Entwicklungsunterstützung betrifft, ist die nächste zu stellende Frage in den meisten Fällen wohl schon beantwortet. Natürlich soll ein Test durch die Selenium IDE im Firefox aufgenommen werden, der die notwendigen Prozessschritte automatisiert. Welcher Entwickler möchte manuell einen Test schreiben, wenn dieser als Erleichterung seiner Arbeit gedacht ist? Für fast alle Entwickler, die häufig sowieso mit dem Firefox arbeiten, wird das Abspielen innerhalb der IDE und demnach im Firefox keine Hürde darstellen. Wenn die Implementierung fortgeschritten ist, spricht nichts dagegen, auch im Internet Explorer die notwendigen Tests ablaufen zu lassen, bevor die Erweiterung in die QA geht.

Will der Entwickler aber ebenfalls im IE seinen Prozess abspielen lassen, muss er dazu das Selenium Core Modul nutzen, weil es für den Internet Explorer keine Selenium IDE gibt. Er zeichnet den Test in Form einer Selenium-Testsuite mit Hilfe der IDE auf und speichert ihn als HTML ins Dateisystem. Dieses öffnet er innerhalb des Core TestRunners: entweder nachdem das Core Modul auf dem gewünschten Server installiert wurde oder indem er den TestRunner im HTA-Modus startet.

Betrachten wir nun den rechten Teil des Entscheidungsbaums: das Testen. Dieser Begriff wird hier als etablierter Bestandteil eines Softwareentwicklungsprozesses verstanden. Das Testen wird fast immer von anderen Personen durchgeführt als die Entwicklung. Eine begriffliche Differenzierung ist hierbei wichtig, aber nicht immer ganz einfach zu entscheiden: Wann handelt es sich um testende Entwickler und wann um entwickelnde Tester? Dies hängt ganz von der Aufgabe ab, die das Team erfüllt, in dem sich der jeweilige Entwickler gerade befindet.

In professionellen Testteams mit einem hohen Grad an Testautomatisierung werden einige Tester Vollzeit in einer bestimmten Sprache Tests entwickeln, z.B. JUnit-Tests. Sie arbeiten eigentlich vollständig als Softwareentwickler, da sie aber nicht die Applikation selbst programmieren, sondern deren Tests, gehören sie laut unserer Definition zu den entwickelnden

Testern. Diese Tester und solche, die bisher noch keine Erfahrung mit der Entwicklung von Software gesammelt haben, sollten sich in der rechten Seite des Baums wiederfinden.

Der nächste Knoten des Entscheidungsbaums stellt die Frage nach der Größe des Testprojektes. Nachdem keinerlei Orientierungshilfen zu dieser sehr vagen Frage gegeben werden, sollte auch die Antwort nur vage ausfallen. Klarer wird die Frage allerdings, wenn sich die Konsequenz der nächsten Frage vor Augen geführt wird: Sollen kurzfristig einige wenige Tests aufgenommen und in verschiedenen Browsern wieder abgespielt werden oder soll über die Zeit eine komplette, versionierte Testsuite in einer Programmiersprache aufgebaut werden? Dies skaliert stark je nach Projektsituation – dennoch gilt folgende Empfehlung: für den Fall eines etwas größeren und langfristiger angelegten Projektes sollten die Tests auf Basis der Selenium Remote Control aufgesetzt werden. Dadurch können die Tests (in Java, C#, ...) sauber in einer Versionsverwaltung (CVS, SVN, ...) zusammen mit dem Code der zu entwickelnden Web-Appplikation verwaltet und bei einem Deployment gemeinsam markiert werden.

Eine generelle Annahme der rechten Seite (Testen) besteht darin, dass ein Testteam Selenium immer auch zum Test der Browserkompatibilität nutzt. Das heißt also, es reicht nicht aus, die Tests nur über die Selenium IDE im Firefox abzuspielen, sondern man benötigt wenigstens noch das Core Modul zum Abspielen der Tests. In größeren Projekten wird man aber eher die Remote Control dafür einsetzen. Für das Aufnehmen ist die IDE immer zwingend eine Voraussetzung.

Die letzte Frage, die bei diesen Erläuterungen zum Entscheidungsbaum noch offen bleibt, ist diejenige nach den Anforderungen hinsichtlich der Laufzeit der Tests. Hierbei sind jedoch nicht nur die Anforderungen ausschlaggebend, sondern auch die Voraussetzungen auf der Hardwareseite. Die Laufzeiten im Core Mode und innerhalb der IDE sind durch die ausführende Maschine beschränkt und damit nicht weiter skalierbar. Dies gilt allerdings nicht für den Driven Mode. Wenn genügend Rechner vakant sind, kann ein Selenium Grid aufgebaut werden, das anschließend durch echte Parallelisierung aller Tests diese deutlich schneller verarbeitet. Es kommt dabei das gleiche Format der Tests zum Einsatz wie in der Remote Control.

Grundlagen des Testens

Dieses Kapitel beschäftigt sich mit den Grundlagen des Testens von Software – betrachtet durch die Brille eines Selenium-Benutzers. Ziel des Einsatzes von Selenium ist es immer, Tester oder auch Entwickler von manuellen Tätigkeiten zu entlasten und Zeit für wichtigere Aufgaben zu schaffen. Dabei soll die Position im Software-Lebenszyklus oder das Vorgehensmodell bei der Entwicklung keine Rolle spielen.

Das Kapitel geht zwar davon aus, dass die Software bewusst nach einem Vorgehensmodell, auch als Prozessmodell bezeichnet, entwickelt wird. Innerhalb dieses Modells kann ein Testprozess definiert werden, der sich in bestimmte Phasen untergliedert. Es ist aber für das Verständnis dieses Kapitels – und natürlich auch für die Benutzung von Selenium selbst – nicht unbedingt notwendig, mit bestimmten Vorgehensmodellen vertraut zu sein oder seine Webanwendung danach zu entwickeln. Als theoretischer Unterbau dient das Standardwerk „Basiswissen Softwaretest" von Andreas Spillner und Tilo Linz[1], ein in diesem Umfeld sehr zu empfehlendes Buch.

---

[1] Andreas Spillner und Tilo Linz, Basiswissen Softwaretest, dpunkt Verlag, 2005

2.1 Testprozess

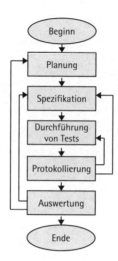

Abbildung 2.1:
Fundamentaler
Testprozess

Fast alle Tester bewegen sich innerhalb eines bestimmten Vorgehensmusters, das als Fundamentaler Testprozess bezeichnet wird. Dieser ist in Abbildung 2.1 dargestellt und besteht aus folgenden Schritten:

- Testplanung

- Testspezifikation

- Testdurchführung

- Testprotokollierung

- Auswertung und Bewertung des Testendes

Selenium spielt weder in der Testplanung noch in der Testspezifikation eine Rolle, bis auf die Tatsache vielleicht, dass innerhalb der Testplanung die Entscheidung getroffen werden muss, Selenium einzusetzen. Während der Testdurchführung kommt Selenium als eines der Testwerkzeuge zum Einsatz. Es beeinflusst damit auch die Testprotokollierung, da die Ergebnisse des Testens mit Selenium in die Protokollierung mit einfließen. Die Auswertung erfolgt wiederum weitestgehend unabhängig von der eingesetzten Software.

Entwicklern ist es meist freigestellt, welcher zusätzlicher Werkzeuge sie sich bedienen, um schneller zu einem Ergebnis zu kommen. Selenium kann also in der Regel zur Entwicklungsunterstützung frei zu jedem Zeitpunkt innerhalb des Entwicklungsprozesses eingesetzt werden.

2.2 Teststufen

Unabhängig davon, nach welchem Vorgehensmodell die Webanwendung erstellt wird, die mit Hilfe von Selenium getestet werden soll, gibt es verschiedene Teststufen, die in der Testplanung und in der Testspezifikation definiert werden. Diese finden sich im V-Modell genauso wie in den agilen Methoden des Extreme Programming und in vielen anderen Modellen wieder, möglicherweise in einer leicht veränderten Form. Es handelt sich um folgende vier Teststufen:

- Komponententest
- Integrationstest
- Systemtest
- Abnahmetest

Eine Grundvoraussetzung für Selenium ist es, dass die Oberfläche der *Anwendung Unter Test* (AUT) bereits zur Verfügung steht. Es ist ein Werkzeug für den Oberflächentest und erfordert eine lauffähige Web-GUI. Dies gilt ebenfalls für das Aufnehmen von Tests und deren Vorbereitung. Aus diesem Grund eignet es sich nicht für den Komponententest, der auch als Modul- oder Unit-Test bezeichnet wird, weil im Allgemeinen eine Benutzeroberfläche fürs Web erst testbar ist, wenn alle Komponenten zusammenspielen. Die gleiche Einschränkung gilt folglich für den Integrationstest.

Aus einer reinen Testperspektive eignet sich Selenium erst ab der Stufe des Systemtests, wenn die zu testende Webanwendung vollständig installiert wurde. Dennoch können Entwickler bzw. Tester Selenium auch schon als Hilfsmittel im Integrationstest erfolgreich einsetzen, wenn die Konstellation der Komponenten das erlaubt.

Auf der anderen Seite kann Selenium auch im Abnahme- bzw. Akzeptanztest verwendet werden, da z.B. die vertragliche Akzeptanz am besten automatisch sichergestellt wird, damit der Kunde bei Abnahme der Software keine bösen Überraschungen erlebt.

Der Begriff Komponententest mag für den Einsteiger etwas irreführend sein, weil aus Sicht eines einfachen Anwenders ein einzelnes Webformular, wie beispielsweise eine Suchmaske, eine Form von Komponente ist, wenn er diese für sich betrachtet. Dies stellt aber keine Komponente im Sinne des Softwaretestens dar, da dort Komponenten feingranularere Softwarebausteine sind, als es die Masken von Oberflächen suggerieren; ein Beispiel für eine Komponente wäre etwa eine Java-Klasse.

In Verbindung mit Unit-Tests bietet Selenium eine besonders gute Integration. Es kann zwar selbst nicht auf der Stufe eines solchen Tests benutzt werden, kann aber, was den Quellcode anbelangt, nahtlos damit integriert werden. Dies ist deshalb möglich, weil die Selenium RC ihre Tests u.a. in JUnit oder NUnit eingliedert. Die Tests für einzelne Module können somit zwar in unterschiedlichen Paketen, aber in der gleichen Versionsverwaltung liegen wie die Systemtests. Alle Tests können demnach an einer Stelle gepflegt werden.

2.3 Testarten

Je nach Teststufe kann eine von vier Testarten in unterschiedlicher Intensität zum Einsatz kommen. Dies alles wird in der Phase der Testspezifikation entschieden und festgelegt. Es handelt sich um folgende vier Testarten:

- funktionaler Test
- nicht-funktionaler Test
- strukturbezogener Test
- änderungsbezogener Test

Was Selenium betrifft, interessieren uns von den Teststufen, wie oben erläutert, aber nur der Systemtest und der Abnahmetest. Selenium eignet sich besonders gut für funktionale und änderungsbezogene, sprich Regressionstests, ermöglicht es aber auch, gewisse nicht-funktionale Anforderungen im Web zu testen. Für den strukturbezogenen Test hingegen eignet es sich nicht. Die einzelnen Testarten sollen nun im Folgenden detaillierter im Zusammenhang mit Selenium beleuchtet werden.

2.4 Funktionaler Test

Grundlage aller funktionaler Tests sind die Anforderungen daran, was die Software können soll, also die funktionalen Anforderungen. Diese liegen meist in Form eines Lasten- oder Pflichtenhefts vor. Aus ihnen werden in der Phase der Testspezifikation die funktionalen Testfälle ermittelt. Bei allen funktionalen Tests wird davon ausgegangen, dass das Testobjekt nur durch sein sichtbares Ein- und Ausgabeverhalten geprüft wird. Im Falle einer Webanwendung wäre dies also allein durch den Browser. Aus diesem Grund werden alle notwendigen funktionalen Testfälle auf Basis sogenannter Blackbox-Verfahren ermittelt, die anschließend über die Weboberfläche verifiziert werden müssen.

Die Blackbox-Verfahren gehören zu den Methoden des dynamischen Testens, da bei der Abarbeitung der Testfälle vorausgesetzt wird, dass das Testobjekt bereits zur Ausführung auf einem Rechner zur Verfügung steht und mit Eingabedaten versehen werden kann. Im Folgenden werden die im Zusammenhang mit Selenium relevanten Blackbox-Verfahren detaillierter beschrieben, weil mit ihrer Hilfe die Testfälle bestimmt werden, die durch Selenium automatisiert werden sollen. Die Verfahren sind dabei nach absteigender Priorität geordnet.

- anwendungsfallbasierter Test
- Smoke-Test
- Äquivalenzklassenbildung
- Grenzwertanalyse
- zustandsbezogener Test
- sonstige

2.4.1 Anwendungsfallbasierter Test

Beim anwendungsfallbasierten Testen werden die Testfälle aus einem Anwendungsfalldiagramm (Use-Case-Diagramm) abgeleitet. Dieses Vorgehen ist besonders gut für den System- und Akzeptanztest geeignet, da es ein System bzw. eine Web-Applikation aus der Außenansicht modelliert. Demzufolge arbeitet diese Art der Testfallerstellung besonders harmonisch mit Selenium zusammen, da es genau auf die Teststufen abzielt, in denen Selenium eingesetzt wird. Jeder Anwendungsfall könnte beispielsweise in Form eines Selenium-Tests mit der Selenium IDE aufgenommen werden, so dass in einer Selenium-Testsuite alle zentralen Anwendungsfälle einer Website überprüft werden können.

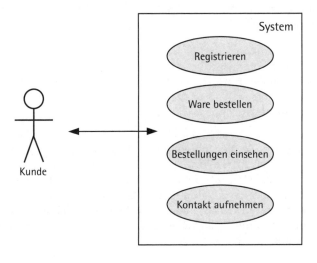

Abbildung 2.2:
Use-Case-Diagramm
für einen Online
Shop

Dies wird am besten anhand eines Beispiels verdeutlicht. Abbildung 2.2 zeigt ein Use-Case-Diagramm, das sich auf einen generischen Online Shop bezieht. Es enthält die Anwendungsfälle, die für eine Vielzahl von Webauftritten und deren Kunden relevant sein dürften: sich als Kunde zu registrieren, Kontakt mit dem Unternehmen aufzunehmen, etwas zu bestellen und seine abgeschlossenen Bestellungen einzusehen.

Eine exemplarische Umsetzung innerhalb der Selenium IDE könnte nach der Erstellung der Testfälle und deren Ableitung nach Selenium wie in Abbildung 2.3 aussehen. Im zweiten Schritt könnten diese Tests nach Java oder C# exportiert werden, um sie in der Remote Control verwenden zu können.

Abbildung 2.3: Testsuite für einen Online Shop

Hinweis: Das anwendungsfallbasierte Testen wird auch als geschäftsprozessbasiertes Testen bezeichnet. Liegen also die wichtigsten Geschäftsprozesse in einer klaren Spezifikation anstatt in Form eines Use-Case-Diagramms vor, so ist dies deckungsgleich. Die Geschäftsprozesse können analog zu den Anwendungsfällen aufgezeichnet und getestet werden.

2.4.2 Smoke-Test

Die zweite Testart, für die sich vor allem die Selenium IDE ganz hervorragend eignet, ist der Smoke-Test. Dieser soll noch vor Beginn der offiziellen Testphase feststellen, ob die Anwendung nicht schon bei ersten „freien" Quick-and-Dirty-Tests „abraucht". Man kann sich dabei auf ein paar Hauptfunktionalitäten beschränken und darauf verzichten, eine Testspezifikation zu definieren. Mit der Selenium IDE sind solche rudimentären Tests schnell aufgezeichnet.

2.4.3 Äquivalenzklassenbildung

Die dritte Methode der Testfallermittlung, für deren Durchführung sich Selenium eignet, sind Tests, die mittels Äquivalenzklassenbildung erstellt werden. Darunter versteht sich im Fall einer Webanwendung die Kombination von gültigen und ungültigen Eingaben in ein oder mehrere Webformulare. Diese Eingabewerte werden in Äquivalenzklassen unterteilt. Einer Äquivalenzklasse gehören die Eingaben an, von denen der Tester annimmt, dass sich bei deren Verwendung das Testobjekt gleich verhält. Es genügt demnach, einen Repräsentanten der Äquivalenzklasse einzugeben anstatt aller möglichen Werte, was sich in fast allen Fällen als zeitlich nicht durchführbar erweisen dürfte.

Ein kurzes Beispiel soll dies verdeutlichen. Abbildung 2.4 stellt hierzu eine Webseite dar, die ein einfaches Kontaktformular enthält. Es erlaubt die Eingabe einer Kundennummer und einer Nachricht. Wie den Fußnoten entnommen werden kann, muss die Kundennummer einem bestimmten Aufbau entsprechen und die Nachricht länger als 15 Zeichen und kürzer als 50 Zeichen sein. Die Kundennummer setzt sich aus sechs Ziffern von Null bis Neun, gefolgt von drei Großbuchstaben zusammen.

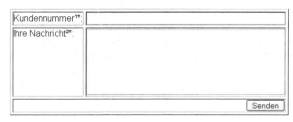

Abbildung 2.4: Kontaktformular

Bei der Testspezifikation würde ein Tester anhand des obigen Beispielformulares die Tabelle 2.1 erstellen, um alle notwendigen Testfälle zu bestimmen. Er würde jeden Parameter einzeln betrachten und dessen Anzahl an Äquivalenzklassen identifizieren. Im Anschluss daran legt er sich auf einen Repräsentanten pro Klasse fest und kombiniert alle Repräsentanten miteinander. Wichtig ist dabei, dass nicht nur gültige, sondern auch ungültige Eingabeparameter einbezogen werden und dass das erwartete Ergebnis ebenfalls festgelegt wird. Als generelle Regel gilt allerdings, dass die gültigen Eingaben miteinander kombiniert, sprich multipliziert, werden, was für die ungültigen Eingaben nicht der Fall sein muss.

2 Grundlagen des Testens

Tabelle 2.1:
Testfälle nach Äquivalenzklassenbildung

Testfall	Kundennr.	Nachricht	Ergebnis
1	123456ABC	Aber ich hatte das Abonnement doch gekündigt!	versendet
2	123456ABC	lol	nicht versendet
3	1234	Aber ich hatte das Abonnement doch gekündigt!	nicht versendet
4	'' (keine Eingabe)	'' (keine Eingabe)	nicht versendet

Diese Tabelle kann jetzt durch die Selenium IDE innerhalb eines Testfalls aufgenommen und wiederholt abgespielt werden. Der Quellcode dieses Beispiels findet sich in Listing 2.1. Die einzelnen Testfälle sind durch Kommentare im Quellcode voneinander abgegrenzt. In jedem von ihnen werden mittels der `type`-Action die zwei Textfelder befüllt und das Formular durch die `fireEvent`-Action versendet. In diesem speziellen Beispiel wird allerdings der Versand des Kontaktformulars nur vorgetäuscht.

Die Zusicherung `assertAlert` prüft die Richtigkeit der Ausgabe, die in einem JavaScript-Alert erfolgt. Sie stellt also sicher, dass der Inhalt eines kleinen, sich öffnenden JavaScript-Fensters das gewünschte Ergebnis enthält. Ein Hinweis hierzu: Selenium unterdrückt standardmäßig die Anzeige von JavaScript-Alerts, auch wenn es deren Inhalte wie mit der obigen Assertion überprüft, da Alerts das Abspielen von Tests immer so lange blockieren würden, bis eine Benutzereingabe erfolgt.

Listing 2.1:
Äquivalenzklassentest

```
<html>
<head>
<meta http-equiv="Content-Type" content="text/html; charset=ISO-8859-1">
<title>Test Kontaktformular</title>
</head>
<body>
<table cellpadding="1" cellspacing="1" border="1">
<thead>
<tr><td rowspan="1" colspan="3">Test Kontaktformular</td></tr>
</thead><tbody>
<tr>
        <td>open</td>
        <td>/Simple_Form.html</td>
        <td></td>
</tr>
<!-- Testfall 1 -->
<tr>
```

```
                <td>type</td>
                <td>Kundennummer</td>
                <td>123456ABC</td>
        </tr>
        <tr>
                <td>type</td>
                <td>Nachricht</td>
                <td>Aber ich hatte das Abonnement doch gekündigt!</td>
        </tr>
        <tr>
                <td>fireEvent</td>
                <td>Kontaktformular</td>
                <td>submit</td>
        </tr>
        <tr>
                <td>assertAlert</td>
                <td>Das Formular wurde versendet!<br /><br />
                Kundennummer: 123456ABC<br />
                Nachricht: Aber ich hatte das Abonnement doch gekündigt!</td>
                <td></td>
        </tr>
<!-- Testfall 2 -->
        <tr>
                <td>type</td>
                <td>Kundennummer</td>
                <td>123456ABC</td>
        </tr>
        <tr>
                <td>type</td>
                <td>Nachricht</td>
                <td>lol</td>
        </tr>
        <tr>
                <td>fireEvent</td>
                <td>Kontaktformular</td>
                <td>submit</td>
        </tr>
        <tr>
                <td>assertAlert</td>
                <td>Das Formular wurde nicht versendet.<br />
                Bitte prüfen Sie Ihre Eingaben.<br /><br />
                Kundennummer: 123456ABC<br />
                Nachricht: lol</td>
                <td></td>
        </tr>
<!-- Testfall 3 -->
        <tr>
                <td>type</td>
                <td>Kundennummer</td>
                <td>1234</td>
        </tr>
        <tr>
```

```
                <td>type</td>
                <td>Nachricht</td>
                <td>Aber ich hatte das Abonnement doch gekündigt!</td>
        </tr>
        <tr>
                <td>fireEvent</td>
                <td>Kontaktformular</td>
                <td>submit</td>
        </tr>
        <tr>
                <td>assertAlert</td>
                <td>Das Formular wurde nicht versendet.<br />
                Bitte prüfen Sie Ihre Eingaben.<br /><br />
                Kundennummer: 1234<br />
                Nachricht: Aber ich hatte das Abonnement doch gekündigt!</td>
                <td></td>
        </tr>
        <!-- Testfall 4 -->
        <tr>
                <td>type</td>
                <td>Kundennummer</td>
                <td></td>
        </tr>
        <tr>
                <td>type</td>
                <td>Nachricht</td>
                <td></td>
        </tr>
        <tr>
                <td>fireEvent</td>
                <td>Kontaktformular</td>
                <td>submit</td>
        </tr>
        <tr>
                <td>assertAlert</td>
                <td>Das Formular wurde nicht versendet.<br />
                Bitte prüfen Sie Ihre Eingaben.<br /><br />
                Kundennummer: <br />
                Nachricht: </td>
                <td></td>
        </tr>

</tbody></table>
</body>
</html>
```

Im Normalfall muss man sich nicht mit dem Quelltext einer Webseite auseinandersetzen, wenn ein Test mit Hilfe der Selenium IDE aufgezeichnet wird. Hier soll aber trotzdem der Quelltext des Kontaktformulars gezeigt werden, um ein erstes Gespür dafür zu vermitteln, wie Selenium mit dem Code einer Anwendung zusammenspielt.

Das Formular besteht aus zwei Blöcken, die innerhalb einer HTML-Seite zusammengefasst sind. Der erste Block ist in Listing 2.2 zu sehen und enthält die JavaScript-Funktion, die das Versenden des Formulares simuliert, indem sie einen Alert mit der entsprechenden Meldung anzeigt. Diese Funktion befindet sich im HTML-Head der Seite und heißt `senden`. Sie prüft die Korrektheit der Eingaben auf dem Client, wenn sie die Kundennummer mit einem regulären Ausdruck prüft und die Länge des Textes der Nachricht abfragt. Aus Gründen der Vereinfachung wird hier über die eigentlich zwingend notwendigen serverseitigen Prüfungen hinweggesehen.

Listing 2.2: Kontaktformular - HTML-Head

```
...
<html xmlns="http://www.w3.org/1999/xhtml" lang="de" xml:lang="de">
<head>
<title>Kontaktformular</title>

<script type="text/javascript">
<!--
var formularOK = 'Das Formular wurde versendet!\n';
var formularNOK = 'Das Formular wurde nicht versendet.\nBitte prüfen Sie
    Ihre Eingaben.\n';

var regExpKundennummer = /([0-9]6)([A-Z]3)/;

function senden() {
        var result = '';
        var kundennummer = document.getElementById('Kundennummer').value;
        var nachricht = document.getElementById('Nachricht').value;

        if(kundennummer.match(regExpKundennummer)
                && nachricht.length > 15
                && nachricht.length < 50) {
                result = formularOK;
        } else {
                result = formularNOK;
        }
        result = result + '\nKundennummer: ' + kundennummer + '\n'
                + 'Nachricht: ' + nachricht;
        alert(result);
}
//-->
</script>

</head>
...
```

Der zweite Block in Listing 2.3 zeigt den Inhalt des HTML-Body-Bereichs. Er besteht lediglich aus einem Formular mit der ID `Kontaktformular`, das über das JavaScript-Event `onsubmit` die `senden`-Funktion im Head der Seite aufruft. Dies bedeutet, dass nach dem Klicken auf den Senden-Button genau diese Funktion aufgerufen wird. Bei einer korrekten Eingabe informiert im Anschluss ein JavaScript-Alert, dass die Nachricht versendet wurde. Schlägt die Verifizierung der Eingaben fehl, folgt eine Fehlermeldung im Alert. Selenium benutzt den Inhalt des Alerts als Kriterium dafür, ob das korrekte Ergebnis ermittelt wurde.

Listing 2.3: Kontaktformular – HTML-Body

```
...
<body>
<form id="Kontaktformular" method="post" action="#"
onsubmit="javascript:senden();">
<table cellpadding="0" cellspacing="4" border="1">
<tr>
    <td>Kundennummer&sup1;*:</td>
    <td>
        <input type="text" name="Kundennummer" id="Kundennummer"
            value="" style="width:350px"/>
    </td>
</tr>
<tr>
    <td valign="top">Ihre Nachricht&sup2;*:</td>
    <td>
        <textarea name="Nachricht" id="Nachricht"
            rows="6" cols="10" style="width:350px"></textarea>
    </td>
</tr>
<tr>
    <td colspan="2" align="right">
        <input type="submit" name="Senden" value="Senden"
            title="Senden"/>
    </td>
</tr>
</table>
<p>*) Pflichtfeld</p>
<p>&sup1;Kundennummer muss aus sechs Ziffern, gefolgt von drei
    Großbuchstaben, bestehen</p>
<p>&sup2;Nachricht muss aus mehr als 15 und weniger als 50 Zeichen
    bestehen</p>
</form>
</body>
</html>
```

2.4.4 Grenzwertanalyse

Die Grenzwertanalyse ist eine ergänzende Methode zur Äquivalenzklassenanalyse. Sie lässt sich nur anwenden, wenn die Menge der Daten innerhalb einer Äquivalenzklasse geordnet ist und aus dieser überhaupt Grenzbereiche ermittelt werden können. An jedem Rand wird der exakte Grenzwert bestimmt und mit seinen beiden benachbarten Werten getestet, wobei sich einer innerhalb und der andere außerhalb der Äquivalenzklasse befinden muss. So ergeben sich im Normalfall an jedem Rand drei Testfälle. Dies muss in der Praxis nicht immer zwingend der Fall sein.

An dieser Stelle wird das Beispiel aus dem vorangegangenen Abschnitt fortgeführt. Es werden auf Basis der Grenzwertanalyse acht weitere Testfälle definiert, die für beide Textfelder die jeweiligen Ränder überprüfen (Tabelle 2.2).

Testfall	Kundennr.	Nachricht	Ergebnis
5	000000AAA	aaaaabbbbbaaaaab	versendet
6	999999ZZZ	aaaaabbbbbaaaaab	versendet
7	000000AAA	aaaaabbbbbaaaaab bbbbaaaaabbbbbaa aaabbbbbaaaaabbbb	versendet
8	999999ZZZ	aaaaabbbbbaaaaab bbbbaaaaabbbbbaa aaabbbbbaaaaabbbb	versendet
9	99999AAA	aaaaabbbbbaaaaa	nicht versendet
10	000000AA	aaaaabbbbbaaaaab bbbbaaaaabbbbbaa aaabbbbbaaaaabbbb	nicht versendet
11	9999999AAA	aaaaabbbbbaaaaa	nicht versendet
12	000000AAAA	aaaaabbbbbaaaaab bbbbaaaaabbbbbaa aaabbbbbaaaaabbbb	nicht versendet

Tabelle 2.2: Testfälle nach Grenzwertanalyse

Die ersten vier Testfälle (5 bis einschließlich 8) enthalten gültige Eingaben, die aus einer Kombination der gerade noch gültigen Randbereiche entstehen. Die Rede ist von der genauen Länge der Kundennummer, was den Ziffern- und Buchstabenblock anbelangt, sowie deren Bereiche der möglichen Zeichen (0-9, A-Z) und von den zwei gerade noch gültigen Eingabelängen der Nachricht mit 16 und 49 Zeichen ($2 \cdot 2 = 4$ Testfälle).

Die letzten vier Tests (8 bis einschließlich 12) prüfen ungültige Eingaben an den Randbereichen, wobei es aber ein Prinzip der Grenzwertanalyse ist, dass die ungültigen Eingaben nicht kombiniert werden müssen. Aus diesem Grund gibt es nur vier Tests und nicht acht, die sich eigentlich aus der Anzahl der ungültigen Randbereiche der Kundennummer multipliziert mit der Anzahl der ungültigen Nachrichten ergeben müssten ($4 \cdot 2 \neq 4$ Testfälle).

2 Grundlagen des Testens

Listing 2.4 stellt die Umsetzung der oberen Testtabelle in Form eines Selenium-Tests dar. Hier ist der Hinweis wichtig, dass die Tabelle zwar mehrere Testfälle beschreibt, die aber als ein Selenium-Test implementiert sind. In der Selenium-Terminologie entspricht das *einem* Testfall.

Listing 2.4:
Grenzwerttest

```html
<html>
<head>
<meta http-equiv="Content-Type" content="text/html; charset=ISO-8859-1">
<title>Test Kontaktformular 2</title>
</head>
<body>
<table cellpadding="1" cellspacing="1" border="1">
<thead>
<tr><td rowspan="1" colspan="3">Test Kontaktformular 2</td></tr>
</thead><tbody>
<tr>
    <td>open</td>
    <td>/Simple_Form.html</td>
    <td></td>
</tr>
<!-- Testfall 5 -->
<tr>
    <td>type</td>
    <td>Kundennummer</td>
    <td>000000AAA</td>
</tr>
<tr>
    <td>type</td>
    <td>Nachricht</td>
    <td>aaaaabbbbbaaaaab</td>
</tr>
<tr>
    <td>fireEvent</td>
    <td>Kontaktformular</td>
    <td>submit</td>
</tr>
<tr>
    <td>assertAlert</td>
    <td>Das Formular wurde versendet!<br /><br />
    Kundennummer: 000000AAA<br />
    Nachricht: aaaaabbbbbaaaaab</td>
    <td></td>
</tr>
<!-- Testfall 6 -->
<tr>
    <td>type</td>
    <td>Kundennummer</td>
    <td>999999ZZZ</td>
</tr>
<tr>
    <td>type</td>
    <td>Nachricht</td>
```

```
        <td>aaaaabbbbbaaaaab</td>
</tr>
<tr>
        <td>fireEvent</td>
        <td>Kontaktformular</td>
        <td>submit</td>
</tr>
<tr>
        <td>assertAlert</td>
        <td>Das Formular wurde versendet!<br /><br />
        Kundennummer: 999999ZZZ<br />
        Nachricht: aaaaabbbbbaaaaab</td>
        <td></td>
</tr>
<!-- Testfall 7 -->
<tr>
        <td>type</td>
        <td>Kundennummer</td>
        <td>000000AAA</td>
</tr>
<tr>
        <td>type</td>
        <td>Nachricht</td>
        <td>aaaaabbbbbaaaaabbbbbaaaaabbbbbaaaaabbbbbaaaaabbbb</td>
</tr>
<tr>
        <td>fireEvent</td>
        <td>Kontaktformular</td>
        <td>submit</td>
</tr>
<tr>
        <td>assertAlert</td>
        <td>Das Formular wurde versendet!<br /><br />
        Kundennummer: 000000AAA<br />
        Nachricht: aaaaabbbbbaaaaabbbbbaaaaabbbbbaaaaabbbbbaaaaabbbb</td>
        <td></td>
</tr>
<!-- Testfall 8 -->
<tr>
        <td>type</td>
        <td>Kundennummer</td>
        <td>999999ZZZ</td>
</tr>
<tr>
        <td>type</td>
        <td>Nachricht</td>
        <td>aaaaabbbbbaaaaabbbbbaaaaabbbbbaaaaabbbbbaaaaabbbb</td>
</tr>
<tr>
        <td>fireEvent</td>
        <td>Kontaktformular</td>
        <td>submit</td>
```

2 Grundlagen des Testens

```
        </tr>
        <tr>
            <td>assertAlert</td>
            <td>Das Formular wurde versendet!<br /><br />
            Kundennummer: 999999ZZZ<br />
            Nachricht: aaaaabbbbbaaaaabbbbbaaaaabbbbbaaaaabbbbbaaaaabbbb</td>
            <td></td>
        </tr>
        <!-- Testfall 9 -->
        <tr>
            <td>type</td>
            <td>Kundennummer</td>
            <td>99999AAA</td>
        </tr>
        <tr>
            <td>type</td>
            <td>Nachricht</td>
            <td>aaaaabbbbbaaaaa</td>
        </tr>
        <tr>
            <td>fireEvent</td>
            <td>Kontaktformular</td>
            <td>submit</td>
        </tr>
        <tr>
            <td>assertAlert</td>
            <td>Das Formular wurde nicht versendet.<br />
            Bitte prüfen Sie Ihre Eingaben.<br /><br />
            Kundennummer: 99999AAA<br />
            Nachricht: aaaaabbbbbaaaaa</td>
            <td></td>
        </tr>
        <!-- Testfall 10 -->
        <tr>
            <td>type</td>
            <td>Kundennummer</td>
            <td>000000AA</td>
        </tr>
        <tr>
            <td>type</td>
            <td>Nachricht</td>
            <td>aaaaabbbbbaaaaabbbbbaaaaabbbbbaaaaabbbbbaaaaabbbbb</td>
        </tr>
        <tr>
            <td>fireEvent</td>
            <td>Kontaktformular</td>
            <td>submit</td>
        </tr>
        <tr>
            <td>assertAlert</td>
            <td>Das Formular wurde nicht versendet.<br />
            Bitte prüfen Sie Ihre Eingaben.<br /><br />
```

```
        Kundennummer: 000000AA<br />
        Nachricht: aaaaabbbbbaaaaabbbbbaaaaabbbbbaaaaabbbbbaaaaabbbbb</td>
        <td></td>
</tr>
<!-- Testfall 11 -->
<tr>
        <td>type</td>
        <td>Kundennummer</td>
        <td>9999999AAA</td>
</tr>
<tr>
        <td>type</td>
        <td>Nachricht</td>
        <td>aaaaabbbbbaaaaa</td>
</tr>
<tr>
        <td>fireEvent</td>
        <td>Kontaktformular</td>
        <td>submit</td>
</tr>
<tr>
        <td>assertAlert</td>
        <td>Das Formular wurde nicht versendet.<br />
        Bitte prüfen Sie Ihre Eingaben.<br /><br />
        Kundennummer: 9999999AAA<br />
        Nachricht: aaaaabbbbbaaaaa</td>
        <td></td>
</tr>
<!-- Testfall 12 -->
<tr>
        <td>type</td>
        <td>Kundennummer</td>
        <td>000000AAAA</td>
</tr>
<tr>
        <td>type</td>
        <td>Nachricht</td>
        <td>aaaaabbbbbaaaaabbbbbaaaaabbbbbaaaaabbbbbaaaaabbbbb</td>
</tr>
<tr>
        <td>fireEvent</td>
        <td>Kontaktformular</td>
        <td>submit</td>
</tr>
<tr>
        <td>assertAlert</td>
        <td>Das Formular wurde nicht versendet.<br />
        Bitte prüfen Sie Ihre Eingaben.<br /><br />
        Kundennummer: 000000AAAA<br />
        Nachricht: aaaaabbbbbaaaaabbbbbaaaaabbbbbaaaaabbbbbaaaaabbbbb</td>
        <td></td>
</tr>
```

```
</tbody></table>
</body>
</html>
```

Wie sich bereits an dem sehr einfachen Kontaktformular erahnen lässt, sind die Äquivalenzklassen- und Grenzwertanalyse in der Praxis bei einem Prozess mit z.B. mehr als zwanzig Eingabefeldern nur sehr schwer vollständig zu realisieren, da die Zeit für einen derart aufwändigen Test meist nicht zur Verfügung steht. Aus diesem Grund wird Selenium vermutlich weniger bei diesen beiden Arten der Testfallermittlung eingesetzt, auch wenn es sich hervorragend dafür eignet.

2.4.5 Zustandsbezogener Test

Bei der zustandsbezogenen Testfallermittlung werden die Testfälle aus Zustandsmodellen, wie etwa Zustandsautomaten bzw. Zustandsübergangsdiagrammen abgeleitet. Diese Art der Ableitung von Tests dürfte direkt im Zusammenhang mit Selenium wohl sehr selten zum Einsatz kommen.

Im Kontext von größeren Web-Applikationen ist es nämlich viel zu komplex, den Zustand einer Anwendung in einem Diagramm abzubilden. Wenn allein ein Kunde mehr als fünf Objekte mit mehr als fünf Attributen in seiner Session hält, bedeutet dies schon einen immensen Raum an Zuständen pro Kunde, wobei dabei die Belegungen der Attribute noch gar nicht erfasst sind. Außerdem sind auf einer Webanwendung vielleicht mehrere tausend Kunden eingeloggt, alle mit unterschiedlichen Sessions. Der innere Zustand der Applikation selbst, unabhängig von den Kunden, wurde hierbei gar nicht berücksichtigt, obwohl dieser sich ebenfalls in einer ständigen Wechselwirkung mit allen eingeloggten Kunden befindet.

Wenn aber nicht das Testobjekt, also die Webanwendung, auf Basis eines Zustandsdiagramms modelliert ist, sondern ein spezieller, in sich geschlossener fachlicher Zusammenhang (die so genannte Fachlichkeit), dann kann diese Art der Testfallerstellung durchaus gewinnbringend eingesetzt werden. Ein Zustandsdiagramm für die Berechnung des Preisnachlasses beim Kauf eines Neuwagens wäre ein Beispiel, wobei es hier häufig zielführender ist, das Diagramm direkt in Anwendungsfälle oder in Geschäftsprozesse zu überführen und diese wieder als Grundlage für Selenium heranzuziehen.

Die gleichen Argumente lassen sich bei der Ursache-Wirkungs-Graph-Analyse anführen, weswegen es dafür kein eigenes Unterkapitel gibt: für eine Anwendung zu komplex, aber für eine Fachlichkeit in Ordnung. Beide Methodiken sind analog zu den Anwendungsfällen durch Selenium abbildbar, wenn klar ist welche Testfälle sich auf der AUT ergeben. Die Entscheidungstabellen können ebenfalls mit Hilfe der Selenium IDE aufgenommen werden, wenn sie definiert wurden.

2.4.6 Spezielle Tests für Web-Applikationen

Wie sich leicht vorgestellt werden kann, gibt es noch mehr Testmethoden als die bisher beschriebenen fünf. Zu diesen gehören beispielsweise der Syntaxtest oder der Zufallstest. Diese spielen allerdings im Kontext von Selenium keine entscheidende Rolle. Zusätzlich zu diesen beiden gibt es funktionale Testverfahren, die speziell im Zusammenhang mit dem Testen von Websites Erwähnung finden, u.a. im „Handbuch zum Testen von Web-Applikationen" von Klaus Franz[2]. Diese sollen jetzt kurz in die Welt von Selenium überführt werden.

Link-Test:
: Ein Link-Test ist ein Test, der die Rechtmäßigkeit und Fehlerfreiheit von internen und externen Hyperlinks überprüft. Selenium ist dafür lediglich sehr eingeschränkt einzusetzen. Für diese Aufgabe gibt es spezielle Link Checker, die z.B. auf Basis eines Web Crawlers alle erreichbaren Links eines Webauftritts prüfen und einen Überblick über diese verschaffen. Können gewisse Links indessen ausschließlich über ein oder mehrere Webformulare erreicht werden, so stoßen diese Werkzeuge ebenfalls schnell an ihre Grenzen.

Cookie-Test:
: Der Cookie-Test analysiert die im Browser zu einer Domain oder Applikation abgelegten Cookies auf ihre fachliche und technische Funktionalität. Diese Art von Test kann technisch mit Hilfe von Selenium durchgeführt und automatisiert werden, wenn fachlich klar ist was geprüft werden soll. Selenium ist unabhängig von der Cookie-Einstellung des Browsers und funktioniert bei deaktivierten Cookies mit Sessions auf Basis von URL-Rewriting.

    Mit den Befehlen `createCookie` und `deleteCookie` kann es Cookies anlegen und löschen. Das Auslesen aller Cookies einer AUT erfolgt durch den Accessor `storeCookie`. Da mit Selenium der Firefox-Browser mit speziellen Profilen initialisiert werden kann, in denen u.a. die Cookies deaktiviert sein können, kann hierfür sogar eine spezielle Testsuite in Selenium Core oder der RC angelegt werden.

Plugin-Test:
: Ein Plugin-Test überprüft eine Webanwendung in Bezug auf deren erforderliche Plugins und wie diese sich verhält, wenn Plugins fehlen oder falsche Versionen von Plugins installiert sind. Grundsätzlich eignet sich Selenium nicht für diese Art von Tests; vor allem dann nicht, wenn ein Plugin zu testende Funktionalität enthält. Die einzige Ausnahme hierbei ist Flash, da Selenium im Normalfall keinen Zugriff auf die Inhalte irgendeines Browser-Plugins hat. Zwei Ansätze für

---

[2] Klaus Franz, Handbuch zum Testen von Web-Applikationen, Springer Berlin, 2007

das Testen von Flash-Anwendungen werden in Kapitel 9.6 beschrieben. Selenium kann standardmäßig weder Java-Applets steuern noch mit dem Adobe Reader interagieren. Es basiert auf dem DOM von HTML, um seine Tests auszuführen, wohingegen die Plugins in ihren eigenen, speziellen Containern ablaufen. Was aber mit Selenium in diesem Bereich automatisiert werden kann, ist das Durchlaufen von Pfaden innerhalb von Webanwendungen, die bis hin zu der Verwendung des jeweiligen Plugins führen. Dabei kann lokal jeder Browser so initialisiert werden, dass er genau die Konfiguration von Plugins erfüllt, die speziell getestet werden soll.

Sicherheitstest:
Selenium eignet sich nicht für Sicherheitstests, da diese meist in einmaligen Assessments durchlaufen werden, wonach anschließend die gefundenen Lücken für immer geschlossen werden. Darüber hinaus gibt es für diese Art von Tests eigens spezialisierte Werkzeuge. Es könnte höchstens ein Regressionstest in einem sicherheits-kritischen Bereich mit Selenium aufgesetzt werden, um sicherzustellen, dass eine bestimmte Art von Eingabe auch in Zukunft kein Sicherheitsloch mehr darstellt.

Für eine spezielle Art von Test eignet sich Selenium gleichfalls überhaupt nicht: Tests, in denen überprüft werden soll, wie sich eine Anwendung verhält, wenn JavaScript deaktiviert ist. Selenium basiert nämlich auf JavaScript.

2.5 Nicht-funktionaler Test

Nicht-funktionale Anforderungen beschäftigen sich mit Attribute, die außerhalb der funktionalen Anforderungen liegen und ausdrücken, mit welcher Qualität eine Web-Applikation ihre Aufgaben erfüllt und ihre Kunden zufriedenstellt. Zu diesen Attributen gehören Zuverlässigkeit, Effizienz und Benutzbarkeit.

Für klassische nicht-funktionale Test wie Last- und Performanztests eignet sich Selenium nur sehr begrenzt. Wenn auch seit der Einführung des Selenium Grids ein Modul hinzugekommen ist, mit dem mehrere echt-parallel arbeitende Anwender simuliert werden können, so geht ein echter Last- bzw. Performanztest doch etwas darüber hinaus, wofür das Grid Modul vorgesehen ist. Dennoch können mit Hilfe des Grid gewisse Messungen hinsichtlich des Systemverhaltens vorgenommen werden, die durchaus gewinnbringend ausgewertet werden können. Zusätzlich bietet das Selenium Grid einen echten Vorteil: es können wichtige Prozesse nebenläufig getestet werden, um unsaubere Implementierung hinsichtlich der Trennung der einzelnen Benutzersitzungen aufzudecken.

Alle anderen von Spillner und Linz (siehe Fußnote auf Seite 19) aufgeführten, nicht-funktionalen Tests haben mit Selenium keinerlei Berührungspunkte und werden deshalb im weiteren nicht näher betrachtet. Im Buch von Klaus Franz (siehe Fußnote auf Seite 37) hingegen gibt es eine Reihe von Web-Tests, welche sich unter dem Kapitel Tests zur Benutzbarkeit wiederfinden, die an dieser Stelle mit Selenium in Zusammenhang gesetzt werden sollen. Wie es nicht anders zu erwarten war, gibt es innerhalb dieser Tests ebenfalls solche, für die Selenium keinerlei Unterstützung bietet. Diese sollen von Anfang an ausgeschlossen werden und werden deshalb zusammen in einer Liste kurz aufgeführt:

- Content-Test

- Usability-Test

- Zugänglichkeitstest

- Auffindbarkeitstest

Für all diese Tests gibt es spezielle Werkzeuge und Techniken, um sie professionell umzusetzen. Selenium ist keines davon. Für zwei weitere Typen von Benutzbarkeitstests eignet es sich jedoch trotzdem: für den Oberflächentest und für den Browser-Test.

Der Oberflächentest überprüft die Einhaltung von Dialogrichtlinien sowie die Korrektheit von Standardfunktionalitäten auf Weboberflächen. Zu diesen gehören z.B. die Navigationsleisten oder weitere Funktionen, die auf allen Seiten gleich verfügbar sein sollen, wie etwa ein Hilfe-Link oder ein Drucken-Icon. Wie der Begriff Standardfunktionalität schon nahelegt, überschneiden sich diese Tests teilweise mit funktionalen Tests. Wenn man die Grenze an der richtigen Stelle zieht, ergibt sich aber der Vorteil, dass ein Oberflächentest auch von Personen durchgeführt werden kann, die von der jeweiligen Fachlichkeit keine Kenntnis haben.

An dieser Stelle kommt ebenfalls Selenium wieder ins Spiel. Erstens kann es dazu verwendet werden, das Vorhandensein gewisser Grundelemente und Design-Standards auf jeder besuchten Seite sicherzustellen und diese automatisch zu prüfen. Diese Tests müssen dann nicht mehr manuell innerhalb des Oberflächentests ausgeführt werden. Zweitens können die vorhandenen funktionalen Tests mit Selenium dazu eingesetzt werden, dass ein Oberflächen-Tester mit ihrer Hilfe durch die Webanwendung navigiert und sorgfältig einzelne Dialoge prüft, indem er jeweils dort beim Abspielen auf den Pause-Button drückt und mit seinen Tests beginnt. Dies kann ihm ebenfalls manuelle Arbeit abnehmen und Wissen über die Fachlichkeit ersparen.

Was den Browser-Test anbelangt, so ist dieser geradezu prädestiniert für den Einsatz von Selenium. Innerhalb dieses Tests wird nämlich überprüft, ob sich eine Webanwendung mit ganz unterschiedlichen Browser-Konstellationen korrekt verhält, was deren Darstellung und Bedienbarkeit betrifft. Dies umfasst sowohl den Browsertyp auf dem jeweiligen Betriebssystem als auch die Einstellungen der einzelnen Browser. Die unterstützten Browser führt Tabelle 14 auf. Zusätzlich zu seiner Plattform-Unabhängigkeit erlaubt es Selenium, da seine Tests jeweils in lokal installierten und konfigurierten Browsern ablaufen, die Browser so einzustellen wie es der Test vorsieht, bei Firefox sogar mit unterschiedlichen Profilen.

2.6 Änderungsbezogener Test

Durch änderungsbezogene Tests oder auch Regressionstests wird ein modifiziertes Softwaresystem erneut getestet, um auszuschließen, dass sich in Folge der letzten Änderungen neue Fehler eingeschlichen haben. Ausgangspunkt hierfür sind die Testfälle, die bereits im Vorfeld auf der vorherigen Softwareversion ausgeführt wurden. Regressionstests müssen also wiederholbar sein. Dies macht sie zu bevorzugten Kandidaten für die Testautomatisierung. Selenium ist ein Testwerkzeug, das genau dieses leisten kann. Jeder Test ist beliebig oft ausführbar.

Regressionstests gibt es in allen Teststufen und mit allen Testarten, d.h. es gibt sowohl funktionale, nicht-funktionale als auch strukturelle Regressionstests. Ein Aspekt rückt im Zusammenhang mit dieser Testart allerdings besonders in den Fokus, vor allem in Verbindung mit Oberflächentests: die Stabilität der Tests bezüglich Anpassungen auf den Web-GUIs. Häufig verzichtet man bei Weboberflächen auf Testautomatisierung, da die nicht unberechtigte Angst besteht, dass alle Tests mit dem nächsten Release sowieso nicht mehr verwendet werden können.

Was Selenium anbelangt, hängt es von der Quelltext-Qualität der zu testenden Anwendung ab, ob diese Befürchtung zutrifft oder nicht. Wenn bei der Entwicklung der AUT von Beginn an darauf geachtet wird, dass alle HTML-Elemente eine eindeutige und konstante ID in Form des gleichnamigen HTML-Attributs zugewiesen bekommen, dann können Elemente beliebig auf der Oberfläche verschoben werden, Selenium wird diese immer lokalisieren können. Im Fall einer sauberen Implementierung der AUT wird das Layout sowieso komplett über CSS gesteuert, das wiederum selbst über IDs referenziert und ansonsten unabhängig vom HTML-Quelltext ist.

Nach so viel Theorie folgt nun im nächsten Kapitel die Praxis, in Form der Selenium IDE und ihrer Nutzung. Abschließend sei aber noch ein allgemeiner Hinweis erlaubt. Unabhängig davon welcher Testprozess oder ob überhaupt irgendeine Form von Prozess eingesetzt wird, eines lohnt sich immer: bereits nach der Definition der Anforderungen diese von einem Tester oder testerfahrenen Entwickler auf Fehler prüfen zu lassen, die man beheben kann, noch bevor eine Zeile Code oder Testcode geschrieben wurde.

3

Selenium IDE

Die Selenium IDE ist eine Erweiterung des Mozilla Firefox Browsers, die man sich als Benutzer nachinstallieren muss. Sie stellt eine vollständige Entwicklungsumgebung für Selenium-Tests dar. Mit ihrer Hilfe kann man Selenium-Tests automatisch aufzeichnen, editieren und wieder abspielen. Neben dieser elementaren Funktionalität enthält die Selenium IDE noch eine Menge weiterer hilfreicher Funktionen, die in diesem Kapitel näher erläutert werden. Dazu gehört z.B. die Autovervollständigung bei der Eingabe von Testbefehlen oder die integrierte Befehlsreferenz, die den Anwender bei der Einarbeitung in Selenium direkt unterstützt.

Einerseits stellt die Selenium IDE damit den einfachsten Einstieg in Selenium dar, andererseits lassen sich die Tests, die mit der Selenium IDE auf unkomplizierte Weise aufzuzeichnen sind, auch in anderen Modulen wie der Selenium Remote Control nutzen.

Abbildung 3.1 zeigt das Popup-Fenster der Selenium IDE, wie es normalerweise im Firefox geöffnet ist.

3 Selenium IDE

Abbildung 3.1:
Selenium IDE

3.1 Installation

Die Selenium IDE setzt einen installierten Mozilla Firefox[1] voraus. Wenn dieser gestartet ist, kann mit der Installation der Selenium IDE begonnen werden. Dazu wird das Add-ons-Fenster im Hauptmenü unter **Extras | Add-ons** geöffnet. Abbildung 3.2 zeigt dieses direkt nach der Neuinstallation eines Firefox 2.0.0.7. Wird anschließend auf den Link **Erweiterungen herunterladen** geklickt, der sich rechts unten im Add-ons Fenster befindet, dann öffnet sich ein neues Tab-Fenster im Browser. Dieses zeigt die Übersichtsseite aller Erweiterungen für den Firefox auf der Mozilla-Website – unter **Add-ons | Kategorien | Erweiterungen**.

Eine Suche nach Selenium IDE innerhalb der Mozilla Erweiterungen auf der oben genannten Webseite wird diese als einziges Suchergebnis zurückliefern. Klickt man dieses Suchergebnis an, öffnet sich die Projektseite der Selenium IDE, von der aus die Erweiterung heruntergeladen werden kann. Der Hinweis zur Browserkompatibilität an dieser Stelle sollte nicht ignoriert werden. Mit aktuellen Firefox-Versionen sollte Selenium zwar immer funktionieren, sehr alte Firefox-Versionen unterstützt die IDE jedoch nicht.

---

[1] http://www.mozilla.org/firefox

Abbildung 3.2: Add-ons-Fenster im Firefox

Nach dem Klick auf **Installieren** öffnet sich das Popup **Software-Installation**, das durch einen weiteren Klick auf **Jetzt installieren** bestätigt wird. Um die Installation abzuschließen, ist ein Neustart des Browsers nötig. Danach kann die Selenium IDE unter **Extras | Selenium IDE** geöffnet werden. Die Selenium IDE kann auch direkt bei OpenQA[2] heruntergeladen werden. Aktuelle Versionen von Selenium-Modulen finden sich dort immer zuerst.

Ganz gleich, welche Website und Art der Installation gewählt wird, die Selenium IDE wird immer mit Hilfe einer `.xpi`-Datei installiert (XPI steht für *Cross-Platform Install* und ist ein spezielles Mozilla-Format für Installationsdateien). Dies wird z.B. interessant, wenn die Selenium IDE innerhalb eines Netzwerks zur Verfügung stehen soll. Dann kann man die Installationsdatei auf ein Netzlaufwerk legen und alle Mitarbeitern können die IDE dann direkt darüber installieren.

3.2 Benutzeroberfläche

Die Benutzeroberfläche der Selenium IDE lässt sich in fünf Teilbereiche untergliedern (Abbildung 3.3) Sie befinden sich jeweils direkt untereinander und sind wie folgt voneinander abgegrenzt:

1. Menüleiste
2. Base URL
3. Werkzeugleiste
4. Testeditor
5. Log-Konsole

[2] `http://www.openqa.org/`

3 Selenium IDE

Abbildung 3.3:
Bereiche der
Selenium IDE

In der Menüleiste (1) befinden sich die Standardfunktionen des Dateisystems, wie das Öffnen und Speichern eines Tests. Außerdem können dort unter **Options** individuelle Benutzeroptionen konfiguriert werden. Als Base URL (2) darunter wird immer die Startadresse (URL) eingetragen, unter der begonnen werden soll, einen Test abzuspielen. Die Werkzeugleiste (3) ist das zentrale Bedienelement für das Aufnehmen und Abspielen von Tests. Hier wird zwischen diesen beiden Modi umgeschaltet und die Geschwindigkeit der Testausführung eingestellt.

Im Testeditor (4) wird der Test dargestellt und bearbeitet, der gerade geöffnet ist. Hier wird sowohl angezeigt welche Testschritte die Selenium IDE aufgenommen hat als auch welcher Testschritt auf einer AUT gerade ausgeführt wird. Die Log-Konsole (5) hat die Aufgabe, das Ergebnis einer Testausführung beim Abspielen eines Tests darzustellen. Darüber hinaus zeigt sie z.B. bei Eingabe eines Testbefehles die Selenium-Befehlsreferenz an.

3.3 Aufnehmen

Das Aufnehmen von Tests ist die bemerkenswerteste Funktion der Selenium IDE. In dieser unterscheidet sich die IDE von den anderen Modulen des Selenium-Frameworks, die nur zum Abspielen verwendet werden können.

Im Grunde lässt sich die Selenium IDE wie ein Videorekorder bedienen. Wie bei einem echten Videorekorder im Wohnzimmer steht der runde Button für Aufnehmen (Record) und die dreieckigen Buttons für Abspielen (Play). In Abbildung 3.4 ist der Aufnehmen-Button gerade ausgewählt. Analog zu einer Ampel sind diese beiden entgegengesetzten Funktionen rot und grün eingefärbt.

Abbildung 3.4: Werkzeugleiste

Die Entwickler der Selenium IDE haben an dieser Stelle neben der farblichen Trennung, um zwischen Aufnehmen und Abspielen zu unterscheiden, auch auf eine räumliche Trennung Wert gelegt, wie der großen Abstand links vom Aufnehmen-Button zeigt. Denn alle Bedienelemente, die links von dieser Lücke stehen, beziehen sich auf das Abspielen von Tests. Für das Aufnehmen ist einzig der rechts allein stehende Aufnehmen-Button zu verwenden.

Sobald die Selenium IDE im Firefox geöffnet wird, befindet sie sich im Record-Mode (Aufnahme-Modus). An dieser Stelle kann der Benutzer direkt mit dem Aufnehmen eines Tests beginnen, ohne vorher irgendetwas konfiguriert zu haben. Dies funktioniert bereits, wenn die IDE zum ersten Mal nach der Installation gestartet wird.

Analog zum Videorekorder funktioniert das Aufnehmen selbst verblüffend einfach. Der Benutzer interagiert nur mit dem Firefox und im Hintergrund nimmt die Selenium IDE für ihn den Test auf. Konkret bedeutet dies, er führt selbst die Testschritte auf der Webanwendung aus, die er gerne zukünftig automatisiert von der Selenium IDE abspielen lassen möchte.

Der Benutzer bedient seinen Firefox wie gewöhnlich, bis auf eine Ausnahme: beim Aufnehmen von Zusicherungen (Assertions). Diese überprüfen innerhalb einer Webseite, ob gewünschte Inhalte vorhanden sind. Dies können angezeigte Texte oder beliebige andere HTML-Elemente sein, Inhalte eben, die für eine Überprüfung in einem Test von Relevanz sein können. Ein typisches Beispiel hierfür wäre die Überprüfung der korrekten Anrede eines Kunden durch Selenium mit Hilfe einer Zusicherung, nachdem dieser sich auf einem Webportal authentifiziert hat. Dadurch könnte u.a. mit einem Testkunden automatisch sichergestellt werden, dass der Name dieses Kunden immer korrekt vom System ermittelt wird.

Beim Aufnehmen von Zusicherungen verlässt der Anwender kurzzeitig seine gewohnte Interaktion mit der zu testenden Webanwendung. Er fügt dem Test die Testschritte hinzu, die für ihn zusätzlich überprüfen, dass sich die Anwendung wie gewünscht verhält. Für das Aufzeichnen von Zusicherungen bedient sich der Benutzer des Kontextmenüs innerhalb des Firefox-Browserfensters, um nicht selbst manuell einzelne Zusicherungen eingeben zu müssen. Die Erweiterung des Kontextmenüs durch Selenium ist in Abbildung 3.5 dargestellt. Es kann mit einem Rechtsklick innerhalb des Browserfensters geöffnet werden.

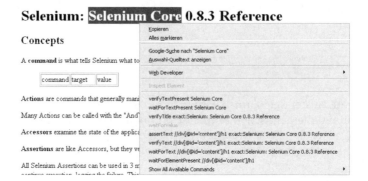

Abbildung 3.5: Browser-Kontextmenü

Diese Kontextmenü-Erweiterung ist nur sichtbar, wenn die Selenium IDE im Firefox geöffnet ist. Der letzte Abschnitt ist für Selenium relevant und dient vor allem dazu, dem Test auf einfache Art und Weise Zusicherungen hinzuzufügen. Man markiert sich z.B. einen Textabschnitt in einer Webseite, den man zukünftig von Selenium geprüft haben möchte und klickt mit der rechten Maustaste darauf. Im Anschluss daran kann der gewünschte Zusicherungs-Testschritt aus dem Kontextmenü selektiert und dem Test hinzugefügt werden. Welche Bedeutung die unterschiedlichen Arten von Zusicherungen genau haben, die im Kontextmenü zur Auswahl stehen, wird in Kapitel 4 erläutert. Über den untersten Eintrag im Kontextmenü **Show All Available Commands** werden alle zur momentanen Selektion verfügbaren Kommandos in einem weiteren Untermenü dargestellt.

Wenn man beim Ausprobieren des Record-Modes die aufgenommenen Testschritte besser verfolgen will, kann es sinnvoll sein, die IDE einmal auf andere Art und Weise zu starten. Dies geschieht über **Ansicht | Sidebar | Selenium IDE**. Die IDE bleibt damit während der Aufnahme der Testschritte innerhalb des Firefoxes in der Sidebar sichtbar. Beginnt der Benutzer nun seinen Test aufzunehmen, indem er z.B. ein Webformular für einen Newsletter ausfüllt, so fügt Selenium jeden Testschritt in den gerade in der Selenium IDE geöffneten Test ein. Ist die IDE in der Sidebar geöffnet, kann dies parallel beobachtet werden.

Wenn das Aufnehmen eines Tests mit der Selenium IDE abgeschlossen ist, kann der Testfall mit **Datei (F) | Save Test Case** bzw. **Save Test Case As...** gespeichert werden Auf den Punkt **Export Test Case As...** wird in Abschnitt 3.6 näher eingegangen.

Was das Öffnen von Tests bzw. Testfällen betrifft, gibt es zwei Varianten: entweder wird ein neuer Test geöffnet oder ein bestehender, um diesen abzuspielen oder zu modifizieren. Ein neuer Test wird über die Auswahl des Untermenüpunktes **New Test Case** begonnen. Genauso verhält sich die IDE direkt nach ihrem Öffnen, wenn sie sich bereits im Record-Mode befindet. Über den Untermenüpunkt **Open...** kann ein Test aus dem Dateisystem geöffnet werden. Analog dazu kann über den Untermenüpunkt **Recent Test Cases** ein Testfall aus der Liste der zuletzt geöffneten Testfälle selektiert werden.

Seit der Version 1.0 Beta-1 der Selenium IDE ist es möglich, mehrere Tests in sogenannten Testsuiten zu gruppieren.)Dies bedeutet, dass es eine übergeordnete Datei gibt, die als Testsuite bezeichnet wird und mehrere Testfälle referenziert. Aus diesem Grund gibt es bis auf den Untermenüpunkt **Export Test Case As...** die gleichen Untermenüpunkte wie für Tests zusätzlich für Testsuiten.

3.4 Bearbeiten

Jeder Testschritt, den die Selenium IDE aufnimmt, wird im Testeditor dargestellt. Eine Zeile entspricht dabei einem Testschritt. Abbildung 3.6 zeigt den Testeditor, wie er während der Testaufnahme eines Tests geöffnet ist, für den bereits Testschritte aufgezeichnet wurden. Neben der Anzeige des Tests und dessen enthaltener Testschritte, dient der Testeditor – wie der Name schon vermuten lässt – vor allem der manuellen Bearbeitung der Tests.

Abbildung 3.6: Testeditor

Die Table-Ansicht erlaubt es dem Benutzer, einen Test auf zwei Arten zu bearbeiten. Zum einen kann ein einzelner Testschritt direkt modifiziert werden, indem mit der linken Maustaste auf ihn geklickt wird, zum anderen können ein oder mehrere Testschritte mit Hilfe des Testeditor-Kontextmenüs (rechte Maustaste) bearbeitet werden.

Für die Bearbeitung eines einzelnen Testschrittes stehen die unteren drei Textfelder im Testeditor zur Verfügung, die analog zu den Spaltennamen über der Testschritt-Tabelle bezeichnet sind: Command, Target, Value. Wird mit der linken Maustaste der zu bearbeitende Testschritt selektiert, kann dieser innerhalb der drei Textfelder bearbeitet werden. Das Command-Textfeld enthält dabei den Namen des Testbefehls, das Target-Textfeld das Ziel und das optionale Value-Textfeld den Wert, der für die Ausführung des Testschrittes erforderlich sein kann. Mehr über die Testbefehle kann in Kapitel 4 nachgelesen werden.

Der Pfeil hinter dem Command-Textfeld zeigt dem Benutzer eine Auflistung aller in Selenium zur Verfügung stehenden Testbefehle. Wird aus dieser Auflistung ein Testbefehl selektiert, so wird dieser als Command übernommen und in das voranstehende Textfeld übertragen. Zur Unterstützung des Benutzers bietet die IDE an dieser Stelle eine Autovervollständigung von Testbefehlen an, sobald man in dem Command-Textfeld beginnt, einen Testbefehl einzugeben.

Der Find-Button hinter dem Target-Textfeld bietet die Möglichkeit, den momentanen Ausdruck innerhalb des Find-Textfeldes zu überprüfen. Klickt man auf den Button, so versucht die IDE den Ausdruck innerhalb der momentan geöffneten Webseite aufzufinden.

Das Testeditor-Kontextmenü (Abbildung 3.7) kann dazu verwendet werden, einen oder mehrere Testschritte auszuschneiden, zu kopieren, zu löschen oder an anderer Stelle im Test wieder einzufügen. Zusätzlich kann mit Hilfe des Kontextmenüs an der aktuellen Position ein leerer Testbefehl oder Kommentar eingefügt werden.

Abbildung 3.7: Testeditor-Kontextmenü

Die grüne horizontale Linie innerhalb des Testeditors zeigt dabei die aktuelle Position an, an der die Änderungen erfolgen. Sie verläuft immer oberhalb des gerade ausgewählten Testschrittes, der blau unterlegt ist. Verliert die IDE den Fensterfokus, so kann dies damit deutlicher erkannt werden.

In der Source-Ansicht des Testeditors ist es dem Benutzer möglich, direkt den Quelltext des gerade geöffneten Tests zu bearbeiten. Dies geschieht analog zu jedem anderen beliebigen Texteditor.

3.5 Abspielen

Wenn mindestens ein Test in der IDE geöffnet ist, kann dieser abgespielt werden. Dies funktioniert ebenfalls mit einem gerade frisch aufgenommenen Testfall, selbst wenn dieser bisher nur einen einzigen Testschritt enthält. Gestartet wird das Abspielen von Tests immer über einen der zwei Play-Buttons aus der Werkzeugleiste (Abbildung 3.4). Der linke von beiden, der auf drei betonte horizontale Querstriche zeigt, dient dabei dem Abspielen von allen referenzierten Testfällen, der kompletten Testsuite also. Der rechte Play-Button hingegen, der auf nur einen hervorgehobenen grünen Querstrich zeigt, spielt allein den gerade geöffneten Test ab.

Nach dem Drücken des Play-Buttons beginnt die IDE daraufhin einen Test unter dem Host auszuführen, der als Base URL konfiguriert ist. Dies hat den großen Vorteil, dass alle Testfälle flexibel auf mehreren Hosts abgespielt werden können. Dies kann z.B. hilfreich sein, wenn der Entwicklungsstand einer Webanwendung auf verschiedenen Testsystemen oder lokal getestet werden soll. Dazu muss nur die Base URL umkonfiguriert werden. Die Tests sind per Default relativ zu ihrer Base URL.

Die Schiebeleiste ganz links in der Werkzeugleiste reguliert die Geschwindigkeit beim Abspielen von Tests. Sie kann zwischen schnell und langsam beliebig skaliert werden. Der hellblaue, nach unten gebogene Step-Button ermöglicht es dem Benutzer, einen Test ähnlich wie in einem Debugger schrittweise abzuspielen. Dazu muss vorher der gelbe Pause/Resume-Button gedrückt werden. Dieser Button mit den zwei senkrechten Balken entspricht der Pause-Taste eines Videorekorders und hält einen Test an einer gewünschten Stelle an bzw. lässt ihn wieder von dort weiterlaufen.

Als die letzten zwei Buttons in der Werkzeugleiste verbleiben die durch einen Trennstrich von den anderen Abspielen-Buttons abgegrenzten Icons. Das erste enthält ebenfalls ein grünes Play-Dreieck, nur dass sich dieses innerhalb zweier Rechtecke befindet. Dieser Button steht für den Selenium-TestRunner, welcher der Kernbestandteil des Selenium Core Modules ist, das an späterer Stelle noch genauer betrachtet wird. Klickt man diesen Button, so öffnet sich dessen TestRunner in einem eigenen Browserfenster. Der zweite violette und spiralförmige Button fügt einem Test eine Rollup-Regel hinzu. Der Mechanismus hinter den Rollup-Regeln wird erst in Kapitel 9.2 im Detail beschrieben.

Die Ausführung des Tests findet im Firefox-Browserfenster statt. Der Benutzer kann ihn dort beobachten und gleichzeitig den Fortschritt der Testausführung im Testeditor der IDE verfolgen. Die IDE markiert den gerade in Ausführung befindlichen Testschritt gelb. Alle erfolgreich ausgeführten Testschritte werden grün hinterlegt, wobei zwischen Actions in hellgrün und Zusicherungen in dunkelgrün unterschieden wird. Rot markiert werden alle Testschritte, die zu einem Fehler geführt haben. Abbildung 3.8 zeigt den Testeditor während des Abspielens eines Testfalls aus einer Testsuite.

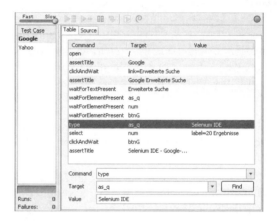

Abbildung 3.8: Abspielen im Testeditor

Mit Hilfe des Kontextmenüs des Testeditors, das in Abbildung 3.7 zu sehen ist, lässt sich das Abspielen eines Tests manipulieren. Durch Drücken der ⓑ-Taste oder durch Selektion des Menüpunktes **Toggle Breakpoint** kann ein Breakpoint gesetzt werden. Bei einem durch einen Breakpoint markierten Testschritt pausiert die IDE die Ausführung des Tests so lange, bis der Benutzer wieder eingreift und z.B. mit Resume die Testausführung fortsetzt. Durch Auswahl des Menüpunktes **Set / Clear Start Point** kann ein beliebiger, gerade selektierter Testschritt als Startpunkt der nächsten Testausführung markiert werden. Dies funktioniert analog über die Tastatur durch Drücken der ⓢ-Taste. Die Selektion des Menüpunkts **Execute this command** bzw. das Drücken der ⓧ-Taste bewirkt, dass die IDE einen gewünschten Testschritt direkt zur Ausführung bringt.

Während des Abspielens eines Testfalls protokolliert die IDE jeden Testschritt und gibt das Ergebnis in der Log-Konsole (Abbildung 3.9) aus – je nach Logging-Level mit unterschiedlicher Ausführlichkeit. Das Level wird mit Hilfe des Drop-Down-Menüs gesetzt, das sich in der Menüleiste der Log-Konsole links neben dem Menüpunkt **Clear** befindet. Dieser leert die Log-Konsole, wenn das Logging des vorherigen Testlaufs nicht mehr von Bedeutung ist. Standardmäßig ist das Logging-Level auf **Info** gesetzt.

Zusätzlich wird die Log-Konsole während der Bearbeitung eines Testschritts im Testeditor dazu verwendet, den Ausschnitt über das jeweilige Kommando aus der Selenium-Befehlsreferenz darzustellen (siehe hierzu auch Abbildung 3.7). Das Gleiche gilt für UI-Elemente und Rollup-Regeln. Deren Beschreibung wird analog unter den entsprechenden Menüpunkten angezeigt, während diese im Testeditor bearbeitet werden.

Abbildung 3.9: Log-Konsole

3.6 Export

Wer schon einmal, wie im vorherigen Kapitel erwähnt, die Source-Ansicht eines Testfalls im Testeditor betrachtet hat, der konnte dessen Quelltext und Formatierung erkennen: HTML. Ein Selenium-Test kann also mit jedem gängigen Browser geöffnet und betrachtet werden, auch wenn für dessen Ausführung immer ein Selenium-Modul notwendig ist.

Für die Selenium IDE ist jeder Test eine HTML-Datei, die eine Tabelle enthält. Diese hat beliebig viele Zeilen, aber immer drei Spalten, die den Aufbau eines Testschrittes repräsentieren: Command, Target und Value. Diese werden in der Table-Ansicht des Testeditors lediglich benutzerfreundlicher abgebildet, um direkt bearbeitet werden zu können.

Darüber hinaus bietet die IDE aber die Möglichkeit, einen Test in andere Dateiformate zu exportieren – und zwar unter dem Menüpunkt **Datei | Export Test Case As...**. An dieser Stelle kann die Auswahl zwischen sieben weiteren Formaten getroffen werden:

- Java
- C#
- Perl

- PHP
- Python
- Ruby
- Ruby (IDE Version 0.7, deprecated)

Für eine weitere Bearbeitung innerhalb der Selenium IDE ist dies allerdings nicht weiter von Belang. Ein Export ist nur in Zusammenhang mit der Selenium Remote Control sinnvoll. Dieses Modul wird in Kapitel 7 im Detail beschrieben.

Wenn ein Benutzer im Testeditor einen Test in einem anderen Format aufnehmen oder bearbeiten will, ändert er hierfür die Option für die aktuelle Formatierung aller Tests in der IDE. Dies führt dazu, dass – bis auf die Formatierungen in HTML und in Ruby für die IDE 0.7 – im Testeditor immer die Table-Ansicht ausgeblendet wird und allein die Source-Ansicht zur Verfügung steht. Darüber hinaus ist es nicht mehr möglich, einen Test in einem anderen Format als in den beiden, im vorherigen Satz aufgeführten Ausnahmen innerhalb der Selenium IDE abspielen zu lassen. Abbildung 3.10 zeigt die Source-Ansicht anhand der Formatierungseinstellung für Java: die Table-Ansicht ist ausgegraut und die Play-Buttons lassen sich nicht mehr bedienen.

Um zwischen den Formatierungen hin- und herzuschalten, muss der Menüpunkt **Options | Format** aufgerufen werden. Dieser legt die aktuelle Formatierung fest. Die unterschiedlichen Formatierungen haben den Vorteil, dass in der IDE der Inhalt eines Exports bereits eingesehen und manuell bearbeitet werden kann, bevor er exportiert wird.

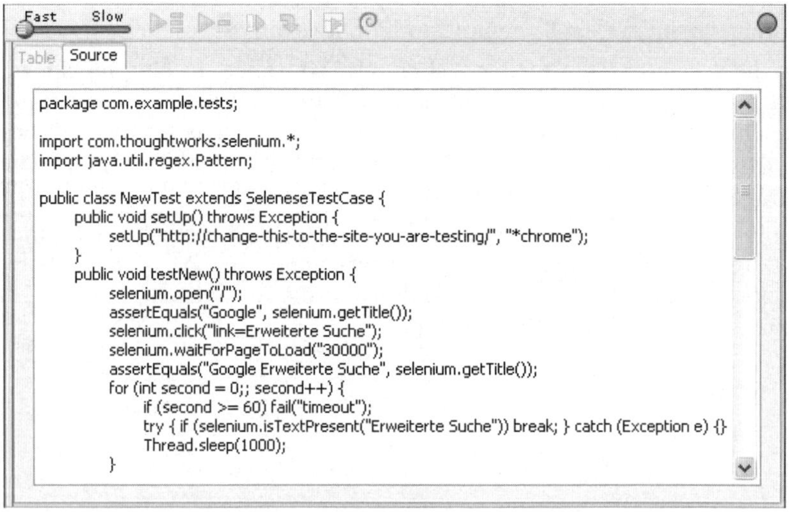

Abbildung 3.10: Testeditor – Source-Ansicht

```
package com.example.tests;

import com.thoughtworks.selenium.*;
import java.util.regex.Pattern;

public class NewTest extends SeleneseTestCase {
    public void setUp() throws Exception {
        setUp("http://change-this-to-the-site-you-are-testing/", "*chrome");
    }
    public void testNew() throws Exception {
        selenium.open("/");
        assertEquals("Google", selenium.getTitle());
        selenium.click("link=Erweiterte Suche");
        selenium.waitForPageToLoad("30000");
        assertEquals("Google Erweiterte Suche", selenium.getTitle());
        for (int second = 0;; second++) {
            if (second >= 60) fail("timeout");
            try { if (selenium.isTextPresent("Erweiterte Suche")) break; } catch (Exception e) {}
            Thread.sleep(1000);
        }
```

Zusätzlich zur Voranzeige des Inhalts eines Exports bietet die IDE noch eine weitere ähnliche Funktion. Über **Options | Clipboard Format** kann der Anwender die Art der Formatierung beim Kopieren in die Zwischenablage beeinflussen. Dies kann nützlich sein, wenn ein Test mit Hilfe der IDE aufgenommen wurde, aber nur ein Teil dieses Tests in eine bestehende Remote Control Testsuite kopiert und übernommen werden soll. In die Zwischenablage kann z.B. über das Kontextmenü des Testeditors kopiert werden.

Hinweis: Beim Exportieren eines Tests muss der Benutzer den kompletten Dateinamen des Exports definieren. Die IDE fügt an dieser Stelle keine Endung für den Dateityp an, der als Export-Formatierungstyp gewünscht war.

3.7 Optionen

Im vorherigen Kapitel wurden bereits die Optionen betrachtet, die mit der Formatierung von Tests in Zusammenhang stehen und im Speziellen mit deren Export in andere Formate. In diesem Abschnitt werden nun weitere Optionen beschrieben. Diese können mit Hilfe des Untermenüpunktes **Options | Options...** geöffnet und konfiguriert werden. Dem Benutzer stehen zwei Tabs zur Auswahl: **General** und **Formats**.

3.7.1 General

Innerhalb des General-Tabs (Abbildung 3.11) werden allgemeine Einstellungen vorgenommen. Hier kann ganz oben die Zeichenkodierung des gerade zu bearbeitenden Tests von UTF-8 auf eine andere Kodierung, wie z.B. ISO-8859-1, geändert werden. Dazu steht das Textfeld unter **Encoding of test files** zur Verfügung. Nach dessen Konfiguration wird die neue Kodierung direkt berücksichtigt. Dies macht sich bemerkbar, wenn das nächste Mal ein Test ins Dateisystem abgelegt wird.

Durch Änderung des Werts im zweiten Textfeld, **Default timeout value of recorded command**, wird die Zeitspanne eingestellt, welche die Selenium IDE automatisch beim Aufnehmen und Exportieren von Tests in alle Testschritte vom Typ `waitForPageToLoad` einträgt, wenn es sich um eine der sechs Formatierungen für die Selenium Remote Control handelt.

Diese Option ist relativ irreführend. Sie wirkt sich nur auf zu exportierende Testfälle für die Selenium Remote Control und deren Formate aus. Diese müssen sich in jeder `waitForPageToLoad`-Methode über einen Parameter einen bestimmten Wert bis zum Timeout eintragen. Dies gilt nicht für die Tests in HTML-Formatierung. Deren Default-Timeout ist unabhängig von dieser Option immer 30 Sekunden und kann nur mit Hilfe des Testschritts `setTimeout` gesetzt werden, und zwar global pro Testfall.

Abbildung 3.11:
Optionen –
General-Tab

Die nächsten zwei Textfelder sind hauptsächlich für Entwickler interessant. Dort kann mittels externer JavaScript-Dateien sowohl das grundlegende Verhalten von Selenium als auch das Verhalten der IDE selbst beeinflusst werden. Durch Konfiguration einer user-extensions.js-Datei unter **Selenium Core extensions (user-extensions.js)** kann z.B. ein eigener Testbefehl hinzugefügt werden. Durch Zuweisung weiterer Erweiterungsdateien unter **Selenium IDE extensions** ist es möglich, die IDE beispielsweise um eine Druckfunktionalität für Tests zu erweitern.

Die vier verbleibenden Checkboxen erklären sich fast von selbst. Die erste Checkbox mit der Beschreibung **Remember base URL** bewirkt, dass bei jedem Start der IDE die zuletzt verwendete Base URL wieder eingetragen ist. Die nächsten beiden Checkboxen betreffen das Aufnehmen. Ist **Record assertTitle automatically** ausgewählt, wird automatisch beim Laden jeder neuen Webseite dem Test eine Zusicherung hinzugefügt, die den Titel eben dieser Webseite überprüft. Die Selektion von **Record absolute URL** bewirkt, dass die IDE beim Aufnehmen von URLs nicht mehr relativ zur Base URL aufnimmt, sondern absolut, sprich die ganzen Pfade aller URLs. Die letzte Checkbox betrifft dagegen das Abspielen. Wenn das Häkchen bei **Enable UI-Element** gesetzt ist, wird diese Art der Erweiterung in der Selenium IDE aktiviert (siehe Kapitel 9.1).

3.7.2 Formats

Die Konfigurationsmöglichkeiten innerhalb des Formats-Tab (Abbildung 3.12) beeinflussen alle Formatierungen, die unter **Options | Format** angezeigt werden. Es können bestimmte Parameter der bereits vorhandenen acht Formatierungsarten manipuliert werden. Außerdem lässt sich dort die Selenium IDE um eine neue, selbst definierte Formatierungsart erweitern. All diese Einstellungen haben Auswirkungen darauf, welchen Quelltext die IDE für einen Test erstellt, wenn dieser in dem jeweiligen Format aufgenommen wird oder wenn unter den Optionen zwischen den verschiedenen Formaten umgeschaltet wird.

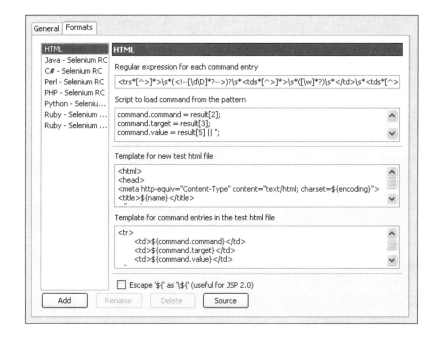

Abbildung 3.12: Optionen - Formats-Tab

Über den Source-Button kann der JavaScript-Quelltext der jeweiligen Formatierungs-Komponente betrachtet werden, wenn dieser in der links stehenden Textarea ausgewählt ist. Durch Klicken des Add-Buttons kann eine eigene Formatierung hinzugefügt werden. So wäre es möglich, eine Formatierung beispielsweise für Groovy zu ergänzen, damit Tests auch in der Syntax dieser Zielsprache aufgenommen und exportiert werden können. Dazu muss diese mit einem Namen versehen und in JavaScript implementiert werden, indem sie sich an das vorgegebenen Interface hält, das die folgenden drei Methodensignaturen enthält:

- `function parse(testCase, source)`
- `function format(testCase, name)`
- `function formatCommands(commands)`

3.8 Beispiel

Das letzte Kapitel über die Selenium IDE ist einem einfachen Beispiel gewidmet. Es verdeutlicht die elementaren Arbeitsschritte im Umgang mit der Selenium IDE. Ziel ist es, einen ersten Test aufzunehmen und wieder abzuspielen. Dazu muss der Firefox-Browser geöffnet werden. In seine Adressleiste wird `www.google.de` eingetragen, um einen Test unter Google Deutschland aufzuzeichnen. Ist die Startseite von Google sichtbar, wird die Selenium IDE in der Sidebar aufgerufen (**Ansicht | Sidebar | Selenium IDE**). Danach sollte im Browser das zu sehen sein, was in Abbildung 3.13 dargestellt ist.

Abbildung 3.13: Selenium IDE – Google.de

Wie die Werkzeugleiste der IDE zeigt, befindet diese sich bereits im Record-Mode. Es kann direkt mit dem Aufnehmen von Tests begonnen werden. Dazu klickt man auf den Link **Erweiterte Suche**, rechts neben dem Google-Sucheingabefeld. Daraufhin öffnet sich im Browserfenster die Erweiterte Suche. Im Testeditor der IDE wurden die ersten zwei Kommandos eingefügt und die Base URL auf `http://www.google.de` gesetzt. Das open-Kommando besagt mit seinem Target /, dass beim zukünftigen Abspielen des Tests direkt unter der Adresse der Base URL begonnen wird, während

3.8 Beispiel

clickAndWait|link=Erweiterte Suche bedeutet, dass ein so bezeichneter Link auf der vorherigen Seite angeklickt wurde und zum Laden einer neuen Seite geführt hat.

Der nächste Abschnitt kann nun mit der Aufnahme von Zusicherungen (Assertions) fortgesetzt werden. Dazu führt man auf einer freien Stelle innerhalb der Erweiterten Suche einen Rechtsklick aus, so dass kein spezielles HTML-Element markiert wird und fügt über das Kontextmenü die erste Zusicherung ein, dass die Seite den richtigen Titel trägt. Je nach Konfiguration erledigt das die IDE auch automatisch: assertTitle| Google Erweiterte Suche. Vier weitere Zusicherungen sollen noch hinzukommen. Es ist sinnvoll, für jedes Element, das im Anschluss manipuliert wird, eine Zusicherung einzutragen. Außerdem sollte man Zusicherungen und Benutzeraktionen möglichst nach Blöcken trennen und gruppieren. Abbildung 3.14 zeigt das Kontextmenü bei der Auswahl der nächsten Zusicherung. Diese prüft, ob die korrekte Seitenüberschrift angezeigt wird. Es wurde so sichtbar, nachdem der Text Erweiterte Suche blau markiert wurde.

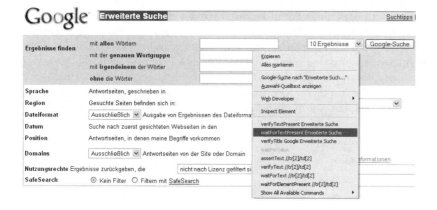

Abbildung 3.14: Selenium IDE - Kontextmenü

Alle fünf aufzunehmenden Assertions brechen den Test mit einem Fehler ab, wenn sie beim Abspielen nicht erfolgreich verifiziert werden können und lauten wie folgt:

- assertTitle|Google Erweiterte Suche

- waitForTextPresent|Erweiterte Suche

- waitForElementPresent|as_q (Rechtsklick auf Textfeld **mit allen Wörtern**)

- waitForElementPresent|num (Rechtsklick auf Drop-Down-Box der Ergebnisanzahl)

- waitForElementPresent|btnG (Rechtsklick auf Button **Google-Suche**)

Die letzten drei Zusicherungen überprüfen jeweils, ob Eingabeelemente auf der Seite vorhanden sind. `as_q` ist der Name des Textfeldes hinter **mit allen Wörtern**, num der Name der Drop-Down Box für die Anzahl der Ergebnisse und btnG der Namen des Buttons mit dem Bezeichner **Google-Suche**.

Nach den Zusicherungen wird jetzt wieder ein Block von Aktionen aufgezeichnet. In das Textfeld `as_q` trägt der Benutzer den Text `Selenium IDE` ein, schränkt das Suchergebnis auf **20 Ergebnisse** ein und führt eine Suche aus, indem er auf den **Google-Suche** Button drückt. Die IDE nimmt folgendes auf:

- `type|as_q|Selenium IDE`
- `select|num|label=20 Ergebnisse`
- `clickAndWait|btnG`

Auf der nächsten Seite kann jetzt wieder damit begonnen werden, Zusicherungen aufzunehmen, wie z.B. `assertTitle| Selenium IDE - Google -Suche`. Im Anschluss daran könnten wieder Benutzeraktionen ausgeführt werden usw.... Die Aufnahme unseres Beispiels endet aber hier, nachdem insgesamt zwölf Kommandos aufgenommen wurden. Diese lassen sich nun abspielen, dazu ist lediglich ein Klick auf den Play-Button nötig. Außerdem kann der Test jetzt im Dateisystem gespeichert werden, was dringend zu empfehlen ist, da dieser Test in Kapitel 7 weiterverwendet wird. In der IDE sieht der Test aus wie in Abbildung 3.15, im Quelltext wie in Listing 3.1.

Abbildung 3.15: Selenium IDE - GoogleTest

3.8 Beispiel

Listing 3.1:
Quelltext des
Google-Tests

```html
<html>
<head>
<meta http-equiv="Content-Type" content="text/html; charset=ISO-8859-1">
<title>IDE_Bsp_Google</title>
</head>
<body>
<table cellpadding="1" cellspacing="1" border="1">
<thead>
<tr><td rowspan="1" colspan="3">IDE_Bsp_Google</td></tr>
</thead><tbody>
<tr>
	<td>open</td>
	<td>/</td>
	<td></td>
</tr>
<tr>
	<td>assertTitle</td>
	<td>Google</td>
	<td></td>
</tr>
<tr>
	<td>clickAndWait</td>
	<td>link=Erweiterte Suche</td>
	<td></td>
</tr>
<tr>
	<td>assertTitle</td>
	<td>Google Erweiterte Suche</td>
	<td></td>
</tr>
<tr>
	<td>waitForTextPresent</td>
	<td>Erweiterte Suche</td>
	<td></td>
</tr>
<tr>
	<td>waitForElementPresent</td>
	<td>as_q</td>
	<td></td>
</tr>
<tr>
	<td>waitForElementPresent</td>
	<td>num</td>
	<td></td>
</tr>
<tr>
	<td>waitForElementPresent</td>
	<td>btnG</td>
	<td></td>
</tr>
```

```
<tr>
        <td>type</td>
        <td>as_q</td>
        <td>Selenium IDE</td>
</tr>
<tr>
        <td>select</td>
        <td>num</td>
        <td>label=20 Ergebnisse</td>
</tr>
<tr>
        <td>clickAndWait</td>
        <td>btnG</td>
        <td></td>
</tr>
<tr>
        <td>assertTitle</td>
        <td>Selenium IDE - Google-Suche</td>
        <td></td>
</tr>

</tbody></table>
</body>
</html>
```

4 Selenese

Was ist Selenese? Um es so kurz wie möglich auszudrücken: die Sprache von Selenium. Doch Sie müssen nicht glauben, Sie müssten an dieser Stelle wieder mühevoll eine neue Sprache lernen. Sie haben nämlich bereits in Kapitel 3 Selenese „gesprochen". Das Gleiche gilt, wenn Sie Kapitel 3 übersprungen haben und selbst schon einmal die Selenium IDE eingesetzt haben. Diese speichert und zeichnet ihre Tests in Selenese auf.

Wie jede Programmiersprache hat Selenese eine eigene Syntax. Diese kennen Sie bereits, wenn Sie in der IDE im Testeditor auf die Source-Ansicht geklickt haben: Sie präsentiert sich in Form einer HTML-Seite mit einer einzelnen, darin enthaltenen Tabelle.

Diese Grundstruktur einer HTML-Tabelle, die einen Test repräsentiert und beliebig viele Zeilen mit jeweils immer exakt drei Spalten enthält, ist in Listing 4.1 schematisch gezeigt. In HTML ist eine Tabellenzeile stets durch ein `<tr>`-Element (für Table Row) ausgezeichnet und die darin enthaltenen Spalten durch `<td>`-Elemente (für Table Data). In Listing 4.1 würde der erste Testschritt unterhalb des `<tbody>`-Elements beginnen. Die Tabellenzeile innerhalb des `<thead>`-Elements hat keine funktionale Bedeutung.

4 Selenese

Listing 4.1:
Selenese – HTML
Syntax

```
<html>
  <head>
    <meta http-equiv="Content-Type" content="text/html; charset=UTF-8">
    <title>Test</title>
  </head>
  <body>
    <table cellpadding="1" cellspacing="1" border="1">
      <thead>
        <tr>
          <td rowspan="1" colspan="3">Test</td>
        </tr>
      </thead>
      <tbody>
        <tr>
          <td>command</td>
          <td>target</td>
          <td>value</td>
        </tr>
        <tr>
          <td>command</td>
          <td>target</td>
          <td>value</td>
        </tr>
        <tr>
          <td>command</td>
          <td>target</td>
          <td>value</td>
        </tr>
        ...
      </tbody>
    </table>
  </body>
</html>
```

Jede Tabellenzeile in Listing 4.1 enthält einen Testschritt, sprich ein Kommando in Selenese. In einer anderen Notation könnte ein Kommando auch wie folgt beschrieben werden: | C | T | V |, also drei durch Verkettungs- oder Pipe-Symbole getrennte Spalten, mit der bekannten Abfolge: Command, Target und Value. Diese Notation wird u.a. in der Selenium IDE beim Logging verwendet.

Die Command-Spalte enthält den Namen des Kommandos, das in diesem Testschritt ausgeführt werden soll. Kurz: *Was* passiert? In Listing 4.2 fügt das Kommando `type` einen Text (Value) in ein Textfeld (Target) ein. Dies geschieht gerade so, als ob ein Benutzer den Text selbst in das Textfeld eintippen würde.

Die Target-Spalte definiert das *Wo* – das Ziel eines Kommandos. Im Listing-Beispiel wäre es das Textfeld mit dem Namen `user_name`. Dieser Name muss als Name-Attribut im HTML-Quelltext hinterlegt sein. Das Target enthält also den Bezeichner, der beschreibt auf welchem Element der zu testenden Webseite das Kommando ausgeführt werden soll bzw. auf welches Element sich das Kommando bezieht. In Selenese wird dieser Bezeichner *Element Locator* oder nur *Locator* genannt. Die unterschiedlichen Arten von Locators und deren Verwendung werden in Kapitel 4.2 beschrieben.

Die Value-Spalte enthält den *Wert*, der an ein Kommando übergeben wird und für dessen Funktionalität erforderlich ist. Sie ist optional, da nicht alle Kommandos einen Wert verlangen. In Listing 4.2 soll in das Textfeld `user_name` der Wert `Administrator` eingetragen werden, der aus diesem Grund an das `type`-Kommando übergeben wird.

```
...
<tr>
      <td>type</td>
      <td>user_name</td>
      <td>Administrator</td>
</tr>
...
```

Listing 4.2: Ein Kommando in Selenese

Im Vergleich zu anderen Sprachen ist Selenese also wirklich einfach zu verstehen, da ein Test immer linear durchlaufen wird - Zeile für Zeile innerhalb der Tabelle. Er startet oben und endet unten. Es gibt in Selenese keine Sprungbefehle oder sonstige Bedingungen, um den Programmfluss zu beeinflussen, d.h. die Linearität der Verarbeitung kann in Selenese nicht aufgebrochen werden. Dies hat einen unschätzbaren Vorteil: Es lässt einen Test einfach verständlich bleiben, so dass sich auch Nicht-Programmierer an das Erstellen oder Verbessern von Tests wagen können. Eine ausführliche Begründung für die gewollte Einfachheit von Selenese liefert Dan Fabulich, einer der Entwickler des Selenium Core Modules, in seinem Blog[1] unter dem Titel „Why Is HTML Selenese So Simplistic?"

4.1 Kommandos

In der Command-Spalte können eine Vielzahl von Kommandos eingetragen werden. Um sich überhaupt einen Überblick über alle Kommandos zu verschaffen, werden diese in Form einer Referenz zusammengefasst, die jedes Kommando beschreibt und erklärt. Die Gesamtmenge aller Kommandos inklusive ihrer Parameter und Rückgabewerte wird auch als API (Application Programming Interface) von Selenium bezeichnet. Eine komplette Selenium-API-Referenz findet sich im Anhang dieses Buches. Unter Reference[2] kann bei OpenQA die Originalreferenz aufgerufen werden. Die Re-

---

[1] http://darkforge.blogspot.com/2006/12/why-is-html-selenese-so-simplistic.html
[2] http://www.openqa.org/selenium-core/reference.html

ferenz in diesem Buch hat gegenüber dem Original jedoch den Vorteil größerer Übersichtlichkeit. Die grobe Kategorisierung und rein alphabetische Aufzählung auf der Seite von OpenQA erweist sich im Alltag nämlich oft als unhandlich.

Jedes Kommando in Selenese kann einer der folgenden drei Gruppen zugeordnet werden:

- Actions
- Accessors
- Assertions

Die nachfolgenden Unterkapitel enthalten eine strukturierte Übersicht über diese drei Gruppen, um sich schneller in Selenese zurechtzufinden.

4.1.1 Actions

Action-Kommandos bilden Benutzerinteraktionen innerhalb eines Browsers ab oder beeinflussen deren Simulation durch Selenium. Sie manipulieren den Zustand einer zu testenden Webanwendung und konfigurieren das Abspielen eines Test in Selenium. Beispielsweise bearbeiten sie zum einen ein Formular und versenden dieses im Browser, zum anderen ermöglichen sie es, die Geschwindigkeit des Abspielens dabei einzustellen.

Die Actions, die Benutzerinteraktionen simulieren, lassen sich in folgende vier Kategorien unterteilen:

- Maus
- Tastatur
- Eingabefelder
- Browser

Dem gegenüber stehen die Actions, die Selenium selbst, genauer gesagt, den Selenium TestRunner steuern. Diese lassen sich in zwei Kategorien unterteilen:

- Programmfluss
- Erweiterungen

Jede dieser Actions beeinflusst entweder das zeitliche Verhalten eines Tests beim Abspielen oder bietet die Möglichkeit einer manuellen Erweiterung von Selenium durch den Benutzer.

4.1 Kommandos

Jedes Action-Kommando in Selenese kann einer dieser sechs vorangegangenen Kategorien zugeordnet werden. Diese werden im Nachfolgenden nun ausführlich betrachtet. Zu Beginn jeder Beschreibung einer Kategorie werden alle Actions aus dieser Kategorie in einer Tabelle dargestellt.

Diese enthält zusätzlich zu den drei Spalten für Command, Target und Value eine vierte Spalte: „mit Suffix -AndWait". In dieser Spalte stehen die Namen der Kommandos, die durch das Anhängen der Endung `AndWait` an das Kommando in der Command-Spalte gebildet werden. Beide Kommandos erfüllen eigentlich die gleiche Aufgabe. Der Unterschied liegt einzig darin, dass die AndWait-Kommandos nach ihrer Ausführung so lange warten, bis eine Seite neu geladen wurde. Die zu testenden Aktionen werden nämlich in vielen Fällen eine Kommunikation mit dem Server zur Folge haben, die mehr oder minder zeitintensiv sein kann. Der Browser schickt also eine Anfrage an einen Server und erhält daraufhin eine Antwort. Die Kommandos mit dem Suffix `AndWait` warten auf diese Antwort.

Intern bedeutet dies, dass am Ende der Ausführung jedes AndWait-Kommandos die Action `waitForPageToLoad` aufgerufen wird. Diese wartet exakt solange, bis eine Seite neu geladen ist. Für den Benutzer ist es dadurch einfacher, weil er nicht explizit zwei Kommandos verwenden muss, sondern nur eines. Löst eine Action kein erneutes Laden einer Webseite aus, ist das Kommando in der ersten Spalte zu nutzen, da die AndWait-Kommandos an dieser Stelle in einen Timeout laufen würden.

Tabelle 4.1: Maus-Actions

Command	Target	Value	mit Suffix -AndWait
Click/DoubleClick			
`click`	`locator`	-	`clickAndWait`
`clickAt`	`locator`	`coords`	`clickAtAndWait`
`doubleClick`	`locator`	-	`doubleClickAndWait`
`doubleClickAt`	`locator`	`coords`	`doubleClickAtAndWait`
Down / Up			
`mouseDown`	`locator`	-	`mouseDownAndWait`
`mouseDownAt`	`locator`	`coords`	`mouseDownAtAndWait`
`mouseUp`	`locator`	-	`mouseUpAndWait`
`mouseUpAt`	`locator`	`coords`	`mouseUpAtAndWait`
Move / Over / Out			
`mouseMove`	`locator`	-	`mouseMoveAndWait`
`mouseMoveAt`	`locator`	`coords`	`mouseMoveAtAndWait`
`mouseOver`	`locator`	-	`mouseOverAndWait`
`mouseOut`	`locator`	-	`mouseOutAndWait`

4 Selenese

Fortsetzung:

Command	Target	Value	mit Suffix -AndWait
Drag / Drop			
dragAndDrop	locator	moves	dragAndDropAndWait
dragAndDropToObject	locator	locator	dragAndDropToObjectAndWait
Speed			
setMouseSpeed	pixels	-	setMouseSpeedAndWait

Als erste Kategorie werden die Maus-Actions vorgestellt. Alle Kommandos dieser Kategorie sind in der Tabelle 4.1 zusammengefasst, also alle Aktionen, die ein Benutzer mit Hilfe seiner Maus oder ähnlichen Eingabengeräten wie Touchpads auslösen kann. Die Maus-Actions unterteilen sich in folgende fünf Unterkategorien:

- Click/Double-Click
- Down/Up
- Move/Over/Out
- Drag/Drop
- Speed

Einzeln werden alle Maus-Kommandos in der Referenz in Kapitel A beschrieben. Hier soll exemplarisch nur eine Action näher betrachtet werden. Es handelt sich um das Kommando, das zu den am häufigsten verwendeten zählt: `clickAndWait`. Listing 4.3 stellt ein Beispiel hierfür dar. Es simuliert das Klicken eines Benutzers auf einen Button, das dieser mit Hilfe seiner Maus ausführen würde. Eine Voraussetzung hierfür ist, dass der bezeichnete Button innerhalb der aktuellen Webseite angezeigt wird. Das gleiche Kommando wird auch dazu verwendet, um Klicks auf Link-Elemente, Check-Boxen oder Radio Buttons zu simulieren. Intern setzt Selenium bei diesem Kommando Events mit Hilfe von Browser-spezifischem JavaScript ab, wobei es die Befehle `fireEvent` bzw. `dispatchEvent` nutzt.

Listing 4.3: clickAndWait
```
...
<tr>
  <td>clickAndWait</td>
  <td>button</td>
  <td></td>
</tr>
...
```

Jeder Maus-Action kann das Suffix `AndWait` angehängt werden, da prinzipiell nach jeder dieser Actions eine neue Seite geladen werden könnte.

Command	Target	Value	mit Suffix -AndWait
Key Down/Up/Press			
keyDown	locator	key	keyDownAndWait
keyUp	locator	key	keyUpAndWait
keyPress	locator	key	keyPressAndWait
Special Keys Down/Up			
altKeyDown	locator	-	altKeyDownAndWait
altKeyUp	locator	-	altKeyUpAndWait
controlKeyDown	locator	-	controlKeyDownAndWait
controlKeyUp	locator	-	controlKeyUpAndWait
shiftKeyDown	locator	-	shiftKeyDownAndWait
shiftKeyUp	locator	-	shiftKeyUpAndWait
metaKeyDown	locator	-	metaKeyDownAndWait
metaKeyUp	locator	-	metaKeyUpAndWait
Keys			
typeKeys	locator	keys	typeKeysAndWait

Tabelle 4.2: Tastatur-Actions

Als nächstes folgt die Kategorie der Tastatur-Actions. Alle Selenium-Actions aus dieser Kategorie sind in der Tabelle 4.2 aufgelistet. Diese verteilen sich wiederum auf drei Unterkategorien:

- Key Down/Up/Press
- Special Keys Down/Up
- Keys

Die drei Kommandos der ersten Unterkategorie ermöglichen es, mit Hilfe von Selenium die Bedienung einer einzelnen Taste zu simulieren. Die als Parameter übergebene Taste wird entweder gedrückt und nicht losgelassen (`keyDown`) oder gedrückt und losgelassen (`keyPress`). Soll nur auf das Loslassen einer Taste reagiert werden, muss das `keyUp`-Kommando verwendet werden.

Die acht Kommandos der Unterkategorie *Special Keys Down/Up* simulieren das Gedrückt-Halten und Loslassen der Spezialtasten Alt, Ctrl, Shift und Meta. Diese Tasten werden häufig in Kombination mit anderen Tasten benutzt und deshalb über eigene Kommandos simuliert.

4 Selenese

Das letzte Kommando, das gleichsam eine eigene Subkategorie repräsentiert, ist das `typeKeys`-Kommando. Dieses simuliert Taste für Taste die Eingabe einer Zeichenkette über die Tastatur, wobei das Besondere daran ist, dass nach der Eingabe jedes Zeichens alle drei Tastenereignisse `keyDown`, `keyUp` und `keyPress` ausgelöst werden. Listing 4.4 stellt ein Beispiel hierfür dar. Es wird eine Postleitzahl aus Hamburg, 20095, in ein Textfeld mit dem Namen `text_field` eingegeben. Dies geschieht Taste für Taste und löst die entsprechenden Ereignisse aus. Eine Besonderheit wird aus dem Listing allerdings nicht ersichtlich: Dieses Kommando ist speziell in Verbindung mit Ajax-basierten Webkomponenten hilfreich. Wenn beispielsweise ein Textfeld mit Auto-Vervollständigung getestet werden soll, können die einzelnen Zeichen mit `typeKeys` eingegeben werden, so dass die Ajax-Komponente richtig auf die einzelnen Tastenereignisse reagieren kann.

Listing 4.4: typeKeys
```
...
<tr>
  <td>typeKeys</td>
  <td>text_field</td>
  <td>20095</td>
</tr>
...
```

Jeder Tastatur-Action kann das Suffix `AndWait` angehängt werden, da prinzipiell nach jeder dieser Actions eine neue Seite geladen werden könnte.

Tabelle 4.3: Eingabefeld-Actions

Command	Target	Value	mit Suffix -AndWait
Drop-Down-Box			
select	locator	option	selectAndWait
addSelection	locator	option	addSelectionAndWait
removeSelection	locator	option	removeSelectionAndWait
removeAllSelections	locator	-	removeAllSelectionsAndWait
Checkbox/Radiobutton			
check	locator	-	checkAndWait
uncheck	locator	-	uncheckAndWait
Text Field			
type	locator	keys	typeAndWait
setCursorPosition	locator	position	setCursorPositionAndWait
Form			
submit	locator	-	submitAndWait

Die nächste Kategorie, deren Kommandos in Tabelle 4.4 abgebildet sind, enthält diejenigen Kommandos, die das Benutzerverhalten im Zusammenhang mit Eingabefeldern simulieren. Selbstverständlich erfolgen diese ebenfalls mittels Maus und Tastatur, konzentrieren sich aber auf die Manipulation von Eingabefeldern in HTML-Formularen. Sie enthält die vier folgenden Unterkategorien, die sich an den jeweiligen Typen der Formularelemente orientieren:

- Drop-Down Box
- Check-Box/Radio Button
- Text Field
- Form

Die erste Unterkategorie gruppiert die vier Action-Kommandos, die die Bearbeitung von Auswahllisten, sogenannten Drop-Down Boxes, betreffen. Mit Hilfe des `select`-Kommandos werden Elemente aus Auswahllisten ausgewählt, wenn nur die Auswahl eines einzelnen Elementes erlaubt ist. Die anderen drei Kommandos `addSelection`, `removeSelection` und `removeAllSelections` können bei Auswahllisten mit Mehrfachauswahl eingesetzt werden.

Die Subkategorie Checkbox/Radiobutton enthält die beiden Kommandos `check` und `uncheck`, um in einer Checkbox ein Häkchen zu setzen bzw. zu entfernen oder einen Radiobutton umzuschalten.

Die nächsten beiden Kommandos `type` und `setCursorPosition` steuern die Eingabe in Textfeldern. `type` fügt einen Text in ein Eingabefeld ein und `setCursorPosition` setzt den Textcursor innerhalb eines Textfelds bzw. einer Textarea auf eine gewünschte Position.

Die letzte Unterkategorie, Form, enthält analog zu der letzten Unterkategorie der Tastatur-Actions nur ein Kommando: `submit`. Mit Hilfe dieses Kommandos wird automatisch ein Formular innerhalb einer Webseite abgeschickt.

Als Beispiel für die Eingabefeld-Kategorie soll das `select`-Kommando dienen, weil es der am häufigsten verwendete Vertreter seiner Unterkategorie Drop-Down-Box ist. Diese Subkategorie verfügt über eine Besonderheit, die anhand des Beispiels deutlich wird: Das Element einer Auswahlliste, das selektiert werden soll, wird mittels eines eigenen Locators bestimmt. Dieser Locator existiert parallel zum Element Locator und heißt Option Locator. Er wird in Abschnitt 4.4 ausführlich beschrieben.

Listing 4.5 zeigt ein einfaches Beispiel dafür, wie der Option Locator in Verbindung mit dem `select`-Kommando eingesetzt wird. Aus einer Auswahlliste mit dem Namen `drop_down_box` wird das Element ausgewählt, das auf einer Webseite innerhalb dieser Auswahlliste mit dem Text 20095 (label=20095) zu sehen ist. Ein solches Kommando wäre vorstellbar, wenn sich ein Benutzer für eine Postleitzahl aus Hamburg entscheiden müsste.

Listing 4.5: select

```
...
<tr>
  <td>select</td>
  <td>drop_down_box</td>
  <td>label=20095</td>
</tr>
...
```

Jeder Eingabefeld-Action kann das Suffix AndWait angehängt werden, da nach jeder dieser Actions eine neue Seite geladen werden könnte.

Tabelle 4.4: Browser-Actions

Command	Target	Value	mit Suffix -AndWait
Open URL			
open	url	-	(implizit)
openWindow	url	window	openWindowAndWait
Window			
selectWindow	windowID	-	-
selectFrame	locator	-	-
windowFocus	-	-	windowFocusAndWait
windowMaximize	-	-	windowMaximizeAndWait
close	-	-	-
Navigation			
goBack	-	-	goBackAndWait
refresh	-	-	refreshAndWait
Cookie			
createCookie	pair	options	createCookieAndWait
deleteCookie	name	options	deleteCookieAndWait
Logging			
setBrowserLogLevel	level	-	
JavaScript			
answerOnNextPrompt	answer	-	-
chooseOkOnNextConfirmation	-	-	-
chooseCancelOnNextConfirmation	-	-	-
fireEvent	locator	event	fireEventAndWait

In die vierte und zugleich letzte Kategorie der Kommandos, die Benutzerinteraktionen simulieren, gehören die Browser Actions. Diese haben die Aufgabe, die Nutzer-Interaktionen mit dem Browser bzw. den Browserfenstern zu automatisieren. Selbstverständlich finden alle Selenese-Kommandos im Browser statt. All diejenigen Kommandos gehören aber zu dieser Kategorie, die nicht eine im Browser geöffnete Webseite, sondern den Browser selbst steuern. Sechs Unterkategorien gehören zu dieser Art von Actions:

- Open URL
- Window
- Navigation
- Cookie
- Logging
- JavaScript

Die erste Unterkategorie *Open URL* enthält zwei der elementarsten Kommandos in Selenese: `open` und `openWindow`. Beide Kommandos öffnen eine relative oder absolute Webadresse (URL) und werden stets zu Beginn eines Tests aufgerufen (siehe Kapitel 3.5). Der Unterschied zwischen beiden liegt lediglich darin, dass `open` eine URL im Testfenster von Selenium öffnet und `openWindow` eine URL in einem eigenen JavaScript-Pop-up-Fenster.

Die zweite Unterkategorie *Window* enthält die fünf Kommandos, die für die Handhabung von speziellen Fenstern zuständig sind, die in Webanwendungen eingesetzt werden können und einer Sonderbehandlung seitens Selenium bedürfen. Dies betrifft vor allem Pop-up-Fenster, die mittels JavaScript geöffnet werden. Einzig `selectFrame` wählt entweder ein Frame innerhalb eines Framesets aus oder einen IFrame. Alle anderen Kommandos beziehen sich ausschließlich auf Pop-ups. `selectWindow` wählt ein bestimmtes Pop-up aus, in dem der Test ablaufen soll, und `close` schließt dieses wieder. `windowFocus` und `windowMaximize` verfahren ihrer Funktion entsprechend mit den Pop-up-Fenstern.

Die beiden Kommandos `goBack` und `refresh` simulieren das Drücken der gleichnamigen Buttons in der Navigationsleiste des Browsers: Zurück (Back) und Neu-Laden (Refresh). Aus diesem Grund finden sie sich in der eigenen Unterkategorie *Navigation* wieder.

Die nächste Unterkategorie *Cookie* fasst die beiden Kommandos zusammen, mit deren Hilfe ein Cookie erzeugt (`createCookie`) und gelöscht (`deleteCookie`) werden kann.

Die fünfte Unterkategorie mit dem Namen *Logging* beinhaltet nur das Kommando `setBrowserLogLevel`, das die Stufe des Browser-eigenen Loggings zwischen `debug`, `info`, `warn`, `error` und `off` umschaltet.

4 Selenese

Die letzte Unterkategorie *JavaScript* stellt vier Kommandos bereit, die sich mit zwei für Webanwendungen typischen Bereichen von JavaScript beschäftigen: Prompts und Events. Das Kommando `fireEvent` ermöglicht das Auslösen beliebiger JavaScript-Events, egal von welchem Element. Das Kommando `answerOnNextPrompt` definiert die Antwort von Selenium auf den nächsten JavaScript-Prompt. Analog dazu reagieren `chooseOkOnNextConfirmation` sowie `chooseCancelOnNextConfirmation` auf Confirmation Prompts.

Stellvertretend für alle Browser-Actions wird an dieser Stelle das Kommando `selectWindow` näher betrachtet. Wie bereits erwähnt, wählt es ein Pop-up-Fenster aus, auf dem anschließend mit der Testausführung fortgefahren wird. Als Target wird die ID des Pop-up-Fensters übergeben, das selektiert werden soll. Welcher Wert dabei jedoch als `windowID` übermittelt wird, kann recht unterschiedlich sein, abhängig davon, wie Selenium das Pop-up identifizieren soll. Intern versucht Selenium nämlich auf vier verschiedene Arten, den Wert in `windowID` zu interpretieren und ein passendes Pop-up dafür zu finden:

1. Hauptfenster: `null` oder `'null'` als Target bedeutet, dass das Hauptfenster adressiert wird, das der Browser instanziiert hat.

2. Variable: wenn der Name einer Variablen übergeben wird, versucht Selenium den Inhalt dieser Variablen als eine Referenz auf ein Fenster zu interpretieren, als ob die Variable den Rückgabewert eines `window.open()`-Aufrufs enthalten würde.

3. Hash: Selenium versucht über eine von ihm selbst verwaltete Liste die übergebene Zeichenkette auf eine Fensterreferenz zu mappen.

4. Loop: Es wird versucht, durch ein Iterieren über alle bekannten Fenster und deren angezeigte Titel eine Entsprechung für die übergebene Zeichenkette zu finden.

Listing 4.6 zeigt einen JavaScript-Block, der die Funktion `openPopUp` definiert. Diese könnte beispielsweise onclick über einen Link aufgerufen werden. `window.open(..)` ist dabei Bestandteil des Browser-JavaScripts und delegiert das Öffnen eines Pop-ups an diesen. Es werden zwei Parameter an die Funktion übergeben: die URI einer HTML-Seite, die innerhalb des Pop-ups dargestellt werden soll, und dessen `windowID PopUp`. Mit Hilfe dieser ID ist `selectWindow` in der Lage, das Pop-up zu adressieren. Das nächste Listing (4.7) verdeutlicht genau diesen Zusammenhang. Die Referenz auf das Pop-up hält die Variable mit dem Namen `popUp`, da sie den Rückgabewert von `window.open(..)` empfängt. Mit ihrer Hilfe wird dem Fenster auch der Fokus erteilt: (`popUp.focus();`).

```
<script type="text/javascript">
  var popUp;
  function openPopUp (address) {
    popUp = window.open(address, "PopUp");
    popUp.focus();
  }
</script>
```

Listing 4.6:
JavaScript-Pop-up

```
...
<tr>
  <td>selectWindow</td>
  <td>PopUp</td>
  <td></td>
</tr>
...
```

Listing 4.7:
selectWindow

Die letzte Tabelle (4.5) in diesem Kapitel, die einen Überblick über alle Test-Runner-Actions verschafft, stellt alle Kommandos dar, die Selenium bei der Testausführung selbst beeinflussen. In dieser Tabelle gibt es die zwei oben bereits erwähnten Kategorien *Programmfluss* und *Erweiterungen*, die selbst aber keine eigenen Unterkategorien enthalten. Dies war nur bei den vorangegangenen Kategorien notwendig, die über deutlich mehr Kommandos verfügten und Benutzerinteraktionen simulierten.

Die erste Kategorie (*Programmfluss*) enthält neun Actions. Vier davon beginnen mit dem Präfix `waitFor-` und enden auf: `Condition`, `PageToLoad`, `FrameToLoad` und `PopUp`. Allen vier wird einen Timeout übergeben, eine Zahl in Millisekunden, die angibt, nach welchem Zeitraum diese Actions abbrechen und einen Error zurückliefern. Drei von ihnen warten darauf, dass etwas geladen wird, entweder die momentane Seite, ein bestimmtes Frame (`frame`) oder ein spezielles Pop-up (`window`). Einzig die Action `waitForCondition` passt nicht in diese Reihe. Sie versucht solange einen JavaScript-Ausdruck auszuwerten, bis es mit `true` terminiert. Dabei wird jedoch immer nur das Ergebnis des letzten Ausdrucks innerhalb des Skripts und dessen Rückgabewert betrachtet. Die anderen vorausgegangenen Ausdrücke werden einfach nur durchlaufen.

`pause` und `break` halten beide die momentane Testausführung an. `break` tut dies so lange, bis ein Benutzer manuell ein Resume klickt, um den Testlauf fortzusetzen. `pause` wartet einen definierten Zeitraum in Millisekunden (`timeout`) und führt anschließend den Testlauf fort.

`setSpeed` und `setTimeout` erwarten beide als Target eine Zahl, die wiederum in Millisekunden angegeben werden muss. Mit Hilfe von `setSpeed` wird der Zeitraum beeinflusst, den der TestRunner nach einem Kommando wartet, bis er das nächste Kommando aufruft. Der voreingestellte Wert hierfür liegt bei 0 Millisekunden. setTimeout konfiguriert die allgemeine Zeitbeschränkung bei allen Kommandos, die mit waitFor oder open beginnen. Liegt hier die Vorgabe normalerweise bei 30 Sekunden, so wird sie mit Hilfe dieser Action verändert.

Tabelle 4.5: TestRunner-Actions

Command	Target	Value	mit Suffix -AndWait
Programmfluss			
waitForCondition	script	timeout	-
waitForPageToLoad	timeout	-	-
waitForFrameToLoad	frame	timeout	-
waitForPopUp	window	timeout	-
pause	timeout	-	-
break	-	-	-
getSpeed	-	-	getSpeedAndWait
setSpeed	speed	-	setSpeedAndWait
setTimeout	timeout	-	-
Erweiterungen			
addLocationStrategy	strategy	function	-
allowNativeXpath	allow	-	-
assignId	locator	identifier	-
echo	message	-	-
highlight	locator	-	highlightAndWait
runScript	script	-	-
store	expression	variable	-

Die zweite Kategorie fasst Actions zusammen, die entweder am TestRunner oder anderswo Modifizierungen vornehmen. addLocationStrategy erlaubt die Definition eines eigenen Element Locators. allowNativeXpath ermöglicht das Umschalten zwischen einer Browser-eigenen und einer reinen JavaScript-XPath-Implementierung. assignId injiziert ein Id-Attribut in ein beliebiges Element. Die Kommandos echo und highlight sind beide nützlich für das Debugging: echo gibt eine Meldung aus und highlight markiert das aktuell vom TestRunner verarbeitete Element mit einem gelben Hintergrund. runScript fügt einen <script>-Block in eine Seite ein und store speichert einen Ausdruck in einer Variablen.

Wie Tabelle 4.5 zeigt, kann nur drei Actions aus diesen Kategorien das Suffix AndWait angehängt werden: getSpeed, setSpeed und highlight.

4.1.2 Accessors und Assertions

Accessor-Kommandos untersuchen den momentanen Zustand einer Web-Applikation, extrahieren einen Teil dessen und speichern ihn in einer Variablen. Das Kommando `storeTitle (variableName)` ist ein Beispiel hierfür. Es speichert den Titel einer Webseite in einer Variablen. Assertions basieren auf Accessors und werden aus diesen generiert. Sie vergleichen einen vom Benutzer festgelegten und erwarteten Wert mit demjenigen Wert, den ein Accessor für sie ermittelt hat, wie z.B. `verifyTitle (Hello World!)`.

Von jedem Accessor werden sechs Assertion-Kommandos generiert, da es für jede Assertion drei Ausprägungen gibt: `verify`, `assert` und `waitFor`. Dazu kommen deren Negationen `verifyNot`, `assertNot` und `waitForNot`. So ergibt sich für `storeTitle`:

- `verifyTitle(pattern)`
- `verifyNotTitle(pattern)`
- `assertTitle(pattern)`
- `assertNotTitle(pattern)`
- `waitForTitle(pattern)`
- `waitForNotTitle(pattern)`

Auch wenn sich Assertions auf diese Weise aus Accessors ableiten lassen, so gibt es dennoch Unterschiede hinsichtlich Anzahl und Art der Parameter. Der Grund dafür ist, dass ein Accessor das Ergebnis seines Aufrufes immer in einer Variablen speichert, wohingegen eine Assertion prüft, dass dieses Ergebnis einem erwarteten Wert entspricht. Dies kann zur Folge haben, dass die Assertion mit einem Parameter weniger aufgerufen wird als ihr zugrunde liegender Accessor oder dass das Argument mit der Variablen durch das mit dem Erwartungswert ersetzt wird.

Bei einem `assert` oder `waitFor` wird der Test abgebrochen, wenn deren Zusicherung nicht erfolgreich ausgeführt werden konnte. Bei `verify` wird der Test fortgesetzt und lediglich ein `Failure` geloggt. Die Negationen verhalten sich bezüglich ihres Abbruchverhaltens analog zu ihren Affirmationen. Der Unterschied zwischen `assert` und `waitFor` hingegen liegt in deren Arbeitsweise bei der Überprüfung einer Erwartung. Ein `assert` überprüft direkt nach dem Laden einer Seite seine Zusicherung. Ein `waitFor` hingegen versucht immer wieder über einen gewissen Zeitraum hinweg, seine Zusicherung zu verifizieren. Er bricht den Test mit einer Fehlermeldung erst ab, wenn dieser Zeitraum überschritten ist und er damit auf einen Timeout läuft.

Insgesamt gibt es in Selenese, wenn die Version 0.8.3 des Core Moduls betrachtet wird, 53 Accessors und 315 Assertions. Rechnerisch müssten es 6 ·

4 Selenese

53 sein, also 318, aber drei Accessors beginnen bereits mit `assert` und sind zugleich Assertions. Um überhaupt eine Struktur in diese Menge von Kommandos zu bringen, wurden alle Accessors auf vier Tabellen verteilt. Jede Tabelle fasst einige Gruppen von Accessors zusammen, die im folgenden aufgelistet sind. Alle Accessors und Assertions sind in der API-Referenz in Kapitel A aufgeführt.

Ziel dieser Verteilung ist es, alle Accessors sowie Assertions gedanklich nach einer Art Zwiebelschalenmodell von außen nach innen anzuordnen. Außen bedeutet in diesem Fall der Browser selbst, weiter innen das Browserfenster, noch weiter innen die dargestellte Webseite. Ganz innen liegt als Kern der Testrunner, während Eingabefeld, Dialog und Element diesen umschließen. Assertions sind in keiner der vier Tabellen enthalten, da deren Bezeichner aus den Namen der Accessors abgeleitet werden können.

- Tabelle 4.6: Browser, Window, Webseite
- Tabelle 4.7: Element, Dialog
- Tabelle 4.8: Eingabefeld
- Tabelle 4.9: TestRunner

Tabelle 4.6: Accessors: Browser, Window, Webseite

Command	Target	Value
Browser:		
`storeCookie`	`variableName`	-
`storeLocation`	`variableName`	-
Window:		
`storeAllWindowTitles`	`variableName`	-
`storeAllWindowIds`	`variableName`	-
`storeAllWindowNames`	`variableName`	-
`storeAttributeFromAllWindows`	`attributeName`	`variableName`
Webseite:		
`storeHtmlSource`	`variableName`	-
`storeBodyText`	`variableName`	-
`storeTitle`	`variableName`	-
`storeAllLinks`	`variableName`	-
`storeTable`	`tableCellAddress`	`variableName`
`storeText`	`locator`	`variableName`
`storeTextPresent`	`pattern`	`variableName`

Die erste Tabelle (4.6) enthält die drei Gruppen Browser, Window und Webseite. Die zwei Browser-Accessors speichern entweder alle Cookies oder die momentan geöffnete URL in einer Variablen. Die Window-Accessors speichern Informationen von allen Fenstern, die gerade im Browser geöffnet sind. Die Webseite-Accessors greifen auf allgemeine, übergreifende Daten im HTML-Quellcode zu und speichern diese in Variablen.

Zwei Kommandos aus dieser Tabelle werden im folgenden näher betrachtet: `storeText` und `storeTextPresent`. Obwohl beide Kommandos sich sehr ähneln, erfüllen sie doch recht unterschiedliche Aufgaben. `storeText` ermittelt den Textknoten unterhalb eines HTML-Elements, sofern dieser vorhanden ist, und dessen Text-Inhalt. Der erste Parameter in Form eines Element Locators definiert, unter welchem Element ein Textknoten extrahiert werden soll. Dieser Text wird daraufhin in der Variablen gespeichert, die als zweiter Parameter an das Kommando übergeben wurde. `storeTextPresent` überprüft, ob das String-Match-Pattern, das ihm als erster Parameter übergeben wurde, innerhalb der momentan geöffneten Webseite vorkommt. Das Ergebnis dieser Prüfung, `true` oder `false`, wird anschließend in der Variablen gespeichert, die als zweites Argument zugewiesen wurde.

Tabelle 4.7: Accessors: Element, Dialog

Command	Target	Value
Element:		
storeElementPresent	locator	variableName
storeElementIndex	locator	variableName
storeElementHeight	locator	variableName
storeElementWidth	locator	variableName
storeElementPositionLeft	locator	variableName
storeElementPositionTop	locator	variableName
storeAttribute	attributeLocator	variableName
storeValue	locator	variableName
storeOrdered	locator1,locator2	variableName
storeVisible	locator	variableName
Dialog		
storeAlert	variableName	-
storeAlertPresent	variableName	-
storeConfirmation	variableName	-
storeConfirmationPresent	variableName	-
storePrompt	variableName	-
storePromptPresent	variableName	-

Die zweite Tabelle (4.7) umfasst die zwei Gruppen Element und Dialog. Die Gruppe Element enthält zehn Kommandos, die sich mit den Eigenschaften eines einzelnen HTML-Elements befassen. Die Gruppe Dialog enthält sechs Kommandos. Diese speichern alle Informationen im Zusammenhang mit den drei JavaScript-Dialogboxen Alert, Confirmation und Prompt.

Aus dieser Tabelle wird im Folgenden als Beispiel für alle anderen das Kommando `storeElementPresent` detaillierter beschrieben. Es überprüft, ob ein Element, das über einen Element Locator ermittelt wird, auf einer Seite präsent ist. Dazu führt es einfach eine Suche auf der Seite durch, die mit Hilfe des Locators und dessen Typ-spezifischer Logik erfolgt. Das Ergebnis dieser Überprüfung, true oder false, speichert es in der dafür vorgesehenen Variablen. `storeElementPresent` analysiert den DOM (siehe Abschnitt 4.2.1) einer HTML-Seite daraufhin, ob ein Element darin enthalten ist. Es untersucht keine weiteren Attribute, wie z.B. `style="visibility: hidden"`, die eine Aussage darüber treffen, ob ein Benutzer das Element auch wirklich auf der Seite angezeigt bekommt. Diese Aufgabe erfüllt das Kommando `storeVisible`, das genau solch eine Eigenschaft untersucht. Die Assertions zu `storeElementPresent` Accessor sehen folgendermaßen aus:

- `verifyElementPresent(locator)`
- `verifyElementNotPresent(locator)`
- `assertElementPresent(locator)`
- `assertElementNotPresent(locator)`
- `waitForElementPresent(locator)`
- `waitForElementNotPresent(locator)`

Tabelle 4.8: Accessors: Eingabefeld

Command	Target	Value
Allgemein:		
`storeAllFields`	variableName	-
`storeAllButtons`	variableName	-
`storeChecked`	locator	variableName
`storeEditable`	locator	variableName
Optionen:		
`storeSelectedId`	selectLocator	variableName
`storeSelectedIndex`	selectLocator	variableName
`storeSelectedLabel`	selectLocator	variableName

Fortsetzung:

Command	Target	Value
storeSelectedValue	selectLocator	variableName
storeSomethingSelected	selectLocator	variableName
Optionen – Mehrfachauswahl:		
storeSelectedIds	selectLocator	variableName
storeSelectedIndexes	selectLocator	variableName
storeSelectedLabels	selectLocator	variableName
storeSelectedValues	selectLocator	variableName
storeSelectOptions	selectLocator	variableName

Die Tabelle 4.8 enthält drei Gruppen. Sie fasst alle Accessors zusammen, die speziell auf Eingabefelder in HTML-Formularen zugreifen und Eigenschaften von diesen in Variablen speichern. Die Namen der drei Gruppen lauten *Allgemein, Optionen* und *Optionen - Mehrfachauswahl*. Die erste Gruppe fasst vier Accessors zusammen, die übergreifend mehrere Arten von Eingabefeldern betreffen. Die anderen zwei Gruppen beschäftigen sich beide mit Auswahlelementen. Der Unterschied besteht darin, dass sich die Gruppe *Optionen* auf Einfach- und *Optionen - Mehrfachauswahl* auf Mehrfachselektion bezieht.

Das Kommando storeEditable prüft beispielsweise, ob innerhalb eines Eingabefeldes, und zwar nur in dieser Art von HTML-Element, das Attribut disabled vorhanden ist, denn dies würde dazu führen, dass das Element im Browser ausgegraut ist und nicht „editiert" werden kann. Das Ergebnis dieser Prüfung, true oder false, hält es in der dafür vorgesehnen Variablen fest.

Bei einem selectLocator handelt es sich nicht um eine spezielle Art von Locator, sondern lediglich um einen Element Locator, der ein Auswahlelement adressieren muss.

Die Befehle storeSomethingSelected und storeSelectOptions sollen jeweils als Repräsentanten für ihre Gruppe dienen. Der erste Accessor gibt true oder false zurück, je nachdem, ob innerhalb eines Auswahlelements überhaupt etwas selektiert wurde oder nicht. Der zweite speichert die angezeigten Texte (Labels) aller Optionen, die ausgewählt wurden, in einem Array und gibt dieses in einer Variablen zurück.

Ein Accessor ist in Tabelle 4.8 nicht enthalten. Es handelt sich um den Accessor assertSelected. Dieser gilt laut OpenQA als veraltet, ist in der API mit dem Attribut deprecated versehen und sollte demnach nicht mehr verwendet werden.

Tabelle 4.9: Accessors: Testrunner

Command	Target	Value
Allgemein		
assertFailureOnNext	message	-
assertErrorOnNext	message	-
storeEval	script	variableName
storeExpression	expression	variableName
storeMouseSpeed	variableName	-
storeCursorPosition	locator	variableName
storeXpathCount	xpath	variableName
storeWhetherThisFrameMatchFrameExpression	currentFrameString, target	variableName
storeWhetherThisWindowMatchWindowExpression	currentWindowString, target	variableName

Die letzte Tabelle (4.9) enthält acht Accessors, die alle in Zusammenhang mit der Ausführung eines Tests im TestRunner stehen. Die ersten beiden Kommandos `assertFailureOnNext` und `assertErrorOnNext` überprüfen in ihrer Funktion als Zusicherungen, ob der TestRunner die Abarbeitung seines nächsten Kommandos mit einer erwarteten Fehlermeldung `message` beendet. Beide Varianten von Fehlern, `Failure` und `Error`, könnten sich dabei ereignen und werden verifiziert.

`storeEval` nimmt einen JavaScript-Block in Form einer Zeichenkette entgegen und führt diesen im Interpreter aus. Das Ergebnis dieser Verarbeitung, genauer gesagt, der Rückgabewert des letzten Ausdrucks innerhalb dieses Block, wird in der dafür vorgesehenen Variablen gespeichert.

`storeExpression` und `storeMouseSpeed` erklären sich anhand ihrer Namen und Parameter von selbst. `storeCursorPosition` speichert die numerische Position eines Textcursors in einer Variablen, falls es sich bei dem adressierten Element (`locator`) um ein Textfeld oder eine Textarea handelt. `storeXpathCount` legt die Anzahl der Knoten in einer Variablen ab, die mit Hilfe des übergebenen XPath-Ausdrucks gefunden werden konnten.

Die letzten beiden Kommandos dieser Gruppe stellen wiederum eine Besonderheit dar, da sie mit drei Parametern aufgerufen werden. Sie speichern beide `true` oder `false` in einer definierten Variablen: Sie sind `true`, wenn das momentan geöffneten Fenster (Frame oder Window) mit einem Zielfenster (`target`) übereinstimmt.

4.2 Element Locators

Ein Element Locator beschreibt das Ziel eines Selenium-Kommandos. Er definiert, auf welches Element einer Webseite sich ein Selenium Kommando bezieht. Das Target fast aller Selenium-Kommandos ist ein Locator.

Ein elementares Merkmal aller Locators in Selenium ist es, dass sie sich immer auf den HTML-Quelltext einer Webseite beziehen, also HTML-Elemente im Quelltext einer Webseite adressieren. Im Unterschied zu manchen anderen Testwerkzeugen gibt es keine Art der Adressierung unabhängig vom Quelltext, wie beispielsweise über die absolute Position auf dem gesamten Bildschirm.

Dennoch bietet Selenium dem Anwender eine erstaunliche Auswahl an Möglichkeiten unterschiedlichster Adressierung. Es gibt sieben Typen von Locators. Alle Locators, wenn sie *explizit* eine bestimmte Art der Adressierung verwenden, halten sich an folgendes Format:

`Locatortyp=Argument`

Für den Locatortyp können folgende Typbezeichner eingesetzt werden, die die Art der Adressierung und deren Typ explizit angeben:

- `identifier`
- `id`
- `name`
- `link`
- `dom`
- `xpath`
- `css`

Wenn dem Argument keiner der hier gerade aufgezählten sieben Typbezeichner voransteht, handelt es sich um die *implizite* Art der Adressierung. Selenium trifft dabei folgende Annahmen basierend auf dem Präfix des Arguments, um die Art der Adressierung zu ermitteln: beginnt das Argument mit `document.`, wird der Dom-Locator gewählt, lautet das Präfix `//`, fällt die Wahl auf den Xpath-Locator. Wenn das Präfix keiner dieser beiden Regeln entspricht, wird versucht, das Argument dem Identifier-Locator zuzuweisen.

Die ersten drei Typen von Locators, `identifier`, `id` und `name`, stehen direkt miteinander in Beziehung. Dies kann am besten anhand eines einfachen Beispiels verdeutlicht werden. Um es selbst nachzuvollziehen, kann

4 Selenese

die Startseite von Google Deutschland unter http://www.google.de geöffnet werden. Zur Verdeutlichung ist diese in Abbildung 4.1 dargestellt. Der rote Rahmen markiert unterhalb des Google-Suchbuttons eine Gruppe von Radiobuttons, die die Suche beeinflussen. Entweder wird nach Seiten im Web, Seiten auf deutsch oder nach Seiten aus Deutschland gesucht. Der Quelltext zu diesen drei Radiobuttons ist in Listing 4.8 abgebildet.

Abbildung 4.1: Startseite von Google.de

Listing 4.8: Google.de – Quelltext der Radiobuttons

```
Suche:
<input id=all type=radio name=meta value="" checked>
<label for=all> Das Web </label>

<input id=lgr type=radio name=meta value="lr=lang_de">
<label for=lgr> Seiten auf Deutsch </label>

<input id=cty type=radio name=meta value="cr=countryDE">
<label for=cty> Seiten aus Deutschland </label>
```

Das Ziel des Beispieles soll es sein, mit Hilfe von Selenium einen der drei Radiobuttons unter Verwendung des entsprechenden Locator-Typs automatisiert auszuwählen. Wichtig sind dazu an dieser Stelle die beiden Attribute id und name, die Bestandteile aller drei Radiobuttons sind. Diese stehen im Listing in den Zeilen 2, 5 und 8, wobei das name Attribut bei allen den gleichen Wert meta hat und sich die Werte der id Attribute folgendermaßen unterscheiden: all, lgr und cty. Folgendes Kommando wählt den zweite Radiobutton mit dem Label **Seiten auf Deutsch** aus:

Listing 4.9: Element Locator id

```
...
<tr>
  <td>check</td>
  <td>id=lgr</td>
```

```
    <td></td>
  </tr>
  ...
```

Der `id`-Locator wählt das Element aus, dessen Id-Attributwert mit dem übergebenen Argument übereinstimmt. In diesem Fall stimmt das Argument `lgr`, das nach dem = an den Locator vom Typ `id` übergeben wird, mit dem Wert des `id` im Quelltext des zweiten Radiobuttons überein. Der `id`-Locator betrachtet nur die Werte aller Id-Attribute innerhalb einer Webseite.

Ebenso kann man den zweiten Radiobutton mit dem Kommando aus Listing 4.10 selektieren. Dort kommt der Locator vom Typ `identifier` zum Einsatz. Beide Locators, `id` und `identifier`, funktionieren auf den ersten Blick identisch. Es gibt jedoch einen klaren Unterschied zwischen beiden Locators. Wenn der `identifier`-Locator mit dem übergebenen Argument, in unserem Fall `lgr`, kein Element mit diesem Id-Attribut findet, durchsucht er die Webseite erneut nach Elementen, deren Name-Attribut mit dem Argument übereinstimmen. Der `identifier`-Locator vereint also die beiden Locators `id` und `name` in sich.

Listing 4.10: Element Locator identifier
```
  ...
  <tr>
    <td>check</td>
    <td>identifier=lgr</td>
    <td></td>
  </tr>
  ...
```

Wie man als dritte Möglichkeit den zweite Radiobutton mittels des Locators `name` auswählt, zeigt das Beispiel in Listing 4.11. Hier fällt ein Unterschied zu den beiden vorherigen Locators auf: Der Name-Locator erhält hier einen zusätzlichen Parameter, einen `value`.

Listing 4.11: Element Locator name und value
```
  ...
  <tr>
    <td>check</td>
    <td>name=meta value=lr=lang_de</td>
    <td></td>
  </tr>
  ...
```

In diesem Fall handelt es sich um das Unterscheidungskriterium zwischen den drei Radiobuttons. Denn alle drei Radiobuttons haben im Quelltext in Listing 4.8 den gleichen Wert als Name-Attribut, nämlich `meta`. Über den zweiten Parameter `value` wird der Radiobutton markiert, dessen Value-Attribut mit dem Wert des zweiten Arguments `lr=lang_de` übereinstimmt.

4 Selenese

In Selenium wird dieser zusätzliche Parameter *Element Filter* genannt und ist eine Spezialität des Locator-Typs `name`. Ein oder mehrere Element-Filter können durch Leerzeichen separiert an den Name-Locator angehängt werden. Neben dem in unserem Beispiel verwendeten Value-Filter gibt es noch einen Index-Filter. Dieser wird analog zu den vorherigen Listings in Listing 4.12 aufgerufen, um das zweite Element aller Elemente mit dem Name-Attribut `meta` zu selektieren. Der Index startet bei 0. Der zweite Radiobutton **Seiten auf Deutsch** entspricht also `index=1`.

Listing 4.12: Element Locator name und index
```
...
<tr>
    <td>check</td>
    <td>name=meta index=1</td>
    <td></td>
</tr>
...
```

Würde der Name-Locator in den zwei oberen Listings ohne einen Element-Filter aufgerufen, würde immer der erste Radiobutton selektiert. Dies ist charakteristisch für alle Locators. Wenn mehrere Elemente durch einen Locator gefunden werden können, wird immer das erste gefundene Element zurückgegeben und verwendet. Einzig beim Name-Locator kann dies durch einen Element-Filter eingeschränkt werden.

Nun soll die Google-Seite benutzt werden, um ein Beispiel für den vierten Locator abzuleiten. Es handelt sich um den `link`-Locator, der für die Adressierung von Links in Selenium-Kommandos eingesetzt wird. Das Beispiel hierfür ist in Abbildung 4.1 der Link mit dem Namen **Bilder**, über den die Google-Suche nach Bildern geöffnet wird. Im Quelltext sieht der Link folgendermaßen aus:

Listing 4.13: Quelltext des Bilder-Links von Google.de
```
<a
    class=q
    href="http://images.google.de/imghp?oe=UTF-8&hl=de&q=&tab=wi"
    onclick="return qs(this)"
>Bilder</a>
```

Um diesen Link von Selenium mit Hilfe des Link-Locators automatisiert aufrufen zu lassen, kann folgendes Kommando verwendet werden:

Listing 4.14: Element Locator link
```
...
<tr>
    <td>clickAndWait</td>
    <td>link=Bilder</td>
    <td></td>
</tr>
...
```

4.2.1 DOM

Am Anfang des Abschnitts über Element Locators wurden alle Arten der Adressierung in Selenium-Kommandos aufgezählt. Das fünfte Element in dieser Liste war der Locator dom. Mit Hilfe dieses Locators werden Elemente in Webseiten durch einen JavaScript Ausdruck adressiert. Ein Beispiel hierfür ist das folgende Listing. Es erfüllt die gleiche Aufgabe wie das Kommando aus Listing 4.9. Der `id`-Locator wurde lediglich durch einen dom-Locator gleicher Funktion ersetzt.

Listing 4.15: Element-Locator dom, analog zum Id-Locator

```
...
<tr>
  <td>check</td>
  <td>dom=document.getElementById('lgr');</td>
  <td></td>
</tr>
...
```

Der Typbezeichner *dom* steht als Abkürzung für „Document Object Model". Dabei handelt es sich um einen Standard des W3C, des World Wide Web Consortium. Dieser beschreibt abstrakt, wie auf Elemente in HTML-Seiten über Objekte innerhalb von Programmiersprachen zugegriffen wird. [3]

Wie Listing 4.15 zeigt, bietet JavaScript als Skriptsprache Zugriff auf die Elemente einer gerade im Browser geöffneten Webseite. JavaScript hält sich dabei an das Schema des DOM-Standards, um über Objekte in JavaScript die Elemente einer Webseite auszulesen und zu manipulieren. Das zentrale Objekt zu diesem Zweck ist das `document`-Objekt. Es kapselt den kompletten Zugriff auf ein HTML-Dokument. Ein Beispiel dazu ist in Listing 4.16 zu sehen. Dort simuliert der dom-Locator wiederum einen Locator, den wir in einem vorangegangenem Beispiel kennengelernt haben, den `link`-Locator aus Listing 4.14. Genau wie dort klickt es auf einen Link mit dem Namen Bilder.

Listing 4.16: Element Locator dom, analog `link`-Locator

```
...
<tr>
  <td>clickAndWait</td>
  <td>dom=function textLink() {
           for (var i = 0; i < document.links.length; ++i) {
                if ( document.links[i].text == 'Bilder' )
                    return document.links[i] }};
           textLink();</td>
  <td></td>
</tr>
...
```

[3] Alle Dokumente zu diesem Standard können unter http://www.w3.org/DOM/ eingesehen werden.

Der Einsatz eines `dom`-Locators ist aber nur in sehr speziellen Fällen wirklich sinnvoll. Zum einen muss der Benutzer JavaScript und dessen DOM kennen, um diesen Locator gezielt einzusetzen. Dies kann nicht vorausgesetzt werden, zumal, wie das Beispiel zeigt, die Kommandos sehr schnell unübersichtlich werden. Zum anderen reicht die Funktion der restlichen Lokatoren völlig aus, um alle Elemente einer Webseite zu adressieren.

4.2.2 XPath

Einer der Locators, der anstelle des `dom`-Locators verwendet werden sollte und in der Lage ist, alle Elemente einer Webseite zu adressieren, ist der `xpath`-Locator. Dazu soll der gleiche Link lokalisiert werden wie in den Listings 4.16 und 4.14, der Link mit dem Text **Bilder** auf der Homepage von Google Deutschland. Das Beispiel dazu ist in Listing 4.17 aufgeführt und zeigt, wie präzise ein Element mit Hilfe des `xpath`-Locators ausgewählt werden kann.

XPath ist, wie auch DOM, ein Standard des W3C und steht für XML Path Language[4]. Wie es der Name schon andeutet, handelt es sich bei XPath um eine Sprache zur Adressierung von Dokumententeilen innerhalb von XML-Dokumenten.

Seit der Einführung von XHTML 1.0 basiert HTML auf XML, was einen vollen Einsatz von XPath in diesem Umfeld ermöglicht. Innerhalb von JavaScript ist die Verwendung von XPath genauso auf der Basis von HTML 4.0, dem vorausgegangenem HTML-Standard, möglich, wenn in bestimmten Fällen auch leicht eingeschränkt.

Der XPath-Ausdruck im Listing ist wie folgt zu verstehen: betrachte das ganze HTML-Dokument ausgehend vom Wurzelelement `<html>` (`//`), betrachte alle Link-Elemente `a`, welche die Eigenschaft erfüllen, dass ihr enthaltener Text äquivalent zu dem Text `Bilder` ist (`[text()='Bilder']`).

Listing 4.17:
Element Locator
xpath, Textknoten

```
...
<tr>
    <td>clickAndWait</td>
    <td>xpath=//a[text()='Bilder']</td>
    <td></td>
</tr>
...
```

Zwei weiterführende, in der Praxis sehr relevante Exempel für den Einsatz eines `xpath`-Locators finden sich in den nachfolgenden zwei Kommandos in Listing 4.19 und 4.20. Abbildung 4.2 stellt den Ausgangspunkt anhand eines Screenshots dar. Der Screenshot stammt von der Homepage der Deutschen Bahn unter `http://www.bahn.de`. Alle drei Links innerhalb des ro-

---

[4] `http://www.w3.org/TR/xpath`

ten Rahmens haben den gleichen Text, über den sie aufgerufen werden, nämlich **mehr**. Solche Beispiele finden sich häufig im Web und stellen für die Testautomatisierung immer wieder eine Herausforderung dar. Der Ausschnitt des relevanten Quelltextes zu Abbildung 4.2 steht in Listing 4.18 direkt unterhalb der Abbildung. Er enthält die drei Link-Elemente mit gleichem Text innerhalb des Links.

Abbildung 4.2:
Bahn.de - Ausschnitt

```
<a
    href="/regional/view/bawue/spezial1/aktion_d_weihnachten_elsass.shtml"
    title="Weihnachten im Elsass"
><span>mehr</span></a>
<a
    href="/p/view/home/pro/oebb_wien.shtml"
    title="Österreich ab 29,- EUR"
><span>mehr</span></a>
<a
    href="/regional/view/berlin_brbg/land/kultur.shtml"
    title="Kulturmetropole Berlin"
><span>mehr</span></a>
```

Listing 4.18:
Bahn.de – Quelltext der Links

Listing 4.19 löst das Problem so: Es wird aus allen Link-Elementen, die über ihren Elementbezeichner a identifiziert werden, der Link ausgewählt, dessen Attribut `href` den Textteil `weihnachten_elsass` enthält. Das `href`-Attribut ist an dieser Stelle ausreichend, da es immer das eindeutige Ziel eines Links, die URL, enthält und damit zur Differenzierung herangezogen werden kann. Es wird also der erste **mehr**-Link angeklickt, der mehr Informationen zu Weihnachten im Elsass bietet.

```
...
<tr>
  <td>clickAndWait</td>
  <td>xpath=//a[contains(@href,'weihnachten_elsass')]</td>
  <td></td>
</tr>
...
```

Listing 4.19:
Element Locator
`xpath`, Href-Attribut

In den Zeiten von Web 2.0 und stark JavaScript-lastigen Webseiten geht Listing 4.20 noch einen Schritt weiter, bezieht sich dabei aber auf kein vorangegangenes Beispiel. Wenn Links nicht nur den gleichen Text in der Darstellung anzeigen, sondern auch die gleiche URL aufrufen, also den gleichen Wert innerhalb des `href`-Attributs aufweisen, kann eine JavaScript-Funktion zur Differenzierung herangezogen werden. Im folgenden wird der Link lokalisiert, der die JavaScript-Funktion mit dem Namen `show()` aufruft, wenn er angeklickt wird.

Listing 4.20: Element Locator xpath, Onclick-Attribut
```
...
<tr>
    <td>clickAndWait</td>
    <td>xpath=//a[@onclick,'show();')]</td>
    <td></td>
</tr>
...
```

4.2.3 CSS

Der letzte Element Locator, der in diesem Kapitel betrachtet wird, ist der `css`-Locator. Dieser kann als Alternative zum `xpath`-Locator anstelle des `dom`-Locators verwendet werden, wenn speziellere Adressierungen notwendig sind als diejenigen, welche über die Locators `identifier`, `id`, `name` und `link` zur Verfügung stehen.

Das folgende Listing (4.21) löst mit Hilfe der CSS3-Selector-Syntax das gleiche Problem wie Listing 4.19. Es wählt ebenfalls den ersten Link (a) mit dem Text **mehr** aus, der in Abbildung 4.2 dargestellt ist und weitere Informationen zum Thema Weihnachten im Elsass bietet. Analog zu dem Xpath-Listing 4.19 wählt der `css`-Locator das Element aus, dessen `href`-Attribut im Quelltext den Text `weihnachten_elsass` enthält.

Listing 4.21: Element Locator css, Href-Attribut
```
...
<tr>
    <td>clickAndWait</td>
    <td>css=a[href*=weihnachten_elsass]</td>
    <td></td>
</tr>
...
```

Der Vollständigkeit halber und um den `css`- direkt mit dem `xpath`-Locator vergleichen zu können, stellt Listing 4.22 abschließend das Äquivalent zu Listing 4.20 dar. Es basiert auf der CSS2-Selector-Syntax und wählt einen Link anhand des Namens der JavaScript Funktion aus, die beim Anklicken des Links aufgerufen wird (`[onclick=show();]`).

```
...
<tr>
  <td>clickAndWait</td>
  <td>css=a[onclick=show();]</td>
  <td></td>
</tr>
...
```

Listing 4.22:
Element Locator `css`,
Onclick-Attribut

Wer Erfahrungen mit Cascading Style Sheets (CSS) und deren Selector-Syntax gemacht hat, wird gerne diesem Locator den Vorzug geben, bevor er sich in XPath einarbeitet. Vor allem Webdesignern und Grafikern sollte CSS vertrauter sein.[5]

Selenium unterstützt die Selector-Syntax von CSS2 vollständig, bei CSS3 existieren einige leichte Einschränkungen. So fehlt die Funktionalität, um XML-spezifische Namensräume oder Pseudo-Elemente wie z.B. `::first-line` einzusetzen. Außerdem können nur folgende Pseudo-Klassen verwendet werden: `:link`, `:target`, `:enabled`, `:disabled`, `checked`, `:lang`, `:root`, `:nth-child`, `:nth-last-child`, `:first-child`, `:last-child`, `:only-child`, `:empty` und `:not`.

4.3 Attribute Locators

Attribute Locators spielen nur in Verbindung mit `storeAttribute` eine Rolle, da dies das einzige Kommando ist, das mit einem Attribute Locator aufgerufen wird. Für alle anderen Actions, Accessors und Assertions hat dieser Typ von Locator keine Bedeutung.

Jeder Attribute Locator stellt eine Erweiterung eines Element Locators dar. Dies liegt darin begründet, dass auf einer Webseite zuerst ein Element adressiert werden muss, bevor dessen Attribut betrachtet werden kann. Grundsätzlich kann jeder der sieben Typen, aus der Liste der Element Locators zu einem Attribute Locator ergänzt werden. Dies funktioniert sogar recht einfach und orientiert sich an der Syntax der Attributadressierung von XPath-Ausdrücken: es wird das Klammeraffen-Zeichen (@) und der Name des Attributs an den Ausdruck des Element Locators angehängt.

Am deutlichsten wird dies anhand eines einfachen Beispiels. Ausgangspunkt ist wie in Abschnitt 4.2 die Startseite von Google Deutschland. Hier

---

[5] Ebenso wie XPath und DOM ist auch CSS ein Standard des W3C. Alle den Standard selbst betreffenden Dokumente finden sich unter http://www.w3.org/Style/CSS/. Die Selector Syntax für CSS2 bzw. CSS3 beschreiben http://www.w3.org/TR/REC-CSS2/selector.html und http://www.w3.org/TR/2001/CR-css3-selectors-20011113

wird der gleiche Quelltext-Ausschnitt betrachtet, der in Listing 4.8 abgebildet ist. Es handelt sich um die drei Radio-Buttons mit den Bezeichnern **Das Web**, **Seiten auf Deutsch** und **Seiten aus Deutschland**.

Wenn der Inhalt des Value-Attributs eines dieser Radiobuttons in einer Variablen gespeichert werden soll, könnte das Kommando wie in Listing 4.23 aussehen. Es speichert die Zeichenkette `lr=lang_de` des Attributs `value` in der Variablen `valueVar`, wobei dieses Attribut Teil des zweiten Radio-Buttons mit der `id=lgr` ist. Der vollständige Attribut Locator steht in der Target-Spalte und lautet `id=lgr@value`. Dieser basiert offensichtlich auf einem Element Locator vom Typ `id`, der um `@value` erweitert wurde, wobei statt `value` jeder beliebige Attributname eingesetzt werden könnte.

Listing 4.23: Attribute Locator
```
...
<tr>
   <td>storeAttribute</td>
   <td>id=lgr@value</td>
   <td>valueVar</td>
</tr>
...
```

4.4 Option Locators

Option Locators adressieren Elemente aus einer Auswahlliste, werden also einzig in den vier Actions eingesetzt, die mit Auswahllisten zu tun haben: `select`, `addSelection`, `removeSelection` und `assertSelected`. In allen vier Kommandos wird der Option Locator in der Value-Spalte übergeben. Für alle anderen Actions, Accessors und Assertions spielen Option Locators keine Rolle.

Wie für alle Locators in Selenium üblich, beziehen sich auch die Option Locators auf den HTML-Quelltext einer Webseite. Insgesamt gibt es vier Typen von Option Locators, die sich analog zu den Element Locators an folgendes Format halten, wenn sie *explizit* einen Locatortyp definieren:

Locatortyp=Argument

Anstelle des Locator-Typs können folgende Bezeichner treten, welche die Art des Option Locators und dessen Typ explizit angeben:

- `label`
- `value`
- `index`
- `id`

Wenn vor dem Argument kein Typbezeichner für einen Locator-Typ steht, handelt es sich – wie bei den Element Locators – um eine *implizite* Art der Adressierung. Im Fall der Option Locators wird dabei implizit immer ein Locator-Typ angenommen: der `label`-Locator.

Alle vier Option Locators lassen sich am besten anhand eines Beispiels erklären, hier der erweiterten Suche von Google Deutschland (`www.google.de/advanced_search?hl=de`). Diese Webseite enthält mehrere Auswahllisten. Hier wird lediglich die in Abbildung 4.3 umrandete Drop-Down-Liste betrachtet. Sie hat die Funktion, die Anzahl der Ergebnisse einzuschränken, die bei einer Suche zurückgegeben werden. Der Quelltext dieser Auswahlliste ist in Listing 4.24 aufgeführt.

Abbildung 4.3: Google.de – Erweiterte Suche

```
<select name=num>
  <option value="10" selected>10 Ergebnisse
  <option value="20">20 Ergebnisse
  <option value="30">30 Ergebnisse
  <option value="50">50 Ergebnisse
  <option value="100">100 Ergebnisse
</select>
```

Listing 4.24: Google.de – Quelltext der Auswahlliste

Das Ziel jedes Option Locators in den folgenden vier Beispielen ist es, das zweite Element dieser Drop-Down Liste für das Selenium Kommando `select` auszuwählen.

Listing 4.25 zeigt das erste Beispielkommando mit Hilfe des `label`-Locators. Es wird der zweite Eintrag der Auswahlliste selektiert - **20 Ergebnisse**. Würde in diesem Kommando in der Value-Spalte der Typbezeichner `label=` fehlen, so hätte dies keine Auswirkung auf dessen Funktion.

```
...
<tr>
  <td>select</td>
  <td>num</td>
  <td>label=20 Ergebnisse</td>
</tr>
...
```

Listing 4.25: Option Locator label

Das nächste Beispiel selektiert ebenfalls die zweite Option mit den 20 Ergebnissen. Es bewerkstelligt dies mit Hilfe des `value`-Locators. Listing 4.26

enthält dazu folgenden Wert: `value=20`. Dieser besagt, dass das `option`-Element bestimmt werden soll, dessen Value-Attribut im Quelltext den gleichen Wert enthält wie derjenige, der als Parameter übergeben wird (20).

Listing 4.26:
Option Locator
value

```
...
<tr>
   <td>select</td>
   <td>num</td>
   <td>value=20</td>
</tr>
...
```

Das dritte Beispiel ist in Listing 4.27 aufgeführt und verwendet den `index`-Locator, um wiederum das zweite Element aus der Liste auszuwählen. Der `index`-Locator adressiert die einzelnen Optionen anhand ihrer Position in der Liste, wobei das erste Element der Liste mit dem Index 0 selektiert wird.

Listing 4.27:
Option Locator
index

```
...
<tr>
   <td>select</td>
   <td>num</td>
   <td>index=1</td>
</tr>
...
```

Der vierte und letzte Option Locator, der mit dem Typbezeichner `id` ausgewiesen wird, kann auf den Quelltext der erweiterten Suche bei Google.de nicht angewandt werden. Keines der `option`-Elemente in Listing 4.24 enthält ein Id-Attribut. Der Vollständigkeit halber aber ist in Listing 4.28 das `select`-Kommando mit einem `id`-Locator dargestellt. Dieses würde nur dann funktionieren, wenn der Quelltext des zweiten Listeneintrags der folgende wäre: <option id="20" value="20">20 Ergebnisse.

Listing 4.28:
Option Locator id

```
...
<tr>
   <td>select</td>
   <td>num</td>
   <td>id=20</td>
</tr>
...
```

4.5 Variablen

Wie in anderen Programmiersprachen ist es in Selenese möglich, Variablen zu definieren und diesen bestimmte Werte zuzuweisen, um sie an späterer Stelle im Programmfluss wieder auszulesen. Innerhalb eines Selenium-

4.5 Variablen

Kommandos können alle Parameter, die an das Kommando übergeben werden, Variablen enthalten. Konkret bedeutet dies, dass ein Wert sowohl in einer Target- als auch in einer Value-Spalte Variablen enthalten kann.

Für den Einsatz von Variablen in Selenese kann es unterschiedlichste Gründe geben. Immer gilt jedoch, dass Variablen erst einmal definiert und ihnen Werte zugewiesen werden müssen, bevor sie ausgelesen werden können. Wenn beispielsweise zu Beginn eines Tests alle Variablen an einer Stelle definiert werden, kann dies eine große Hilfe sein, da es einen Test flexibler macht. Bei jeder Ausführung eines Tests können vor dessen Beginn die Variablen nach Belieben angepasst werden, um mit Hilfe eines Tests verschiedene Testszenarien durchlaufen zu können. Eine flexible Änderung von Zugangsdaten für den Login auf einer Website wäre ein mögliches Beispiel hierfür. Listing 4.29 skizziert diese Verwendung von Variablen in Selenese.

```
...
<tr>
  <td>store</td>
  <td>Mr.Smith</td>
  <td>var_user_name</td>
</tr>
<tr>
  <td>store</td>
  <td>1910-12-12</td>
  <td>var_password</td>
</tr>
...
<tr>
  <td>type</td>
  <td>user_name</td>
  <td>${var_user_name}</td>
</tr>
<tr>
  <td>type</td>
  <td>password</td>
  <td>${var_password}</td>
</tr>
...
```

Listing 4.29:
Test mit initialem
Variablenblock

Die ersten beiden Kommandos speichern durch das Aufrufen der `store`-Action Werte in Variablen. Die Namen der Variablen, über die später auf deren Inhalt zugegriffen wird, werden ebenfalls in dieser Action definiert. Es werden der Benutzername `Mr.Smith` und dessen Passwort, sein Hochzeitstag am 1910-12-12, in den Variablen `var_user_name` und `var_password` abgelegt. In der `store`-Action wird also der Wert der Target-Spalte in der Variablen aus der Value-Spalte gespeichert. Dies ist gewöhnungsbedürftig, da die Bedeutungen von Target- und Value-Spalten vertauscht sind.

In den nächsten beiden Kommandos authentifiziert sich Mr. Smith durch Eingabe seines Benutzernamens und dessen Passwort, indem die `type`-

Action im Listing zweimal aufgerufen wird. In das Feld für den Benutzernamen (`user_name`) wird der Inhalt der Variablen `var_user_name` eingetragen: `Mr.Smith`. Ebenso wird bei der Eingabe des Passworts verfahren. Dies geschieht mit Hilfe der Variablensubstitution, die durch die Klammerung `${ ... }` und dem darin enthaltenen Variablennamen ausgelöst wird.

Ein initialer Variablenblock, in dem zu Beginn eines Tests mehrere Variablen vorbelegt werden, erlaubt es demnach, einen Test flexibler zu gestalten. Dazu kommt ebenfalls, dass in einer Spalte die Variablensubstitution mehrfach eingesetzt und sogar mit Text kombiniert werden kann. Dies könnte wie in Listing 4.30 aussehen, um Benutzereingaben aus mehreren Variablen zu konstruieren.

Listing 4.30:
Mehrfache
Variablensubstitution

```
...
<tr>
    <td>type</td>
    <td>security_question</td>
    <td>My name and password are: ${var_user_name},${var_password}</td>
</tr>
...
```

Selenium-intern werden alle Variablen, die während eines Tests verwendet werden, in einer Datenstruktur verwaltet. Es handelt sich um ein assoziatives Array, auch als Map bezeichnet, mit dem Namen `storedVars`. Über JavaScript und durch die Klammerung `javascript{ ... }` kann ähnlich wie bei der Variablensubstitution direkt auf dieses Array zugegriffen werden, um die Werte der Variablen auszulesen. Wie für eine Map üblich, geschieht dies über die Schlüssel, die in diesem Fall die Namen der Variablen sind. Listing 4.31 stellt ein Exempel hierfür dar und funktioniert analog zu Listing 4.30. Innerhalb einer Spalte können aber nicht beide Arten der Substitution parallel eingesetzt werden.

Listing 4.31:
JavaScript
Direktzugriff

```
...
<tr>
    <td>type</td>
    <td>security_question</td>
    <td>My name and password are: javascript{storedVars['var_user_name']
        + ',' + storedVars['var_password']}</td>
</tr>
...
```

Ein für die Praxis weit relevanteres Beispiel findet sich im nächsten Listing. Hier wird ebenfalls direkt auf JavaScript zurückgegriffen, um dem Benutzer von Selenium eine Möglichkeit an die Hand zu geben, innerhalb eines Tests sich selbst verändernde Anteile einzubauen. Dies kann gewünscht sein, wenn ein Ablauf im Web wiederholt getestet werden soll, der aber an gewissen Stellen immer wieder neue Eingabewerte erfordert. Ein Benutzername, der innerhalb einer Website nur einmalig vergeben werden darf, könnte z.B. ein solcher Fallstrick für die Testautomatisierung sein, der sich damit umgehen lässt. Auch das Testen eines Webshops mit variablen Bestellungen wäre ein denkbarer Anwendungsfall.

Listing 4.32 löst dieses Problem nur exemplarisch, aber elegant, indem JavaScript dazu verwendet wird, eine dynamische Komponente in den Testablauf zu integrieren. Es wird mittels JavaScript ein Zeitstempel erzeugt (`(new Date()).getTime()`), der bei jeder Testausführung an den Benutzernamen `Mr.Smith` mit Hilfe des +-Operators angehängt, gespeichert und in das Textfeld `user_name` eingegeben wird.

```
<tr>
  <td>store</td>
  <td>javascript{'Mr.Smith' + (new Date()).getTime()}</td>
  <td>var_user_name</td>
</tr>
...
<tr>
  <td>type</td>
  <td>user_name</td>
  <td>${var_user_name}</td>
</tr>
```

Listing 4.32:
Variabler Testablauf

4.6 String-Match Patterns

Wer die Selenium IDE für das Aufzeichnen von Tests einsetzt, muss sich im Allgemeinen mit dem folgenden Abschnitt nicht näher befassen. Es geht hier um die Mechanismen, die in Selenium zum Einsatz kommen, wenn Textbausteine miteinander zu vergleichen sind. Die Rede ist hier von Mustern für die Übereinstimmung von Zeichenketten, den String-Match Patterns. Für jeden, der schon einmal den Quelltext eines aufgezeichneten Selenium-Tests genauer analysiert hat, ist es offensichtlich, dass in fast allen Kommandos Zeichenketten miteinander verglichen werden. Darum kann es sich lohnen, dieses Thema einer genaueren Betrachtung zu unterziehen, um das Verständnis für Selenese abzurunden.

Selenese kennt drei Typen von Mustern, mit deren Hilfe Zeichenketten miteinander verglichen werden. Diese sind in der nachfolgenden Auflistung angeführt. Wenn explizit einer dieser drei Typen verwendet werden soll, wird dies durch folgendes Format definiert:

Patterntyp:Argument

Anstelle des Pattern-Typs tritt einer der unteren drei Bezeichner. Wird explizit kein Pattern-Typ angegeben, wird implizit das `glob`-Pattern ausgeführt, das versucht, die Zeichenkette mit diesem einen Textbaustein zu vergleichen.

- glob
- regexp
- exact

Alle Mustertypen für den Vergleich von Zeichenketten werden in Kommandos sowohl in der Target- als auch in der Value-Spalte eingesetzt. Dies zeigen die nachfolgenden Exempel. Das erste Beispiel in Listing 4.33 behandelt das Glob-Pattern, welches das am häufigsten verwendete Muster ist, da es auch implizit aufgerufen wird, wenn nichts anderes angegeben ist.

Listing 4.33: String-Match Pattern glob
```
...
<tr>
  <td>select</td>
  <td>drop_down_box</td>
  <td>label=glob:4711*</td>
</tr>
...
```

Aus einer Drop-Down-Box mit dem Identifier `drop_down_box` wird der zuerst gefundene Eintrag ausgewählt, der mit der Zeichenkette 4711 beginnt. Es werden nur die Einträge betrachtet, die anschließend kein weiteres oder beliebig viele andere Zeichen enthalten (*). Die Definition des Patterntyps `glob:` könnte hier weggelassen werden, da sie implizit angenommen wird. Würde anstelle des Asterisk (*) ein Fragezeichen (?) stehen, so würde dies bedeuten, dass nur die Einträge betrachtet werden, die mit 4711 beginnen und anschließend mit exakt einem beliebigen weiteren Zeichen enden.

Der Vollständigkeit halber muss an dieser Stelle darauf hingewiesen werden, was im letzten Listing nicht passiert: das gewünschte Target `drop_down_box`, das hier implizit den `identifier`-Locator verwendet, wird nicht mit Hilfe eines impliziten Glob-Patterns selektiert. Der `identifier`-Locator versucht ohne Hilfe eines String-Match Patterns, allein anhand des übergebenen Textes ein Element auszuwählen und kann demnach nicht mit einem solchen Pattern kombiniert werden. Die gleiche Einschränkung gilt folgerichtig für den `id`-Locator sowie für den `name`-Locator.

Wer sich genauer über das Glob-Pattern informieren möchte, der sei darauf hingewiesen, dass dieses Muster auch unter dem Namen *wildmat* bekannt ist. Es verhält sich ähnlich zu regulären Ausdrücken, verfügt aber über eine einfachere Syntax. Unix-Kommandozeilen-Interpreter bedienen sich dieses Patterns seit langem, um im Dateisystem zu suchen. Mit Hilfe von Stellvertreter-Symbolen, sogenannten Wildcards, wie z.B. dem Asterisk, wird dabei zwischen Dateinamen gefiltert.

Wenn einem Benutzer die Mächtigkeit des Glob-Patterns nicht ausreicht, kann er in Selenium zusätzlich Gebrauch von regulären Ausdrücken machen. Dazu setzt er an die Stelle des Patterntyps den Typbezeichner `regexp` ein. Ein Beispiel dafür wird in Listing 4.34 dargestellt.

```
...
<tr>
    <td>click</td>
    <td>link=regexp:[A-C][]][]</td>
    <td></td>
</tr>
...
```

Listing 4.34:
String-Match Pattern
`regexp`

Das Kommando bewirkt, dass der Link angeklickt wird, der das Kriterium des regulären Ausdrucks `[A-C][\d][\d]` erfüllt. Dieser besagt, dass der Name des Links, der angezeigt wird, aus exakt drei Zeichen bestehen muss, wobei das erste Zeichen ein Buchstabe aus der Menge A,B und C (`[A-C]`) sein darf und die restlichen zwei Zeichen je eine Ziffer aus der Menge 0 bis 9 (`[\d]`).

Das nächste Beispiel-Listing widmet sich dem Exact-Pattern. Es ist das am einfachsten zu verstehende Muster, da es keine Sonderzeichen und Regeln kennt. Es vergleicht Zeichenketten, ob sie exakt identisch sind und somit Zeichen für Zeichen übereinstimmen. Beim Aufnehmen von Tests zeichnet die Selenium IDE Kommandos auf, die das Exact-Pattern enthalten. Dies ist der Fall, wenn wie in Listing 4.35 auf eine Zeichenkette geprüft werden soll, die ein Sonderzeichen im Sinne des Glob-Pattern enthält. Das Kommando wartet solange, bis der Text `Pflichtfeld*` angezeigt wird. Im Sinne des Glob-Pattern wäre der Asterisk (*) ein Stellvertreter-Symbol für jedes beliebige Zeichen. Da aber wirklich auf den Textbaustein mit dem Asterisk gewartet werden soll, kommt das Exact-Pattern zum Einsatz. Dies ist hilfreich, da häufig die Texte vor Pflichtfeldern in den Eingabemasken auf Webseiten mit einem Sternchen versehen sind, um sie von optionalen Eingaben zu unterscheiden.

```
...
<tr>
    <td>waitForTextPresent</td>
    <td>exact:Pflichtfeld*</td>
    <td></td>
</tr>
...
```

Listing 4.35:
String-Match Pattern
`exact`

Selenium Core

Dieses Kapitel widmet sich dem Selenium Core Modul – dem Herzstück von Selenium. Alle anderen Module innerhalb des Selenium-Frameworks basieren auf diesem Modul, d.h. sie nutzen es intern, um Benutzeraktionen im Browser auf Webanwendungen zu simulieren. Dies wird dadurch ermöglicht, dass es sich bei Selenium Core zuallererst um eine JavaScript-Bibliothek handelt. Diese Bibliothek implementiert das Selenese-API, das in Kapitel 4 ausführlich betrachtet wurde. Sie ist, da sie in JavaScript realisiert ist, per Definition erst einmal Browser-unabhängig und damit in jedem Browser ausführbar. In Wahrheit kapselt sie allerdings alle Browser-spezifischen Logiken in sich und verbirgt diese vor dem Benutzer bzw. allen anderen Modulen.

Die Homepage dieses Moduls findet sich ebenfalls bei OpenQA[1]. Augenblicklich steht es in der Version 1.0 Beta-1 zur Verfügung und kann bei OpenQA heruntergeladen werden. Für den Fall, dass Sie es nicht unter dem Link für *Download* finden, sehen Sie unter den *Release Notes* oder direkt

---

[1] http://selenium-core.openqa.org

5 Selenium Core

unter dem Selenium-Projekt nach. Bis vor kurzem konnte nur über diese beiden Wege die JAR-Datei `selenium-core-1.0-beta-1.jar` bezogen werden. Ursprünglich entwickelt wurde das Core Modul im Jahre 2004 von Jason Huggins, Paul Gross und Jie Tina Wang, und zwar unter dem Namen *Javascript Functional Test Runner*.

Intern basiert das Selenium Core Modul wiederum auf anderen freien JavaScript-Bibliotheken wie etwa Prototype[2], script.aculo.us[3] und cssQuery[4]. Wer sich nach dem Entpacken der JAR-Datei, die übrigens einfach in eine ZIP-Datei umbenannt und anschließend entpackt werden kann, die Mühe macht, in den Ordner `/core/scripts` zu blicken, wird dort die Datei `selenium-api.js` finden. Genau diese stellt die Schnittstelle der Selenese-API bereit. Die Implementierung selbst findet sich in der Datei `selenium-browserbot.js`, die ebenfalls Bestandteil des gleichen Verzeichnisses ist.

Um sich unter Selenium Core überhaupt etwas Praktisches vorstellen zu können, sollte sich mit dem zweiten Aspekt des Selenium Core Moduls befasst werden: dem Testroboter mit dem Namen *TestRunner*. Dieser ist als Screenshot in Abbildung 1 dargestellt. Wer die Selenium IDE bereits verwendet hat, der kennt den TestRunner vielleicht sogar schon. Dieser kann in der IDE aus der Werkzeugleiste heraus aufgerufen werden, da er als Bestandteil des Core Moduls natürlich auch in der IDE zur Verfügung stehen kann. In Kapitel 3.5 wurde darauf bereits kurz hingewiesen.

Abbildung 5.1: TestRunner

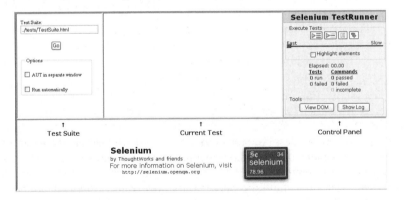

[2] http://www.prototypejs.org
[3] http://script.aculo.us
[4] http://dean.edwards.name/my/cssQuery

5.1 Installation

Dabei handelt es sich beim TestRunner lediglich um eine HTML-Datei, die Bestandteil des Selenium Core Downloads ist und den Dateinamen `TestRunner.html` hat. Diese findet sich im Ordner `core` und kann mit einem Browser auch lokal geöffnet werden. Eine generelle Einführungsseite zum Core Modul ist zusätzlich Teil des Downloads. Diese lautet `index.html` und liegt auf oberster Ebene der entpackten Verzeichnisstruktur, ebenso wie die Selenium-API-Referenz, die in der Datei `reference.html` enthalten ist.

Damit wurde im vorangegangenen Abschnitt eigentlich schon alles über die zentrale Eigenschaft des TestRunners gesagt: es ist eine HTML-Datei. Dies hat jedoch weiterreichende Konsequenzen, die sowohl die Stärken des Selenium Core Modules betreffen als auch dessen Einschränkungen.

Zu den Stärken des Selenium TestRunners gehört es, dass diese HTML-Datei mit jedem beliebigen Browser geöffnet werden kann, um einen Test abspielen zu lassen. Dies hat den großen Vorteil, dass der TestRunner und damit die Testausführung in Selenium selbst Browser-unabhängig ist. Möglich ist dies deshalb, weil der TestRunner allein mit (D)HTML (IFrames) und JavaScript realisiert ist und somit auf den gemeinsamen Grundlagen aller Browser basiert.

Eben diese Stärke, auf (D)HTML und JavaScript zu basieren, führt aber auch zu der fundamentalen Einschränkung des Selenium Core Moduls: die *Same Origin Policy*[5]. Diese Regel gilt für jeden Einsatz von JavaScript in einem Browser und besagt, dass das JavaScript, das auf einer Webseite ausgeführt wird, auf dem gleichen Web Server installiert sein muss wie die Webseite, auf der es ausgeführt wird. Gleich bedeutet hier eine Übereinstimmung im Protokoll, im kompletten Domainnamen und im Port. Da das Core Modul die Anwendung unter Test und deren Webseiten mittels JavaScript manipuliert, während es einen Test ausführt, gilt diese Restriktion auch hier.

Dies hat zur Folge, dass `TestRunner.html` nicht mit einem Browser im lokalen Dateisystem des Benutzers geöffnet werden und einen Test gegen `www.google.de` ablaufen lassen kann. Um einen solchen Test abspielen zu lassen, wäre ein Zugriff auf das Server-Dateisystem von Google notwendig, um dorthin das Selenium Core Modul zu kopieren. Würde im Anschluss daran der TestRunner etwa unter `www.google.de/selenium-core-1.0/core/TestRunner.html` geöffnet werden, so könnte ohne Verletzung der Same Origin Policy ein Test auf `www.google.de` abgespielt und das Testergebnis überprüft werden. Verallgemeinernd heißt dies also für die Installation des Core Moduls, dass dessen `.zip`/`.jar`-Datei im `DocumentRoot`, `htdocs` oder `webroot` des jeweiligen Web Servers entpackt werden muss.

---

[5] http://en.wikipedia.org/wiki/Same_origin_policy

Falls es generell keinen Zugriff auf das Dateisystem des Web Servers gibt, auf dem die Anwendung läuft, die automatisiert getestet werden soll, stehen die zwei anderen Module des Selenium Frameworks zur Verfügung: die IDE und die Remote Control, für die diese Einschränkung nicht gilt. Die Selenium IDE umgeht die Same Origin Policy dadurch, dass sie eine vertrauenswürdige Mozilla-Erweiterung ist, für die diese keine Gültigkeit hat.

Die Selenium RC manipuliert mit Hilfe eines Proxy-Servers die ausgelieferten Webseiten des fremden Servers auf die Art und Weise, dass jeder Browser beim Test der Meinung ist, die JavaScript-Dateien wären auf dem gleichen Web Server installiert und damit konform zu der Same Origin Policy. Darüber hinaus eignen sich diese beiden Module auch für Multi-Domain-Tests, also für solche die mehrere Webanwendung hintereinander unter unterschiedlichen Adressen testen können. Dies ist aufgrund der Same Origin Policy ebenfalls mit dem Core Modul nicht möglich.

Eine Ausnahme, wie dennoch mit Hilfe des Core Modules eine auf einem fremden Server befindliche Applikation getestet werden kann, gibt es an dieser Stelle. Diese beschränkt sich allerdings allein auf die Nutzung des Internet Explorers: wenn der TestRunner im Internet Explorer als HTML-Applikation bzw. im HTA-Modus gestartet wird. Dies führt nämlich dazu, dass dieser über die Same Origin Policy hinwegsieht, da der Benutzer zuvor implizit erklärt, dass er damit einverstanden ist. Dazu muss lediglich die ebenfalls im gleichen Verzeichnis enthaltene Datei `TestRunner.hta` mit dem Internet Explorer geöffnet werden. Ansonsten verhält sich der TestRunner wie gewohnt und im folgenden beschrieben.

5.2 Benutzeroberfläche

Die Benutzeroberfläche des TestRunners besteht aus den vier Bereichen, die in Abbildung 5.1 zu sehen sind. In diesem Kapitel werden deren Sinn und Verwendung beschrieben. Es handelt sich um die folgenden vier Bedienelemente:

- Testsuite
- Aktueller Test
- Steuerpult
- Applikationsframe

Die erste Schaltfläche links oben im TestRunner ist der Testsuite-Bereich. Dieses Bedienelement ist uns aus der Selenium IDE auch erst seit der Version 1.0 bekannt, da in vorherigen Versionen keine Testsuiten mit der IDE abgespielt werden konnten. Abbildung 5.2 stellt es im Detail dar.

5.2 Benutzeroberfläche

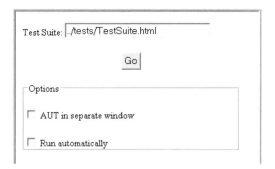

Abbildung 5.2:
Testsuite

Um mit Hilfe des TestRunners überhaupt einen Test abspielen zu können, muss mit Hilfe der Testsuite-Schaltfläche zuerst eine Testsuite geöffnet werden. Dies geschieht durch das Klicken des Go-Buttons und der Eingabe eines Pfads zu dieser Testsuite in das dafür vorgesehene Textfeld. Dieses ist mit dem Pfad `../tests/TestSuite.html` vorbelegt, der relativ zum Verzeichnis der `TestRunner.html`-Datei angegeben ist. Absolute Adressierungen ins Dateisystem sind ebenfalls möglich.

Der Pfad `../tests/TestSuite.html` ist deshalb vorbelegt, weil dieser die interne Testsuite von Selenium selbst referenziert, die Bestandteil jedes Downloads ist. Wenn diese durch Klicken des Go-Buttons geöffnet wird, bietet sich dem Benutzer die in Abbildung 5.3 dargestellte Ansicht. Auf der linken Seite, im Testsuite Bereich, sind die einzelnen Tests der Suite aufgelistet. Diese können durch das Klicken auf ihren Namen ausgewählt werden, so dass sie im rechten Bereich Aktueller Test zu sehen sind, wie es von der Selenium IDE bekannt ist.

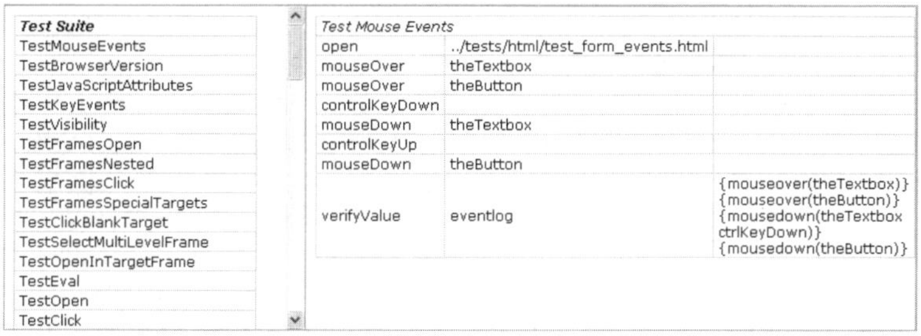

Abbildung 5.3:
geöffnete Testsuite

Ein einzelner Test sieht genauso aus wie für Selenese üblich (C-T-V) und kann demnach mit der Selenium IDE aufgenommen werden, so dass er in eine Testsuite integriert werden kann. Die Testsuite selbst referenziert lediglich die einzelnen Tests und gruppiert diese. Intern handelt es sich bei Testsuiten ebenfalls um HTML-Dateien, die analog zu Selenese jeweils eine

Tabelle enthalten. Der schematische Aufbau einer solchen Testsuite ist in Listing 1 skizziert. Darin sind zwei Tests in einer Suite zusammengefasst, die im gleichen Verzeichnis wie die Testsuite selbst liegen (./) und die Dateinamen `TestA.html` und `TestB.html` haben.

Listing 5.1:
Quelltext einer
Testsuite

```
...
<table id="suiteTable" cellpadding="1" cellspacing="1" border="1"
   class="selenium">
<tbody>
<tr><td><b>Testsuite</b></td></tr>
<tr>
    <td><a href="./TestA.html">TestA</a></td>
</tr>
<tr>
    <td><a href="./TestB.html">TestB</a></td>
</tr>
...
</tbody>
</table>
...
```

Bevor der **Go**-Button geklickt wird, um eine Testsuite zu öffnen, können noch verschiedene Optionen ausgewählt werden. Diese sind unterhalb des Buttons mit einem eigenen Rahmen gekennzeichnet. Die erste Option ist mit der Beschreibung **AUT in separate window** versehen, wobei AUT für Application Under Test steht. Die Auswahl dieser Option hat demnach zur Folge, dass die zu testende Webanwendung in einem eigenen Browserfenster erscheint. Der untere Bereich des TestRunner Fensters, der eigentlich für die Applikation vorgesehen ist und deshalb auch die Bezeichnung Applikationsframe trägt, bleibt bei Selektion dieser Option leer.

Das Setzen der zweiten Option **Run automatically** bewirkt, dass automatisch nach dem Öffnen einer Testsuite alle Tests aus dieser Suite automatisch durchlaufen werden. Zusätzlich tauchen nach der Markierung dieser Option drei weitere Eingabefelder auf: **Close afterwards**, **Save to file** und **Results URL**. Mit **Close afterwards** schließt sich der TestRunner selbstständig nach Ausführung aller Tests. **Save to file** schreibt das Testergebnis in eine Datei, deren Name und Ordner in dem Textfeld unter **Results URL** definiert wird. Dies funktioniert allerdings nur, wenn der TestRunner im Internet Explorer als HTML-Applikation gestartet wurde, weil normale Webanwendungen keinen Zugriff auf das lokale Dateisystem erhalten. Ist diese Checkbox nicht selektiert, schickt der TestRunner sein Testergebnis per HTTP-Post an eine beliebige Adresse im Web. Diese wird ebenfalls als **Results URL** angegeben.

Nachdem sich mit Hilfe der ersten Schaltfläche für eine Testsuite entschieden wurde, dient das zweite Bedienelement, das Steuerpult, der Ausführungskontrolle aller Tests. In Abbildung 5.4 ist es noch einmal dargestellt.

Abbildung 5.4:
Steuerpult

Das Steuerpult untergliedert sich in drei Bereiche: **Execute Tests**, **Results** und **Tools**. Der erste und der letzte Bereich sind jeweils mit einem eigenen Rahmen umgeben.

Der erste Bereich enthält vier Buttons, einen Schieberegler und eine Checkbox. Die Symbole der Buttons sollten dem Leser bereits aus Kapitel 3.2 vertraut sein, da sie in der Werkzeugleiste der Selenium IDE ebenfalls zum Einsatz kommen. Der zweite Button startet die Ausführung des gerade ausgewählten Tests und der dritte pausiert jedes Abspielen bzw. lässt dieses wieder fortfahren. Der vierte Button kann erst nach dem Drücken des dritten Buttons (Pause/Resume) aufgerufen werden, weil er die schrittweise Ausführung einzelner Kommandos zur Folge hat. Der Schieberegler kontrolliert die Geschwindigkeit der Testausführung. Das Markieren der Checkbox **Highlight elements** bewirkt, dass während des Ablaufens eines Tests im Applikationsframe all die Elemente der Anwendung gelb hinterlegt werden, die gerade durch Selenium manipuliert werden.

Der mittlere Bereich, hier als **Results**-Bereich bezeichnet, stellt eine Übersicht über die Testergebnisse dar. Er enthält Informationen über die Testdauer und über die Anzahl der ausgeführten Tests und Kommandos.

Der untere Bereich – **Tools** – gruppiert zwei Buttons: **View DOM** und **Show Log**. Wenn der erste Button gedrückt wird, öffnet sich ein neues Browserfenster, welches das DOM (*Document Object Model*) der gerade im Test befindlichen Webseite enthält. Diese Darstellung ist jedoch sehr einfach gehalten und kann nicht mit Alternativen wie der Firefox Web Developer Toolbar[6] oder der Internet Explorer Developer Toolbar[7] mithalten. Auch der Button **Show Log** öffnet ein neues Fenster. Dieses zeigt die Logeinträge der Testausführung. Wenn ein Test läuft, kann in diesem Fenster zwischen den Logging-Leveln **Error**, **Warn**, **Info** und **Debug** umgeschaltet werden.

[6] https://addons.mozilla.org/de/firefox/addon/60
[7] http://www.microsoft.com/downloads/Search.aspx

5.3 Continuous Integration

Das Selenium Core Modul kann in einen automatisierten Build-Prozess integriert werden und eignet sich somit für Entwicklung noch dem Prinzip der Continuous Integration[8], obwohl für diesen Prozess, in dem eine (Web-)Anwendung immer wieder neu zusammengebaut und getestet wird, eigentlich das Selenium Remote Control Modul prädestiniert ist.

Wenn das Core Modul als Blackbox betrachtet wird, das am Ende jedes Builds einer Webapplikation diese automatisiert testet, so interessieren uns nur die Ein- und Ausgaben dieses Kastens. Dies bedeutet konkret, mit welchen Parametern kann das Core Modul aufgerufen werden und welche liefert es zurück. Beide Schnittstellen sind dabei Bestandteil der Continuous-Integration-Strategie.

Aufgerufen wird der TestRunner immer über einen Browser. Für die Continuous Integration hat dies zur Folge, dass aus deren Prozess heraus, z.B. der Firefox gestartet werden muss, der anschließend `TestRunner.html` öffnet. Durch Übergabe der Parameter `auto` und `test` wird der TestRunner dazu veranlasst, direkt mit der Abarbeitung aller Tests zu beginnen. Das Ergebnis jedes Testlaufs überträgt dieser anschließend an die URL, die in dem Parameter `resultsUrl` gesetzt wurde. Ein Beispielaufruf auf der Kommandozeile könnte demnach wie folgt aussehen:

```
firefox.exe "http://localhost/selenium-core-1.0/core/TestRunner.html?auto
=true &test=../suite/TestSuite.html&resultsUrl=../postResults"
```

Wenn beispielsweise im lokalen Dateisystem der TestRunner im Internet Explorer gestartet werden soll, könnte ein ANT-Task wie in Listing 5.2 in den Build integriert sein.

Listing 5.2: ANT-Autostart TestRunner im Internet Explorer

```
<project name="TestRunner.html" default="start" basedir=".">

    <target name="start" description="open IE and run test suite" >
        <exec executable="C:/Programme/Internet Explorer/iexplore.exe">
            <arg value="file:///D:/selenium-core-1.0/core/TestRunner.html?
                auto=true&amp;test=../TestSuite.html&amp;resultsUrl=
                ../postResults"/>
        </exec>
    </target>

</project>
```

[8] http://de.wikipedia.org/wiki/Kontinuierliche_Integration

Neben den drei Parametern `auto`, `test` und `resultsUrl` gibt es noch eine Reihe weiterer Eingabeparameter für das Selenium Core Modul. Diese sind in Tabelle 5.1 aufgelistet. Eine Einschränkung gibt es dabei jedoch zu beachten: diese Parameter haben keine Bedeutung, wenn der TestRunner im IE als HTA-Applikation gestartet wird.

Parameter	Type	Beschreibung	Default
`auto`	Boolean	führt automatisch eine spezifizierte Testsuite aus und postet die Ergebnisse an die resultsUrl	`false`
`close`	Boolean	wenn auto=true übergeben wurde, wird automatisch das Browserfenster geschlossen, wenn die Tests abgeschlossen sind	`false`
`test`	URL	die URL einer Testsuite, die ausgeführt werden soll, wie z.B. `../tests/TestSuite.html`	-
`resultsUrl`	URL	die URL, an die das Ergebnis gepostet wird	`/postResults`
`baseURL`	Absolute URL	wenn das `open`-Kommando im Test eine relative URL verwendet, wird diese mit der baseURL vervollständigt; diese muss eine absolute URL sein und auf ein Verzeichnis zeigen, also z.B. mit `http://` oder `https://` beginnen und mit / enden; andernfalls ignoriert Selenium alles ab dem letzten Slash	absolute URL von `test`
`multiWindow`	Boolean	führt die Tests im Multi-Window Modus aus, während die AUT in einem separaten Browserfenster läuft	`false`
`save`	Boolean	(im HTA-Modus) wenn auto=true übergeben wurde, werden die Ergebnisse in eine Datei gespeichert; in diesem Fall wird die resultsUrl als Pfad ins Dateisystem interpretiert; es erfolgt kein HTTP-Post	`false`
`highlight`	Boolean	jedes AUT-Element wird gelb markiert, sobald es lokalisiert wurde	`false`

Tabelle 5.1: Eingabeparameter TestRunner

Fortsetzung:

Parameter	Type	Beschreibung	Default
`run Interval`	Integer	pausiere diese Anzahl von Millisekunden zwischen den einzelnen Kommandos	0
`defaultLog Level`	String	setzt zu Beginn das Loglevel auf error, `warn`, `info`, `debug` oder `off`	`info`

Die Ausgabeparameter des TestRunners sind diejenigen, die dieser an die `resultsUrl` postet. Unter dieser Adresse kann eine Webanwendung laufen, die den HTTP-Post entgegennimmt und die Parameter weiterverwertet. Diese Applikation kann individuell implementiert werden, z.B. als Java Servlet oder mit jeder anderen vergleichbaren Technologie. Alternativ könnte ebenso der Code der Selenium RC wiederverwendet werden. Denn im Paket `org.openqa.selenium.server.htmlrunner` finden sich Komponenten dazu, wie etwa `SeleniumHTMLRunnerResultsHandler`. Das Core Modul postet immer die in Tabelle 5.2 aufgeführten Parameter.

Tabelle 5.2: Ausgabeparameter TestRunner

Parameter	Beschreibung
`result`	`passed` oder `failed` abhängig davon, ob die ganze Testsuite erfolgreich durchlaufen wurde oder mindestens ein Test fehlschlug
`totalTime`	Zeit in Sekunden für die Ausführung der Testsuite
`numTestPasses`	Anzahl erfolgreicher Tests
`numTestFailures`	Anzahl fehlgeschlagener Tests
`numCommandPasses`	Anzahl erfolgreich ausgeführter Kommandos
`numCommandFailures`	Anzahl von Kommandos, die fehlerhaft ausgeführt wurden
`numCommandErrors`	Anzahl von Kommandos, die zum Fehlschlagen eines Tests führten
`suite`	Testsuite-Tabelle, die auch die Hidden Fields mit den Testergebnissen enthält
`log`	Text aller Log-Statements, die im Hintergrund geloggt wurden;
`testTable.1`	der erste Test
`testTable.2`	der zweite Test
...	...
`testTable.n`	der n-te Test

Selenium on Rails

Das Modul Selenium on Rails[1] ist ein derzeit noch recht überschaubares Projekt am Beginn seiner Entwicklung. Es bietet einen einfacheren Weg, Ruby-on-Rails-Anwendungen[2] mit Hilfe von Selenium Core zu testen. Dazu erfüllt es folgende vier Aufgaben:

- Selenium-Core-Dateien müssen nicht mehr das /public-Verzeichnis der Rails-Installation verschmutzen, sondern landen in /test/selenium

- Testsuite-Dateien werden on-the-fly generiert: pro Verzeichnis eine Suite in /test/selenium (Testsuiten können geschachtelt werden).

- Anstatt einen Test in HTML zu schreiben, kann eine Anzahl besserer Formate gewählt werden.

- Fixtures werden geladen und die Session bereinigt (/selenium/setup).

[1] http://selenium-on-rails.openqa.org/index.html
[2] http://www.rubyonrails.org/

6.1 Installation

Um Selenium on Rails zu installieren, kann dessen Code aus dem OpenQA Subversion Repository [3] bezogen werden bzw. bei OpenQA heruntergeladen werden. Dazu genügt der Befehl:

```
script/plugin install
http://svn.openqa.org/svn/selenium-on-rails/selenium-on-rails
```

Unter Windows muss anschließend `gem install win32-open3` aufgerufen werden. Wenn das RedCloth Gem[4] verfügbar ist, können es die Selenese-Tests für besseres Markup benutzen. Im Anschluss an die Installation kann im Plugin-Verzeichnis die Rake-Datei ausgeführt werden, um zu prüfen, ob die Tests funktionieren. Für den Fall, dass RedCloth nicht installiert ist, werden allerdings nicht alle Tests erfolgreich durchlaufen.

Ein Test wird z.B. mit dem folgenden Befehl angelegt: `script/generate selenium login`. Wenn der Server mit Hilfe des Aufrufs `script/server -e test` gestartet wurde, kann im Browser folgende Adresse eingegeben werden: `http://localhost:3000/selenium`. Wenn alles wie erwartet verlaufen ist, sollte jetzt im Browser der Selenium TestRunner zu sehen sein.

6.2 Formate

Selenium on Rails akzeptiert verschiedene Formate für Tests, ähnelt also in dieser Hinsicht der Selenium Remote Control. Welches Format in Selenium on Rails gewählt wird, ist eine Frage des Geschmacks. Es können Tests erzeugt werden, indem der Befehl `script/generate selenium` aufgerufen wird oder indem manuell Dateien in das Verzeichnis `/test/selenium` abgelegt werden. Folgende Formate stehen zur Verfügung:

- Selenese
- Pipe-Selenese
- Ruby-Selenese

Selenese ist natürlich das in Kapitel 4 vorgestellte HTML-basierte Format. Schon vorhandene Tests in Selenese kann man also weiterverwenden, indem man sie in `/test/selenium` kopiert. In Selenium on Rails kann das HTML sogar noch um eingebettete Ruby-Befehle (RHTML) angereichert werden, was allerdings den Nachteil mit sich bringt, dass die Tests damit an die Rails-Umgebung gebunden sind.

---

[3] `http://svn.openqa.org/svn/selenium-on-rails/selenium-on-rails`
[4] `http://whytheluckystiff.net/ruby/redcloth/`

6.2 Formate

Bei Pipe-Selenese handelt es sich um eine Besonderheit von Selenium on Rails. Anstatt in einer HTML-Tabelle werden die Kommandos zeilenweise eingegeben, wobei das einzelne Kommando und seine Parameter durch Pipe-Symbole voneinander getrennt ist. Alle Pipe-Selenese-Dateien enden auf `.sel`. Hier ein kurzes Beispiel:

```
|open|/selenium/setup|
|open|/|
|goBack|
```

Ruby-Selenese stellt eine weitere Besonderheit von Selenium on Rails dar. Es ist nicht kompatibel mit dem Ruby-Export der Selenium IDE. Dieser kann allein in Zusammenhang mit der Remote Control weiterverwendet werden. Aus diesem Grund gibt es für Ruby-Selenese auch einen eigenen TestBuilder[5]. Ruby-Selenese-Dateien sind am Dateisuffix `.rsel` erkennbar und enthalten Ruby-Code wie beispielsweise

```
setup :fixtures => :all
open '/'
assert_title 'Home'
('a'..'z').each {|c| open :controller => 'user', :action => 'create',
:name => c }
```

In allen drei dieser Formaten lässt sich eine weitere Eigenart von Selenium on Rails umsetzen: partielle Tests. Dahinter verbirgt sich die Möglichkeit, innerhalb eines Tests Kommandos aus einer anderen Datei zu inkludieren. Tests lassen sich damit modularer gestalten. Ein Vorgang, wie beispielsweise ein Login, könnte in einer Datei zentralisiert werden und von unterschiedlichen Tests eingebunden werden. Ein Beispiel hierfür findet sich in Listing 6.1. Es stellt den Inhalt einer Datei namens `_login.rsel` dar. Gekennzeichnet werden die partiellen Tests nämlich dadurch, dass sie alle mit einem Unterstrich beginnen.

```
#_login.rsel
open '/login'
type 'name', name
type 'password', password
click 'submit', :wait=>true
```

Listing 6.1:
Partieller Test

Um obige Datei in allen drei Formaten zu inkludieren, könnten die Referenzstellen folgendermaßen aussehen:

- RHTML (gilt nicht für Standard-Selenese):

   ```
   <%= render :partial => 'login', :locals => {:name = 'Joe Schmo',
   :password => 'Joe Schmo'.reverse} %>
   ```

[5] http://svn.openqa.org/fisheye/browse/~raw,r=1000/selenium-on-rails/selenium-on-rails/doc/classes/SeleniumOnRails/TestBuilder.html

- Pipe-Selenese:

  `|includePartial|login|name=John Doe|password=eoD nhoJ|`

- Ruby-Selenese:

  ```
  include_partial 'login', :name => 'Jane Doe', :password =>
  'Jane Doe'.reverse
  ```

Selenium Remote Control

Die Selenium Remote Control erlaubt es, Tests in prinzipiell beliebigen Programmiersprachen zu schreiben und damit beispielsweise die vorhandenen Test-Frameworks der Sprachen nach Belieben zu nutzen. Es folgt dabei einer Client-Server-Architektur, wobei der Server hier die Aufgabe hat, beliebige Browser auf seiner Maschine zu steuern. Zu diesem Zweck fungiert er als Proxy für die Requests, die zwischen dem Browser und der Anwendung Unter Test ausgetauscht werden. Den Client bilden Programme in den jeweiligen Sprachen, die zur Kommunikation mit dem Server entsprechende Client-Bibliotkenen einsetzen.

Dieses Kapitel beschreibt die Installation des Selenium Servers und erklärt anschließend einen der zwei Modi, in denen er betrieben werden kann: den *Interactive Mode*, der sich weniger für die Praxis als vielmehr für Einsteiger in diese Thematik eignet. Bei dieser Gelegenheit wird auch die grundlegende Architektur der Selenium Remote Control erläutert. Der Abschnitt über experimentelle Browserlauncher erklärt dann, welche Möglichkeiten Selenium innerhalb der RC bietet, um Browser anzusteuern. Im Hauptteil des Kapitels geht es um den zweiten Modus, den *Driven Mode*, einem der wohl häufigsten Anwendungsfälle von Selenium. Hier wird beschrieben, wie Tests in Hochsprachen implementiert werden und den Selenium Server via HTTP fernsteuern. Zum Schluss wird erklärt, welche Schritte nötig sind, um Selenium RC-Tests auch über HTTPS zu betreiben.

7.1 Installation

Um die Selenium Remote Control auf einem System zu installieren, braucht es eine ganze Menge von Voraussetzungen hinsichtlich installierter Software und Systemkonfiguration. Basis für alles ist Java, die Sprache, in welcher der Selenium Server geschrieben ist. Java muss also auf dem jeweiligen System verfügbar sein, und zwar in der Version 1.5.0 oder höher der Java Runtime Environment (JRE). Wie Java genau installiert wird, findet sich bei Sun Microsystems[1]. Anschließend sollte unter Windows die Umgebungsvariable `PATH` analog zu Punkt 5 der Installationshinweise[2] gesetzt werden, damit Java von überall auf der Kommandozeile ausgeführt werden kann.

Im nächsten Schritt wird die Selenium Remote Control von OpenQA[3] heruntergeladen. Nach dem Download muss das Zip-Archiv im Dateisystem entpackt werden. Es enthält sieben Ordner, die anhand ihrer Benennung in zwei Gruppen eingeordnet werden können. Zum einen ist da der Ordner mit dem Selenium Server selbst, der zwingend für die Nutzung der Remote Control erforderlich ist (`selenium-server-xxx`). Weitere sechs Ordner tragen alle die Bezeichnung `client-driver` im Namen. Sie enthalten die notwendigen Client-Bibliotheken, die importiert werden müssen, um mit Hilfe der jeweiligen Programmiersprache den Selenium Server via HTTP fernzusteuern.

Im Fall von Java wäre dies die Datei `selenium-java-client-driver.jar` mit der Klasse `SeleneseTestCase`, von der abgeleitet eigene Tests in JUnit implementiert und ausgeführt werden können. Im Fall von PHP ist dies die Klasse `TestSuite.php` und deren referenzierte Testklassen, die als Ausgangsbasis für eine TestSuite in PHPUnit verwendet werden können. Die anderen Client-Driver sind dementsprechend für ihre Zielsprache und die dort verwendeten Testframeworks vorbereitet.

Eine grundlegende Komponente des Selenium-Basissystems fehlt bisher: der Browser. Alle Browsertypen, die zu Testzwecken durch die RC instrumentalisiert werden sollen, müssen separat auf dem System installiert werden bzw. verfügbar sein. Dies unterscheidet sich je nach Betriebssystem.

Unter Windows XP, Windows 2003 und Windows Vista kann der Internet Explorer direkt verwendet werden. Unter Windows 2000 muss dazu im Nor-

---

[1] http://www.java.com/de/download/manual.jsp
[2] http://java.sun.com/j2se/1.5.0/install-windows.html
[3] http://selenium-rc.openqa.org/download.jsp

malfall eine Datei namens `reg.exe` von der Installations-CD nachinstalliert werden. Diese ist erforderlich, damit die RC beispielsweise die Proxy-Einstellungen des IE manipulieren kann. Eine kurze Beschreibung dazu findet sich bei OpenQA im Wiki[4]. Mozilla Firefox und Opera können einfach unter Windows installiert werden. Generell wird jedoch empfohlen, die Anwendungsdateien (`.exe`) der `PATH`-Umgebungsvariablen hinzuzufügen, um zu vermeiden, immer wieder den Dateipfad zum Browser mit angeben zu müssen. Eine Ausnahme gibt es für diese Empfehlung: wenn der Browser in seinem Standardverzeichnis installiert wird. Für den Firefox lautet dies `C:\Programme\Mozilla Firefox\firefox.exe`, für den IE `C:\Programme\Internet Explorer\iexplore.exe`.

Unter Linux kann ebenfalls der Firefox installiert und zur `PATH`-Variablen ergänzt werden. Eine Anmerkung gibt es dazu unter Unix/Linux. Es wird versucht, das `firefox-bin` direkt aufzurufen, also sollte dieses im `PATH` verfügbar sein. Außerdem sollte nicht vergessen werden, die Firefox-Bibliotheken der `LD_LIBRARY_PATH`-Variablen hinzuzufügen.

Auf Mac OS X ist es ausreichend, die `Firefox.app` in das `/Applications`-Verzeichnis zu installieren. Um den Browser sauber zu steuern, wird die `firefox-bin` direkt aufgerufen. Diese befindet sich unter `/Applications/Firefox.app/Contents/MacOS`. Sollte sich der Browser nicht dort befinden, muss der gewählte Pfad an zwei Stellen eingetragen werden: in die `PATH`- und die `DYLD_LIBRARY_PATH`-Umgebungsvariable.

7.2 Interactive Mode

Um sich mit der Arbeitsweise der Selenium Remote Control vertraut zu machen, ist es hilfreich, den Selenium Server im `Interactive Mode` auszuführen. Das bewerkstelligt die Option `-interactive`, die beim Starten des Servers an der Kommandozeile angehängt wird. Der Aufruf sieht dann also folgendermaßen aus:

```
java -jar selenium-server.jar -interactive
```

In diesem Modus gibt der Benutzer jedes Kommando einzeln auf der Kommandozeile ein. Dies hat den Vorteil, dass er Selenium bei der Abarbeitung jedes einzelnen Kommandos im Browser beobachten kann. Er interagiert Kommando-für-Kommando mit der RC und erhält ein direktes Feedback auf seine Eingaben. Außerdem ist er in der Lage, verschiedene Browser interaktiv zu öffnen. Zu Beginn des Interactive Mode muss aber immer ein Browser neu initialisiert werden. Dies geschieht mit Hilfe des Kommandos `getNewBrowserSession`:

[4] http://wiki.openqa.org/display/SRC/Windows+Registry+Support

```
cmd=getNewBrowserSession&1=*iexplore&2=http://www.google.de
```

Der erste Parameter legt fest, welcher Browser mit einer neuen Session initialisiert werden soll. Im zweiten Parameter wird der Host spezifiziert, unter dessen Domain und Protokoll die Kommandos ausgeführt werden sollen. Als Browser kann zwischen `*iexplore`, `*firefox` oder `*opera` gewählt werden. Der jeweilige Browser muss aber auf dem Testrechner verfügbar und sein Installationspfad in der Path-Umgebungsvariable eingetragen sein. Unter Windows geschieht dies beispielsweise für den Firefox, indem der Ordnerpfad zu der `firefox.exe` als Wert der Path-Variablen unter **Systemsteuerung | System | Erweitert | Umgebungsvariablen | Systemvariablen** ergänzt wird. Eine andere Alternative an dieser Stelle wäre es, den Dateipfad zur `firefox.exe` direkt hinter den Parameter zu hängen:

```
cmd=getNewBrowserSession&1=*firefox C:\Program Files\Firefox\firefox.exe&
2=http://www.google.de
```

Darüber hinaus kann man jeden beliebigen Browser nutzen. Anstelle der obigen drei Browserkennungen muss dazu lediglich `*custom` angegeben werden. Darauf folgt ebenfalls ein Dateipfad, der den gewünschten Browser lokalisiert.

```
cmd=getNewBrowserSession&1=*custom C:\$ProgramFiles\Firefox\firefox.exe&2
=http://www.google.de
```

Der Unterschied besteht jedoch darin, dass mit `*firefox` nicht nur der Browser initialisiert wird, sondern ihm zugleich die richtige Proxy-Einstellung zugewiesen wird. Dies geschieht mit Hilfe eines Profils, mit dem der Browser gestartet wird. Bei `*custom` ist dies nicht der Fall. Hier muss der Benutzer selbst die notwendigen Einstellungen im geöffneten Browser ergänzen.

Nach dem Absetzen des `getNewBrowserSession`-Kommandos öffnet sich ein neues Browserfenster, in dem der Selenium RemoteRunner geöffnet wird. Als dessen Adresse wird

```
http://www.google.de/selenium-server/core/RemoteRunner.html?...
```

in der Adressleiste angezeigt. Daran zeigt sich, dass die RC dem Browser vorspielt, der RemoteRunner sei ein Bestandteil der zu testenden Webanwendung. Dies geschieht mit Hilfe eines Proxies, der zwischen den Browser und die AUT geschaltet wird. Dieser wiederum ist Teil des Selenium Servers. Dadurch erst wird es möglich, mit Hilfe von JavaScript die entfernte Anwendung zu manipulieren und dennoch die Same Origin Policy nicht zu verletzen. Abbildung 1 stellt diesen Sachverhalt deutlich dar. Der einzige Unterschied zum später zu besprechenden Driven Mode liegt darin, dass sich die linke Seite der Abbildung anders verhält. Die Kommandos erreichen im Interactive Mode den Selenium Server nicht via HTTP, indem sie aus Testklassen unterschiedlicher Testframeworks in Java oder .NET aufgerufen werden, sondern dadurch, dass sie manuell durch den Benutzer eingegeben werden.

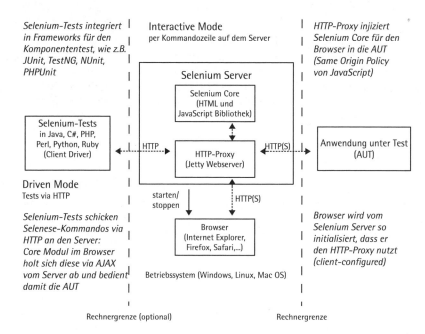

Abbildung 7.1:
Architektur der Selenium RC

Eine weitere Einschränkung, die ebenfalls auf der Same Origin Policy basiert, muss dabei aber trotzdem immer beachtet werden. Durch das Aufrufen von `getNewBrowserSession` wird die Domain und das Protokoll festgelegt. In diesem Fall wäre es `http://www.google.de`. Ändert sich daran etwas, weil dies innerhalb der zu testenden Anwendung so gewünscht ist, kann die RC nicht mehr auf diese zugreifen und terminiert mit der Meldung `Erlaubnis verweigert`. Dies lässt sich mit folgenden Kommando verifzieren:

`cmd=open&1=http://www.google.com&sessionId=260113`

Die `sessionId` sollte dabei allerdings auf den Wert gesetzt werden, der nach `getNewBrowserSession` auf der Konsole hinter `Launching session` ausgegeben wurde. Wird die `sessionId` weggelassen, ergänzt Selenium diese automatisch hinter jedem Kommando. Um die Same Origin Policy aber nicht zu verletzen, müsste es also heißen:

`cmd=open&1=http://www.google.de&sessionId=260113`

Für den Fall, dass es die zu testende Anwendung zwingend erfordert, über mehrere Domains hinweg zu testen, kann es hilfreich sein, einen der experimentiellen Browserlauncher auszuprobieren, die im nächsten Kapitel beschrieben sind. Häufig ist dies nötig, wenn innerhalb einer Webanwendung zwischen HTTP und HTTPS umgeschaltet wird. Für JavaScript handelt es sich dabei nämlich nicht um den gleichen Ursprung, sondern wegen des unterschiedlichen Protokolls um eine Verletzung der Same Origin Policy.

Nach dem `open`-Kommando wird die Startseite von Google Deutschland im RemoteRunner angezeigt. Als nächstes kann mit weiteren Selenese-Kommandos experimentiert werden. Es können beliebige Actions, Accessors und Assertions aufgerufen werden. Ein mögliches Szenario könnte eine Suchanfrage auf `www.google.de` sein. Diese wird mit den nächsten drei Kommandos ausgeführt:

```
cmd=type&1=q&2=selenium ide
cmd=click&1=btnG
cmd=getTitle
```

Wenn ein Testlauf nach der Eingabe mehrerer Kommandos abgeschlossen ist, kann die aktuelle Browsersession beendet werden. Dabei wird das Browserfenster mit dem darin enthaltenen RemoteRunner geschlossen. Dies geschieht mit Hilfe des Kommandos:

```
cmd=testComplete
```

Anschließend kann wieder eine neue Sitzung initialisiert werden oder der Interactive Mode durch Eingabe von `exit` oder Ctrl-C verlassen werden. Dies führt zum Herunterfahren des Selenium Servers.

7.3 Experimentelle Browserlauncher

Wenn innerhalb eines Tests über mehrere Domains oder mit unterschiedlichen Protokollen (HTTP oder HTTPS) getestet werden soll, lohnt es sich einen Blick auf die experimentellen Browserlauncher[5] zu werfen. Diese verhalten sich grundsätzlich anders als ein normaler Benutzerbrowser, enthalten aber noch einige Bugs. Als Browserlauncher wird die Komponente bezeichnet, die den Browser zu Beginn eines Tests initialisiert. Dieser kann an zwei Stellen definiert werden: entweder als Parameter im Selenium-Konstruktor der Clients im Driven Mode oder im `getNewBrowserSession`-Kommando.

Neben den vier schon erwähnten Browserlaunchern `*iexplore`, `*firefox`, `*opera` und `*custom` gibt es vier experimentelle Browserlauncher:

[5] http://selenium-rc.openqa.org/experimental.html

- *iehta

- *chrome

- *piiexplore

- *pifirefox

Die ersten beiden werden unter dem Begriff *Elevated Security Privilege* zusammengefasst. Die letzten beiden gehören in die Kategorie *Proxy Injection Mode*. Beide Gruppen unterscheiden sich, was die Verwendung des Proxys betrifft. Die erste Gruppe startet einen Browser ganz ohne Einsatz eines Proxy, aber auf eine Art und Weise, dass die Same Origin Policy umgangen wird. *iehta tut dies mit dem Internet Explorer und *chrome mit dem Firefox. Die zweite Gruppe geht den umgekehrten Weg. Sie macht massiv Gebrauch vom Proxy und nutzt diesen sogar dazu, die Anwendung Unter Test zu manipulieren.

*iehta öffnet den IE als HTML-Applikation (HTA). Der HTA-Modus enthält jedoch zumindest in Version 0.9.0 der RC eine ganze Reihe Bugs, die hauptsächlich mit der Unterstützung von Frames zu tun haben. *chrome startet den Firefox mit einer Chrome-URL und genießt dadurch spezielle Privilegien. Bei Chrome handelt es sich um einen Mechanismus, der allein im Firefox[6] integriert ist. Mit dessen Hilfe und auf Basis der XML User Interface Language (XUL) baut jener nämlich seine eigene Benutzeroberfläche zusammen. Aufgerufen wird der Firefox in diesem Modus wie folgt:

`cmd=getNewBrowserSession&1=*chrome&2=http://www.google.de`

Ein Hinweis sei an dieser Stelle noch gegeben. Der *chrome-Modus ist nicht wirklich kompatibel mit dem *custom-Modus. Es wird ein eigenes Firefox-Profil eingesetzt, um den Firefox im *chrome-Modus auszuführen. Wenn nun aber ein Benutzer sein Firefox-Profil bevorzugt und den Firefox dennoch in diesem Modus initialisieren will, muss er dies auf der Kommandozeile eingeben, wenn er den Selenium Server startet. Dazu gibt es die Option -firefoxProfileTemplate. Die RC modifiziert dann dieses konfigurierte Profil für den *chrome-Modus.

*piiexplore und *pifirefox brechen mit dem „normalen Testmodus" in Selenium. Anstelle von zwei Fensterbereichen jeweils für die AUT und für Selenium gibt es nur ein Fenster. In diesem befindet sich allein die zu testende Webanwendung, in die Selenium in jede HTML-Seite injiziert wird – Proxy Injection.

Dies bietet die Möglichkeit einer verstärkten Kontrolle über die Anwendung, birgt aber das Risiko, dass durch diese Modifizierung der Test verfälscht wird. Hierbei handelt es sich ebenfalls um ein sehr experimentelles

[6] http://developer.mozilla.org/de/docs/Erweiterung_erstellen

Feature, von dem einige Bugs aus Version 0.9.0 bekannt sind. Um innerhalb von `getNewBrowserSession` einen der beiden Modi einsetzen zu können, muss der `Proxy Injection Mode` bereits beim Start des Selenium Servers über eine weitere Option deklariert werden:

```
java -jar selenium-server.jar -proxyInjectionMode
```

In diesem Zusammenhang gibt es weitere Konfigurationsmöglichkeiten auf der Kommandozeile, die im nächsten Kapitel beschreiben werden. Die daran anschließende eigentliche Initialisierung des Browser könnte wie folgt aussehen:

```
cmd=getNewBrowserSession&1=*pifirefox C:\$Program Files\Firefox\firefox
.exe&2=http://www.google.de
```

7.4 Kommandozeilenoptionen

Beim Start des Selenium-Server mit `java -j_options -jar selenium-server.jar -s_options` kann eine Vielzahl von Optionen mit angegeben werden. Die Tabellen 1 und 2 führen alle Optionen auf und beschreiben deren Funktion. Tabelle 1 beginnt mit vier Optionen, die sich an den Java-Eigenschaften im Netzwerk[7] orientieren. Aus diesem Grund stehen sie direkt nach `java` und vor `-jar`:

```
java -Dhttp.proxyHost=proxy.de -Dhttp.proxyPort=8080
-Dhttp.proxyUser=joe -Dhttp.proxyPassword=pw -jar selenium-server.jar
```

Alle vier beeinflussen die HTTP-Implementierung der Java-Kernbibliothek dahingehend, dass diese den angegebenen Proxy benutzt. Dies wirkt sich auf den Selenium Server dahingehend aus, dass der HTTP-Proxy, den der Selenium Server initialisiert (Abbildung 1), damit der Browser über diesen kommuniziert, selbst über einen Proxy den Weg zur AUT findet. Dies ist besonders hilfreich in Firmennetzwerken, wenn die Testinstanz der Anwendung nur über einen Proxy erreicht werden kann, der Selenium Server aber auf einem lokalen Rechner läuft und den Firmenproxy verwenden muss.

Die nächsten beiden Gruppen in Tabelle 1 enthalten ebenfalls je vier Optionen. Diese werden jedoch direkt an den Selenium-Server übergeben, ebenso wie die Optionen in Tabelle 2. Sie beginnen alle ab der Position des Platzhalters `s_options`. Die Gruppe Servereigenschaften fasst die fünf Parameter zusammen, welche die grundlegende Konfiguration des Servers

---

[7] http://java.sun.com/j2se/1.5.0/docs/guide/net/properties.html

selbst betreffen. Die nächste Gruppe, RemoteRunner, beinhaltet die Optionen, die sich auf den TestRunner beziehen, der den eigentlichen Test im Browser ausführt. Dieser wird nämlich im Browser geöffnet, nachdem dieser initialisiert wurde (siehe Kapitel 5). Genau damit wiederum beschäftigt sich Tabelle 2. Sie umschließt alle Optionen, die den jeweiligen Browserlauncher betreffen.

Option	Beschreibung
Java-Eigenschaften:	
`-Dhttp.proxyHost`	Hostname des Proxy Servers
`-Dhttp.proxyPort`	Port des Proxy Servers
`-Dhttp.proxyUser`	Benutzername gegen Proxy Server
`-Dhttp.proxyPassword`	Benutzerpasswort gegen Proxy Server
Server-Eigenschaften:	
`-interactive`	startet den Selenium Server im Interactive Mode; mehr dazu in Kapitel 7.2
`-port nnnn`	Port, den der Selenium Server benutzen soll (default 4444)
`-debug`	Debugging-Modus, mit mehr Trace-Informationen und Diagnostik
`-log`	schreibt Debugging-Informationen in eine Logdatei
`-trustAllSSLCertificates`	startet den Selenium Server in einem Modus, in dem er alle Zertifikate akzeptiert; wichtig für Tests über HTTPS
RemoteRunner:	
`-multiWindow`	AUT wird in separatem Testfenster geöffnet, unterstützt Frames
`-userExtensions file`	gibt eine JavaScript-Datei an, die in Selenium mit geladen wird
`-timeout nnnn`	Timeout in Sekunden, der den Default-Timeout für jedes Kommando setzt
`-htmlSuite browser startURL suiteFile resultFile`	führt eine einzelne HTML Selenese (Selenium Core) Testsuite aus; der gewünschte Browser, z.B. `*firefox` wird unter der gewünschten URL (startURL) geöffnet; der absolute Pfad ins Dateisystem zu der Testsuite und für die Ergebnisdatei muss angegeben werden

Tabelle 7.1: Kommandozeilenoptionen für Java, Server, RemoteRunner

Tabelle 7.2: Kommandozeilenoptionen für den Browserlauncher

Option	Beschreibung
`-browserSessionReuse`	stoppt die Reinitialisierung des Browsers zwischen den Tests
`-forcedBrowserMode` *browser*	setzt einen Browser für alle Sessions, z.B. `*iexplore`, egal was an `getNewBrowserSession` übergeben wird
`-firefoxProfileTemplate` *dir*	standardmäßig wird ein frisches Firefox-Profil generiert, jedesmal wenn gestartet wird; es kann ein Verzeichnis angegeben werden, von dem ein eigenes Profil verwendet werden soll
`-proxyInjectionMode`	versetzt in den Proxy Injection Mode; mehr dazu in Kapitel 7.3
`-dontInjectRegex` *regex*	nur im Proxy Injection Mode: regulärer Ausdruck kann angegeben werden, bei dem die Injektion umgangen wird
`-userJsInjection` *file*	nur im Proxy Injection Mode: definiert eine JavaScript-Datei, die in jede Seite injiziert wird
`-userContentTransformation` *regex replacement*	nur im Proxy Injection Mode: regulärer Ausdruck, der gegen den gesamten HTML-Inhalt geprüft wird; zweiter Parameter ist die Zeichenkette, die stattdessen eingefügt wird; Beispiel: `-userContentTransformation https http` führt dazu, dass in der AUT jedes Vorkommen von `https` auf `http` verändert wird
`-avoidProxy`	standardmäßig wird jeder Browserrequest über den Proxy ausgeführt; dieses Flag sorgt dafür, dass nur noch URLs mit dem Text `/selenium-server` über den Proxy umgeleitet werden

7.5 Driven Mode

Die Selenium Remote Control wird im *Driven Mode* ausgeführt, wenn sie nicht mit der Option `-interactive` aufgerufen wird. In diesem Modus verhält sie sich exakt wie in Abbildung 1. Der entscheidende Unterschied zum Interactive Mode ist, dass die Kommandos nicht manuell eingegeben, sondern via HTTP an den bereits gestarteten Selenium Server übermittelt werden. Dies hat einen großen Vorteil: die Entkopplung der Clients, die die Kommandos schicken.

Dem Server ist es gleichgültig, wer eine HTTP-Verbindung zu ihm öffnet; solange der Client valide Kommandos überträgt, führt er sie aus. Aus diesem Grund unterstützt die RC so viele Programmiersprachen und deren Testframeworks. Diese müssen nur eine HTTP-Verbindung zum Server öffnen und API-konforme Kommandos übermitteln, die wiederum aus deren eigenem Testcode generiert werden.

Dies hat den großen Vorteil, dass komplexe Testsuites in etablierten Programmiersprachen wie beispielsweise Java oder C# erstellt werden können. Bekannte Testframeworks wie JUnit oder NUnit, die vielen Entwicklern vertraut sind, können dann auch für Frontend-Tests zum Einsatz kommen, obwohl sie eigentlich im Bereich der Komponententests zu Hause sind. Die Tests können in Versionsverwaltungssystemen sauber entwickelt und verwaltet werden. Dies alles wird möglich mit Hilfe der Selenium Remote Control.

Eine Frage wird an dieser Stelle wichtig: Wie werden eigentlich die Testfälle erstellt, die in der jeweiligen Sprache ausgeführt werden, um den Selenium Server fernzusteuern? Dafür gibt es zwei Möglichkeiten, wobei es sich bei der ersten eher um eine theoretische Alternative handelt, da die zweite deutlich praktikabler ist.

Die erste Möglichkeit ist die manuelle Erstellung. Dabei arbeitet der Testentwickler analog zu HTTPUnit[8] oder HTMLUnit[9]. Er öffnet die zu testende Webanwendung im Browser und durchläuft selbst den Test. Er loggt sich beispielsweise in eine Applikation ein und füllt mehrere Formulare aus. Dabei analysiert er auf jeder Seite den Quelltext, indem er u.a. Formulare und deren Parameter inspiziert. Parallel dazu implementiert er in seiner IDE (z.B. Eclipse) den Test auf Basis der Selenium API und seiner Quelltextanalysen. Er fügt im Code, z.B. in einem JUnit-Test, für jede Aktion die Kommandos ein, die das widerspiegeln, was er auf der AUT ausgeführt hat. Wie sich schon an der kurzen Beschreibung dieser Vorgehensweise erkennen lässt, handelt es sich dabei um eine sehr zeitintensive Arbeitsweise. Diese hält viele davon ab, Testsuiten auf diese Art und Weise zu entwickeln.

Die zweite Alternative ist der Einsatz der Selenium IDE, um Tests zu generieren. Dabei hat sich die untere Abfolge aus drei Arbeitsschritten in der Praxis bewährt. Diese muss jeweils pro Testfall erneut durchlaufen werden.

1. Aufzeichnen
2. Exportieren
3. Integration

Das Aufzeichnen eines Tests mit Hilfe der Selenium IDE ist in Kapitel 3.3 beschrieben und im Abschnitt 3.8 mit einem kurzen Beispiel veranschau-

---

[8] http://httpunit.sourceforge.net/
[9] http://htmlunit.sourceforge.net/

7 Selenium Remote Control

licht. Das Exportieren eines Tests wurde aber in Abschnitt 3.6 nur kurz thematisiert. Aus diesem Grund stellt Abbildung 7.2 nun einmal im Detail das Aufrufen eines Exports dar. Es wird der Beispieltest für Google.de aus Kapitel 3.8 in eine gewünschte Zielsprache exportiert. Damit ist schon alles gesagt, denn die IDE übernimmt den kompletten Vorgang.

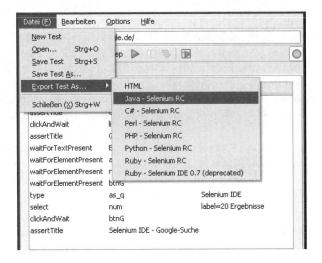

Abbildung 7.2: Selenium IDE – Export Google.de Test

Wichtig ist es aber, beim Exportieren das Encoding der Selenium IDE zu beachten. Dieses ist standardmäßig auf UTF-8 eingestellt. Verwendet die Entwicklungsumgebung z.B. für Java oder C# ein anderes Encoding, wie beispielsweise ISO-8859-1, kann dies zu kaputten Umlauten und anderen Fehlern führen. Die Encoding-Einstellungen der Selenium IDE finden sich unter **Options | Options**.

Die Integration des exportierten Quellcodes muss spezifisch für jede einzelne Programmiersprache und für die Gegebenheiten des jeweiligen Entwicklers durchgeführt werden. Unumgänglich ist hierbei jedoch, dass jeder Test, egal in welche Zielsprache er exportiert wurde, zur Laufzeit Zugriff auf seinen entsprechenden Client Driver haben muss. Bei diesem handelt es sich um eine Bibliothek bzw. einen Treiber, der die Selenese API bereitstellt. Logischerweise benötigt jede Zielsprache ihren eigenen Client Driver. Die RC unterstützt folgende Sprachen:

- Java
- C#
- PHP
- Perl

- Python
- Ruby
- JavaScript
- Selenese

7.5.1 Java

Am besten wird die Integration in Java durch eine Weiterführung des Google.de Beispiels aus Kapitel 3.8 erklärt, indem dessen nach Java exportierter Quellcode in eine JUnit-Testsuite integriert wird. Wir beginnen in Listing 7.1 mit dem unveränderten Code, wie ihn die IDE exportiert hat. Der Export wurde auf Basis der Selenium IDE in der Version 1.0 Beta-1 vollzogen.

Listing 7.1:
Export:
Java-Quellcode des
Google.de-Tests

```java
package com.example.tests;

import com.thoughtworks.selenium.*;
import java.util.regex.Pattern;

public class NewTest extends SeleneseTestCase {
   public void setUp() throws Exception {
      setUp("http://change-this-to-the-site-you-are-testing/", "*chrome");
   {
   public void testNew() throws Exception {
      selenium.open("/");
      assertEquals("Google", selenium.getTitle());
      selenium.click("link=Erweiterte Suche");
      selenium.waitForPageToLoad("10000");
      assertEquals("Google Erweiterte Suche", selenium.getTitle());
      for (int second = 0;; second++) {
         if (second >= 60) fail("timeout");
         try { if (selenium.isTextPresent("Erweiterte Suche")) break; }
            catch (Exception e) {}
         Thread.sleep(1000);
      }

      for (int second = 0;; second++) {
         if (second >= 60) fail("timeout");
         try { if (selenium.isElementPresent("as_q")) break; } catch
            (Exception e) {}
         Thread.sleep(1000);
      }

      for (int second = 0;; second++) {
         if (second >= 60) fail("timeout");
         try { if (selenium.isElementPresent("num")) break; } catch
            (Exception e) {}
```

```
        Thread.sleep(1000);
    }

    for (int second = 0;; second++) {
        if (second >= 60) fail("timeout");
        try { if (selenium.isElementPresent("btnG")) break; } catch
            (Exception e) {}
        Thread.sleep(1000);
    }

    selenium.type("as_q", "Selenium IDE");
    selenium.select("num", "label=20 Ergebnisse");
    selenium.click("btnG");
    selenium.waitForPageToLoad("10000");
    assertEquals("Selenium IDE - Google-Suche", selenium.getTitle());
    }
}
```

Wie in allen Programmiersprachen muss zuerst der Client Driver eingebunden werden. Im Fall von Java bedeutet dies, dass die Bibliothek `selenium-java-client-driver.jar` mit in den Klassenpfad aufgenommen werden muss, damit die Klasse überhaupt kompiliert werden kann. Das Gleiche gilt für die JUnit-Bibliotheken, da der SeleneseTestCase direkt von der Klasse `junit.framework.TestCase` abgeleitet ist. Danach sollte einer Initialisierung des zentralen Objekts, `DefaultSelenium`, die in einer `setUp`-Methode der Klasse `SeleneseTestCase` vorgenommen wird, nichts mehr im Wege stehen. Konkretere Informationen zu der gesamten Client-API, die in JavaDoc vorliegen, können im `javadoc`-Verzeichnis des Drivers oder bei direkt OpenQA[10] gefunden werden.

Im Anschluss an die Einbindung des Client Drivers sind noch ein paar Integrationsschritte in der exportierten Klasse selbst nötig. Was in jeder Java IDE sofort auffällt, ist der Paketname in Zeile 1. Er muss an die Paketstruktur der unterschiedlichen Projekte und Tests angepasst werden. In diesem Beispiel könnte er `de.google.tests` lauten. Das Gleiche gilt für den Klassennamen in Zeile 6. Er muss dem Dateinamen entsprechen und könnte auf `GoogleExtendedSearch` geändert werden.

Optional kann die Testmethode in Zeile 10 umbenannt werden, z.B. auf `testExtendedSearch`. Danach sind die Ansprüche des Java-Compilers auf jeden Fall erfüllt. In Zeile 8 muss noch die URL der Testdomain eingetragen werden: `http://www.google.de`. Zusätzlich man unter Windows die Browserzeichenkette `*chrome` auf `*iexplore` ändern, damit direkt der Internet Explorer startet. Mehr Integrationsarbeit ist nicht nötig. Wenn der Selenium Server mit dem richtigen Port gestartet ist, kann der JUnit-Test durchlaufen werden. Der Browser wird geöffnet und führt ihn aus.

[10] http://release.openqa.org/selenium-remote-control/0.9.2/doc/java/

Abbildung 3 stellt zur Veranschaulichung den Internet Explorer dar, wie er beim Abspielen des GoogleTest durch den Selenium Server geöffnet ist und die übertragenen Kommandos abarbeitet.

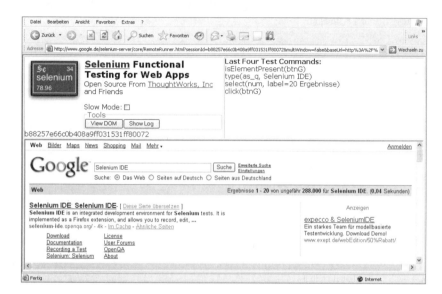

Abbildung 7.3: Google.de Beispiel - IE über RC geöffnet

7.5.2 C#

Augenblicklich funktioniert der .NET Client Driver mit Microsoft .NET. Erfahrungen mit Mono[11] lagen bei Drucklegung des Buches noch nicht vor. Um den .NET Client Driver im Visual Studio einsetzen zu können, muss das gewünschte Visual-Studio-Projekt einfach um eine Referenz erweitert werden. Diese bindet das Assembly mit dem Namen `ThoughtWorks.Selenium.Core.dll` ein. Dadurch kann ein neues DefaultSelenium-Objekt erzeugt werden; siehe hierzu die NDoc-Referenz bei OpenQA[12] bzw. die Dokumentation im doc-Verzeichnis des .NET Client Drivers.

Der .NET Client Driver kann mit jedem .NET-Testframework wie NUnit[13] oder Visual Studio 2005 Team System[14] oder auch ganz ohne Testframework betrieben werden und ermöglicht es damit, Aufgaben im Browser zu automatisieren, wenn er mit einem beliebigen Programm verbunden wird.

---

[11] http://www.mono-project.com
[12] http://release.openqa.org/selenium-remote-control/0.9.2/doc/dotnet/index.html
[13] http://www.nunit.org/index.php
[14] http://msdn2.microsoft.com/de-de/teamsystem/default.aspx

Zwei Beispiele sollen hier der Veranschaulichung dienen. Das erste Listing, 7.2, kann vollständig bei OpenQA[15] heruntergeladen werden. Es ist in C# implementiert und führt eine einfache Suche auf Google.com aus. Das zweite Beispiel in Listing 7.3 erfüllt eine ähnliche Aufgabe, ist aber in Visual Basic realisiert.

Listing 7.2:
.NET-Beispiel in C#:
GoogleTest.cs

```csharp
using System;
using NUnit.Framework;
using Selenium;

namespace ThoughtWorks.Selenium.IntegrationTests
{
    [TestFixture]
    public class GoogleTest
    {
        private ISelenium selenium;

        [SetUp]
        public void SetupTest()
        {
            selenium = new DefaultSelenium("localhost", 4444, "*firefox",
                "http://www.google.com");
            selenium.Start();
        }

        [TearDown]
        public void TeardownTest()
        {
            selenium.Stop();
        }

        [Test]
        public void GoogleSearch()
        {
            selenium.Open("http://www.google.com/webhp");
            Assert.AreEqual("Google", selenium.GetTitle());
            selenium.Type("q", "Selenium OpenQA");
            Assert.AreEqual("Selenium OpenQA", selenium.GetValue("q"));
            selenium.Click("btnG");
            selenium.WaitForPageToLoad("5000");
            Assert.IsTrue(selenium.IsTextPresent("www.openqa.org"));
            Assert.AreEqual("Selenium OpenQA - Google Search", selenium.Get
                Title());
        }
    }
}
```

[15] http://svn.openqa.org/fisheye/viewrep/~raw,r=HEAD/selenium-rc/trunk/clients/dotnet/src/IntegrationTests/GoogleTest.cs

```
Imports Selenium

Module Module1

    Sub Main()

        Dim sel As DefaultSelenium = New DefaultSelenium(
            "localhost", 4444, "*iexplore", "http://www.google.com")
        sel.Start()
        sel.Open("http://www.google.com/webhp")
        sel.Type("q", "hello world")
        sel.Click("btnG")
        sel.Stop()

    End Sub

End Module
```

Listing 7.3: .NET-Beispiel in Visual Basic: GoogleTest.vbs

7.5.3 PHP

Um den PHP Client Driver zu installieren, gibt es zwei Möglichkeiten. Die erste Möglichkeit besteht in der Verwendung von PEAR[16], dem PHP Extension and Application Repository. Dabei handelt es sich um ein Framework und Verteilungssystem von wiederverwendbaren PHP-Komponenten, das Bestandteil jeder vollständigen PHP-Installation ist. Mit Hilfe des Testing_Selenium-Pakets[17] in PEAR kann die Selenium Installation automatisch erfolgen. Dazu genügt der Befehl:

```
pear install Testing_Selenium
```

Die zweite Option besteht darin, den PHP Client Driver aus der Selenium-RC-Zip-Datei zu entnehmen. Diese enthält bereits ein PEAR-Verzeichnis, das zum PHP Include Path hinzugefügt werden muss. Dazu kann die Datei `php.ini`[18] modifiziert oder alternativ `set_include_path`[19] aufgerufen werden.

Die Anweisung require_once 'Testing/Selenium.php' bindet bei installiertem Driver die Datei Selenium.php zur Laufzeit ein und wertet sie aus. Danach ist ein Zugriff auf die Klasse Testing_Selenium möglich und ein Testing_Selenium-Objekt kann angelegt werden. Die Klasse ist in der

---

[16] http://pear.php.net/
[17] http://pear.php.net/package/Testing_Selenium
[18] http://www.php.net/manual/en/configuration.php
[19] http://www.php.net/manual/en/function.set-include-path.php

PhpDocumentor-Referenz bei OpenQA[20] oder im doc-Verzeichnis des Client Drivers dokumentiert.

Es ist zwar nicht zwingend notwendig, aber meist sinnvoll, Selenium in Verbindung mit einem Testframework einzusetzen. Im Fall von PHP wäre dies PHPUnit, wobei die Selenium-Entwickler die Version von Sebastian Bergmann empfehlen, die unter phpunit.de verfügbar ist. Ein Beispiel hierfür findet sich im folgenden Listing 7.4, das aus der Dokumentation von OpenQA[21] stammt.

Listing 7.4: Beispiel in PHP: GoogleTest.php

```php
<?php
set_include_path(get_include_path() . PATH_SEPARATOR . './PEAR/');
require_once 'Testing/Selenium.php';
require_once 'PHPUnit/Framework/TestCase.php';

class GoogleTest extends PHPUnit_Framework_TestCase
{
    private $selenium;

    public function setUp()
    {
        $this->selenium = new Testing_Selenium("*firefox",
            "http://www.google.com");
        $this->selenium->start();
    }

    public function tearDown()
    {
        $this->selenium->stop();
    }

    public function testGoogle()
    {
        $this->selenium->open("/");
        $this->selenium->type("q", "hello world");
        $this->selenium->click("btnG");
        $this->selenium->waitForPageToLoad(10000);
        $this->assertRegExp("/Google Search/", $this->selenium
            ->getTitle());
    }

}
?>
```

[20] http://release.openqa.org/selenium-remote-control/0.9.2/doc/php/
[21] http://svn.openqa.org/fisheye/viewrep/~raw,r=HEAD/selenium-rc/trunk/clients/php/GoogleTest.php

7.5.4 Perl

Wie PHP gibt es auch bei Perl – entsprechend dessen Leitspruch „There's more than one way to do it" – mehrere Wege, um den Perl Client Driver zu installieren. Am einfachsten dürfte es sein, Remote Control von CPAN im Modul Test-WWW-Selenium[22] herunterzuladen. Die zweite Möglichkeit besteht darin, die Perl-Variante aus dem SeleniumRC-Paket zur lokalen Perl-Distribution hinzuzufügen. Dazu muss das Skript in der Datei Makefile.PL ausgeführt werden, um automatisch eine Make-Datei erzeugen zu lassen. Anschließend muss make install eingegeben werden, um Selenium endgültig für die eigene Perl-Installation verfügbar zu machen. Unter Windows muss statt make das Perl-spezifische NMake[23] eingesetzt werden, da das Makefile mit dem make aus den Cygwin-GNU-Tools nicht funktioniert.

Zuletzt gibt es noch eine dritte, sehr einfache Alternative – den Perl Driver überhaupt nicht zu installieren und nur sicherzustellen, dass die passenden Bibliotheken inkludiert werden, sobald das Programm sie braucht. Das heißt also, sie müssen in Perls @INC-Variable vorkommen. Dies könnte beispielsweise bedeuten, dass das lib-Verzeichnis des Drivers in die PERL5LIB-Umgebungsvariable eingetragen wird.

Nicht nur für die Installation, sondern auch für das Benutzen der Module gibt es wiederum mehr als eine Alternative. Wenn lediglich der Browser automatisiert werden soll, genügt es, ein neues WWW::Selenium-Objekt anzulegen. Wenn der Client Driver aber für automatisiertes Testen eingesetzt werden soll, ist der Klasse Test::WWW::Selenium der Vorzug zu geben. Test::WWW::Selenium ist eine Unterklasse von WWW::Selenium und bietet geeignete Testfunktionen, die zu Test::More[24] passen. Ein Beispiel hierfür findet sich in Listing 7.5, das von OpenQA[25] bezogen werden kann.

Test::WWW::Selenium braucht keine expliziten Start-/Stop-Befehle, da diese automatisch aufgerufen werden. Es bietet die Möglichkeit, aus jeder Selenium-Methode schnell einen Test zu machen, indem das Suffix _ok an die jeweilige Methode angehängt wird. Dies bedeutet aus dem Aufruf $sel->click wird durch $sel->click_ok ein Test. Zusätzlich werden für Selenium Getter (get_title, ...) aus der Rumpfbezeichnung des Getters (also title, ...) sechs Methoden generiert: *getter*_is, *getter*_isnt, *getter*_like, *getter*_unlike, *getter*_contains, *getter*_lacks. Diese prüfen die Werte des jeweiligen Attributs. Mehr über den Client Driver kann in dessen doc-Verzeichnis nachgelesen werden.

---

[22] http://search.cpan.org/ lukec/Test-WWW-Selenium/
[23] http://johnbokma.com/perl/make-for-windows.html
[24] http://perldoc.perl.org/Test/More.html
[25] http://svn.openqa.org/fisheye/viewrep/~raw,r=HEAD/selenium-rc/trunk/clients/perl/t/test_google.t

Listing 7.5:
Perl-Beispiel:
test_google.t

```perl
use Test::WWW::Selenium;
use WWW::Selenium::Util qw(server_is_running);
use Test::More;

my ($host, $port) = server_is_running();
if ($host and $port)    plan tests => 1;
else    plan skip_all => "No selenium server found!";    exit 0;

my $sel = Test::WWW::Selenium->new(
    host        => $host,
    port        => $port,
    browser     => "*firefox",
    browser_url => "http://www.google.com/webhp",
);
$sel->open("http://www.google.com/webhp");
$sel->type("q", "hello world");
$sel->click("btnG");
$sel->wait_for_page_to_load(5000);
$sel->title_like(qr/Google Search/);
```

7.5.5 Python

Für Python muss nichts installiert werden, um den Client Driver zu nutzen. Es genügt, wenn ein Python-Skript die Datei `selenium.py` importiert, und schon kann ein neues `selenium_class`-Objekt erzeugt werden. Wie genau dieses instanziiert wird, kann der Dokumentation entnommen werden. Diese befindet sich im Web[26] oder im `doc`-Verzeichnis des Drivers. Das passende Testframework wäre zum Beispiel `unittest`[27] Ein Beispiel hierfür bietet das nachfolgende Listing von OpenQA[28].

Listing 7.6:
Python-Beispiel:
test_default_server.py

```python
from selenium import selenium
import unittest
import sys, time

class TestDefaultServer(unittest.TestCase):

    seleniumHost = 'localhost'
    seleniumPort = str(4444)
    browserStartCommand = "*firefox"
    browserURL = "http://localhost:4444"

    def setUp(self):
```

[26] http://release.openqa.org/selenium-remote-control/0.9.2/doc/python/
[27] http://docs.python.org/lib/module-unittest.html
[28] http://svn.openqa.org/fisheye/viewrep/~raw,r=HEAD/selenium-rc/trunk/clients/python/test_default_server.py

```
        print "Using selenium server at " + self.seleniumHost
           + ":" + self.seleniumPort

        self.selenium = selenium(self.seleniumHost,
          self.seleniumPort, self.browserStartCommand,
          self.browserURL)
        self.selenium.start()

    def testLinks(self):
      selenium = self.selenium

      selenium.open("/selenium-server/tests/html/test_click_page1.html")
      self.failUnless(selenium.get_text("link").find("Click here for next
         page") != -1, "link 'link' doesn't contain expected text")

      links = selenium.get_all_links()
      self.failUnless(len(links) > 3)
      self.assertEqual("linkToAnchorOnThisPage", links[3])

      selenium.click("link")
      selenium.wait_for_page_to_load(5000)
      self.failUnless(selenium.get_location().endswith("/selenium-server/t
         ests/html/test_click_page2.html"))

      selenium.click("previousPage")
      selenium.wait_for_page_to_load(5000)
      self.failUnless(selenium.get_location().endswith("/selenium-server/t
         ests/html/test_click_page1.html"))

    def tearDown(self):
        self.selenium.stop()

if __name__ == "__main__":
    unittest.main()
```

7.5.6 Ruby

Um den Client Driver zu nutzen, muss ein Ruby-Skript lediglich die Datei `selenium.rb` aus dem SeleniumRC-Verzeichnis mit `require` oder `load` einbinden. Ein neues `Selenium::SeleniumDriver`-Objekt kann damit bereits angelegt werden. Über die genaueren Modalitäten dabei kann sich in der Dokumentation informiert werden, wobei wiederum das doc-Verzeichnis des Drivers oder OpenQA[29] bemüht werden kann.

Wie in den anderen Sprachen wird man sich auch unter Ruby meist eines Testframeworks bedienen, etwa `Test::Unit`[30]. Ein Beispiel dazu fin-

---

[29] http://release.openqa.org/selenium-remote-control/0.9.2/doc/ruby/
[30] http://www.ruby-doc.org/stdlib/libdoc/test/unit/rdoc/classes/Test/Unit.html

det sich aber auch im nächsten Listing. Um es sich generell einfacher zu machen und nicht jedesmal @selenium vor jedes Kommando setzen zu müssen, kann das SeleniumHelper-Modul involviert werden. Dieses leitet selbsttätig alle fehlenden Methoden an das SeleniumDriver-Objekt weiter.

Listing 7.7:
Ruby-Beispiel:
selenium_example.rb

```
require 'test/unit'
require 'selenium'

class ExampleTest < Test::Unit::TestCase
    include SeleniumHelper

    def setup
        @selenium = Selenium::SeleniumDriver.new("localhost", 4444, "*firefox", "http://www.irian.at", 10000);
        @selenium.start
    end

    def teardown
        @selenium.stop
    end

    def test_something
        input_id = 'ac4'
        update_id = 'ac4update'

        open "http://www.irian.at/selenium-server/tests/html/ajax/ajax_autocompleter2_test.html"
        key_press input_id, 74
        sleep 0.5
        key_press input_id, 97
        key_press input_id, 110
        sleep 0.5
        assert_equal('Jane Agnews', get_text(update_id))
        key_press input_id, '\9'
        sleep 0.5
        assert_equal('Jane Agnews', get_value(input_id))
    end

end
```

7.5.7 JavaScript

Man kann eine Testsuite bzw. die Tests für den Selenium Server auch in JavaScript umsetzen. Die Möglichkeit wurde wahrscheinlich geschaffen, da das Selenium Core Modul komplett in JavaScript implementiert ist und viele Entwickler deshalb damit vertraut sind. Aus Sicht des Autors macht dies aber nur bedingt Sinn, da dadurch wieder viele Vorteile der Remote Control verschenkt werden. Eine fehlende Typsicherheit zur Compile-Zeit etwa ist nur ein Argument an dieser Stelle. Technisch gesehen werden die Tests für die RC in JavaScript realisiert, indem Rhino als JavaScript-Interpreter für Java genutzt wird. Rhino macht es nämlich möglich, dass aus JavaScript heraus echte Java-Klassen aufgerufen werden können. Da die Selenium RC eine API in Java bereitstellt, kann diese von Rhino eingebunden werden.

Als erstes muss dazu die Datei `js.jar` von der Rhino-Webseite[31] heruntergeladen werden. Der Befehl `java -jar js.jar` auf der Kommandozeile startet die JavaScript-Konsole von Rhino. In dieser und in der Rhino-Dokumentation finden sich mehr Informationen darüber, wie auf Java-Klassen zugegriffen werden kann. Um generell das `js.jar` mit dem Selenium Java Client Driver zu kreuzen, müssen sich beide Jar-Dateien im Klassenpfad befinden, wie etwa im folgenden Befehl, der die Rhino-Konsole mit dem Java Driver startet:

```
java -cp selenium-java-client-driver.jar;js.jar org.mozilla.javascript.tools.shell.Main
```

Danach kann ein `DefaultSelenium`-Objekt erzeugt werden, genau wie es in der Dokumentation für Java selbst erläutert ist. Das Listing 7.8 veranschaulicht dies.

```
importClass(Packages.com.thoughtworks.selenium.DefaultSelenium);
var selenium = new DefaultSelenium("localhost", 4444, "*firefox", "http://www.google.com");
selenium.start();
selenium.open("http://www.google.com/webhp");
selenium.type("q", "hello world");
selenium.click("btnG");
selenium.stop();
```

Listing 7.8: JavaScript – GoogleTest

7.5.8 Selenese

Selenese-HTML-Tabellen sind normalerweise nur in der Selenium IDE und im Selenium Core Modul in Verwendung und wurden bereits in Kapitel 4 ausführlich behandelt. Natürlich verwendet der Selenium Server intern das Selenium Core, aber dies nur als Anmerkung am Rande. Es gibt zwei Gründe, warum eine Remote Control im Driven Mode über eine Selenese Testsuite ferngesteuert werden sollte:

- Tests nicht veränderbarer Websites

- Continuous Integration

[31] http://www.mozilla.org/rhino/

Ein Selenium Core Test (siehe Kapitel 5) muss im Allgemeinen auf dem Server installiert sein, den er testen will. Dies hat zur Folge, dass nicht einfach ein Selenium Core Test für Google.de browserunabhängig ausgeführt werden kann, weil dazu das Selenium Core auf dem Google.de Server installiert werden müsste. Dieses Szenario wird hier als unveränderte Website charakterisiert.

Der Selenium Server umgeht diese Restriktion. Er tut dies mit Hilfe seines auf dem Client konfigurierten Proxy-Servers, der dem Browser simuliert, dass ein Core Modul bei Google.de installiert wäre. Um den Selenium Server mit Selenese aufzurufen, bedarf es folgenden Beispielbefehls, wobei allein der Parameter `htmlSuite` der ausschlaggebende ist (alle Parameter in Abschnitt 7.4):

```
java -jar selenium-server.jar -htmlSuite '*firefox' 'http://www.google.de'
'c:\absolute\path\to\my\HTMLSuite.html' 'c:\absolute\ path\ to\my\results
.html'
```

Damit wird der Selenium Server mit einer definierten Testsuite gestartet. Wichtig ist hierbei nochmal der Hinweis, dass es sich wirklich um eine Testsuite handeln muss und nicht um einen einzelnen Test.

Der zweite Grund könnte sein, dass im Zusammenhang mit Continuous Integration[32] oder ähnlichen Entwicklungskonzepten, die regelmäßiges automatisiertes Testen verlangen, der Selenium Server dazu verwendet werden könnte, regelmäßig HTML-Selenese-Testsuiten von der Kommandozeile zu starten. Dies könnte über einen ANT-Task geschehen, der wiederum den gleichen Beispielbefehl wie oben kapselt:

Listing 7.9: ANT-Task für GoogleTest

```
<taskdef resource="selenium-ant.properties">
    <classpath>
        <pathelement location="selenium-server.jar"/>
    </classpath>
</taskdef>
<selenese
    suite="c:\absolute\path\to\my\HTMLSuite.html"
    browser="*firefox"
    results="c:\absolute\path\to\my\results.html"
    multiWindow="true"
    timeoutInSeconds="900"
    startURL="http://www.google.de"
/>
```

[32] http://de.wikipedia.org/wiki/Kontinuierliche_Integration

7.6 HTTPS

Aufgrund der Architektur der Selenium Remote Control stellt es eine gewisse Herausforderung dar, Tests über HTTPS auszuführen. Dies liegt hauptsächlich im Einsatz des Proxys begründet, der verwendet wird, um die Same-Origin-Policy von JavaScript zu umgehen. Denn es ist gerade eine der Aufgaben von HTTPS, egal ob über SSL oder TLS, die Manipulation von Requests und Responses auf zwischengeschalteten Rechnern zu verhindern.

Genau dies tut der Proxy im Selenium Server aber: Er manipuliert die HTTP-Anfragen und -Antworten, um dem Browser zu simulieren, dass das JavaScript aus der Selenium Core innerhalb der AUT installiert ist. Diese Dreiteilung der verschlüsselten Kommunikation zwischen Browser, Proxy und Anwendung unter Test gilt es dennoch zu ermöglichen.

Ein Ansatz hierfür ist es, den jeweiligen Browser um ein Zertifikat zu erweitern, so dass dieser der HTTPS-Verbindung zwischen ihm und dem Proxy blind vertraut. Ein solches Zertifikat ist bereits Bestandteil des Selenium-RC-Pakets. Es befindet sich unter `selenium-server-1.0` in dem Verzeichnis `sslSupport`. Die Datei `cybervillainsCA.cer` enthält dafür ein Zertifikat für die Certificate Authority (CA) CyberVillains. Dieses muss im Browser importiert werden, damit der Browser dem Proxy vertraut. Denn dieser ist so konfiguriert, dass er sich selbst bei jeder HTTPS-Verbindung ein Dummy-Zertifikat erzeugt, das er mit der CA CyberVillains unterschreibt und an den Browser zurückschickt.

Der Proxy erzeugt also ein Zertifikat, das er für die Anwendung Unter Test anlegt und für diese mit der CA signiert, damit die Kommunikation zwischen allen drei Knoten verschlüsselt möglich wird. Der Proxy selbst wiederum akzeptiert einfach das Zertifikat der AUT, wie es der Browser im Normalfall ohne den Proxy tuen würde.

Generell muss zwar jeder Browser um das CyberVillains Zertifikat erweitert werden, wie dies jedoch zu bewerkstelligen ist, unterscheidet sich zwischen den Browsern. Firefox und Opera werden bereits automatisch so konfiguriert, dass sie der CA CyberVillains vertrauen, wenn sie über den Selenium Server initialisiert werden. Dies geschieht über deren flexiblen Profile-Mechanismus.

Anders verhält es sich beim Internet Explorer, sowie im Safari und im Konqueror-Browser. Diese müssen manuell um das Zertifikat erweitert werden. Beim Internet Explorer 6 geschieht dies beispielsweise über **Extras | Internetoptionen | Inhalte | Zertifikate | Importieren**. Daraufhin ist die CA CyberVillains unter den vertrauenswürdigen Stammzertifizierungsstellen aufgeführt, wenn die Meldung erscheint, dass der Import erfolgreich war. Mehr zu den anderen Browsern findet sich im Tutorial der Remote Control[33].

---

[33] http://selenium-rc.openqa.org/tutorial.html

Achtung: Das manuelle Installieren dieser CA birgt ein großes Sicherheitsrisiko, wenn sie sich mit dem so erweiterten Browser auf nicht vertrauenswürdigen Websites bewegen. Sie sollten entweder nach jedem Testlauf zu ihrem eigenen Schutz dies CA wieder entfernen oder mit diesem Browser wirklich nur Ihre interne Testumgebung ansurfen.

Eine andere Alternative, auf die AUT mittels HTTPS zuzugreifen, besteht darin, den Selenium Server anzuweisen, jedem Zertifikat zu vertrauen. Dafür wird er mit mit der Option `-trustAllSSLCertificates` initialisiert.

Eine noch größere Herausforderung im Zusammenhang mit HTTPS entsteht allerdings, wenn nicht alle, sondern lediglich einige Seiten verschlüsselt aufgerufen werden. Ein klassisches Beispiel hierfür ist das Login. Dies wird in einigen Applikationen verschlüsselt durchgeführt, um anschließend wieder mittels HTTP fortzufahren. Für diese Fälle müssen schon wegen der Same-Origin-Policy von JavaScript, die auch das Protokoll und den Port mit einschließt, experimentielle Browserlauncher zum Einsatz kommen.

8 Kapitel

Selenium Grid

Bei Selenium Grid handelt es sich um ein noch recht junges Projekt[1]. Es wurde Ende 2007 vorgestellt und Anfang 2008 bei OpenQA verlinkt. Dennoch liegt es bereits in der Version 1.0 vor, die als Binary oder in Form des Quelltexts heruntergeladen werden kann. Alle Beispiele in diesem Kapitel basieren auf dieser Version.

Browsergetriebene Web-Tests sind im Allgemeinen zeitintensiv. Dies fällt besonders negativ bei Entwicklungsteams ins Gewicht, die sich an den agilen Methoden orientieren. Jene rufen in der Regel mit jedem Build alle Tests auf, um sicherzustellen, dass sich bei Weiterentwicklungen kein neuer Fehler eingeschleppt hat. Dies hat zur Folge, dass sich die Build-Zeiten dramatisch erhöhen, je mehr Frontend-Tests automatisiert werden. Somit kann sich eine deutlich verzögerte Testausführung blockierend auf agile Teams auswirken. An diesem Punkt setzt Selenium Grid an. Es vernetzt mehrere Rechner, um eine schnellere Testdurchführung zu erreichen.

---

[1] http://selenium-grid.openqa.org

Das Grid kann die Ausführung einer Selenium-Testsuite dramatisch beschleunigen. Dessen Entwickler werben mit dem Slogan „Web Testing That Doesn't Take Hours". Dies erreicht es, indem eine oder mehrere Testsuiten parallel auf mehreren Maschinen, sowie in verschiedenen Umgebungen ausgeführt werden. Es werden also mehrere Instanzen von Selenium Servern parallel betrieben, wie es in Abbildung 8.2 dargestellt ist. Als Grundlage hierfür ist jede bestehende Rechnerinfrastruktur, auch eine heterogene, geeignet.

8.1 Architektur

Um die Architektur und die Funktionsweise eines Selenium Grids zu verstehen, ist es sinnvoll, sich erst noch einmal die bestehende Architektur der Selenium Remote Control vor Augen zu führen, die auch die Basis für Selenium Grid bildet. Wie in Kapitel 7 beschrieben, wird der Selenium Server, die eigentliche Remote Control, via HTTP von außen ferngesteuert, indem ihm Selenese-Kommandos übergeben werden. Der Server steuert dann einen Browser, indem er die externen Kommandos an ein im Browser befindliches Selenium Core Modul weiterleitet, das die AUT manipuliert. Dies alles wird noch einmal in Abbildung 8.1 veranschaulicht.

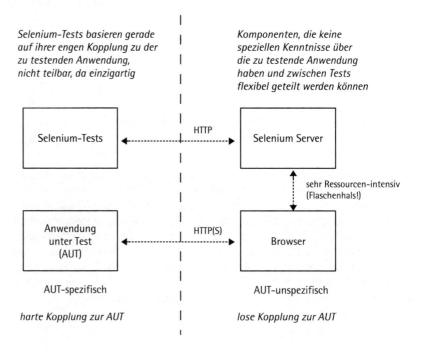

Abbildung 8.1: Architektur der Selenium RC

An dieser traditionellen Architektur ist auch nichts auszusetzen, solange die Anzahl der Tests überschaubar bleibt. Sobald aber eine Testsuite merklich größer wird, werden deren Einschränkungen offensichtlich. Aus diesem Grund lohnt es sich zu untersuchen, welche Schwachstellen die RC hinsichtlich der Performance hat, also die so genannten Flaschenhälse (Bottlenecks).

Oft stellt bei verteilten Anwendungen die Netzwerkinfrastruktur den Flaschenhals dar. Diese kann hier nicht berücksichtigt werden, da sie unterhalb der Anwendungsebene und damit außerhalb der Möglichkeiten von Selenium liegt. Das Gleiche gilt, wenn die AUT sehr lange Antwortzeiten aufweist: es muss an anderer Stelle, im Umfeld der AUT, optimiert werden.

Darüber hinaus zeigt die Erfahrung, dass die obigen zwei Aspekte zu Recht vernachlässigt werden können, denn fast immer stellt das Zusammenspiel zwischen Selenium Server und Browser den wirklichen Flaschenhals dar. Dieses Paar gilt es genauer zu betrachten. Es ist nämlich nur möglich, eine sehr begrenzte Anzahl von Tests parallel in einer RC ablaufen zu lassen, ohne damit wesentlich deren Stabilität zu gefährden. Bei OpenQA[2] ist die Rede von maximal sechs Browsern, die parallel auf einem Selenium Server geöffnet sein sollten, bevor es kritisch werden kann. Was den Internet Explorer anbelangt, genügen noch weniger zeitgleich betriebene Instanzen und ein normaler Rechner kommt an seine Grenzen.

Natürlich können diese Einschränkungen eines einzelnen Selenium Servers auch dadurch kompensiert werden, dass einfach mehrere RCs auf verschiedenen Rechnern zur Verfügung stehen – ohne dass diese bereits als Selenium Grid betrieben werden. Dies ist schon ein Schritt in die richtige Richtung, hat aber ebenfalls noch seine Schwächen: es fehlt der steuernde Knoten in der Mitte, so etwas wie ein Hub. Dieser ist aus mehreren Gründen nötig.

Wenn nur die Standard-Bordmittel der Remote Control genutzt werden, gibt es faktisch keine Skalierung. Keine Testsuite hat Kenntnisse darüber, ob auf dem Selenium Server, den sie gerade anspricht, nicht schon andere Tests ablaufen. Sie wird diese einfach ausführen lassen. Innerhalb einer Firma kann dies dazu führen, dass sich zufälligerweise mehrere Personen für einen Rechner zur Testdurchführung entscheiden, üblicherweise die größte Maschine und schon ist diese RC überlastet. Hierfür können sich noch beliebige weitere solcher Szenarien erdacht werden.

Außerdem gibt es dabei keinerlei Transparenz, was die vorhandene Infrastruktur anbelangt. Alle Tests werden gegen bestimmte Rechner konfiguriert, wobei in dieser Konfiguration hinterlegt wird, welcher Browser auf welchem Knoten geöffnet werden soll. Welches Betriebssystem auf dem jeweiligen Knoten überhaupt installiert ist, spielt dabei keine Rolle und deshalb sind derartige Informationen auch kein Bestandteil der Einstellungen.

[2] http://selenium-grid.openqa.org/how_it_works.html

Es wird vorausgesetzt, dass der jeweilige Tester weiß, welches Betriebssystem sich hinter welchem Knoten, sprich hinter welcher IP bzw. welchem Domainnamen, verbirgt. Außerdem muss er sofort damit beginnen umzukonfigurieren, wenn gerade ein einzelner Test auf einer anderen Umgebung ausgeführt werden soll. Das Gleiche gilt, wenn neue Rechner hinzukommen, alte Rechner wegfallen oder bestehende Rechner umgezogen werden.

Aufgrund all dieser Einschränkungen laufen klassische Selenium RC-Tests im Allgemeinen sequentiell ab und werden, wenn überhaupt, nur spärlich parallelisiert. Bei Testsuiten, die eine halbe Stunde dauern, ist dies meist noch kein Problem. Kritisch wird es jedoch bei mehreren Stunden, wenn innerhalb eines agilen Prozesses ein schnelles Testresultat gewünscht ist.

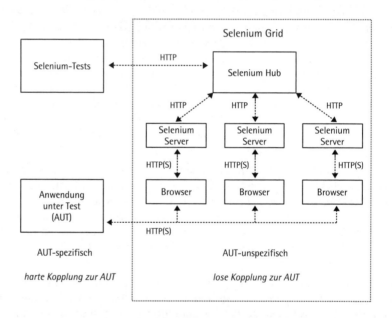

Abbildung 8.2:
Selenium Grid –
Architektur

Wenn nun ein solcher zentraler Knoten, ein Hub, etabliert werden sollte, der sich genau der Schwächen der Remote Control hinsichtlich deren Skalierbarkeit und Transparenz annimmt, so müsste dieser eine Reihe von unterschiedlichen Aufgaben bewältigen. Was die Skalierbarkeit betrifft, müsste er Tests bestimmten Selenium Servern zuweisen und verwalten, wie viele Tests gerade auf diesen Servern ausgeführt werden. Darüber hinaus müsste er die ganze Anzahl paralleler Tests auf einem Server beschränken und Tests solange in einer Warteschleife halten können, bis wieder ein Server für sie frei ist. Dazu müsste er außerdem, analog zu einem Netzwerk-Hub, die jeweiligen HTTP-Request in Selenese an die dafür vorgesehene RC weiterleiten und den richtigen HTTP-Response an den Test zurückgeben. All dies leistet tatsächlich der *Selenium Hub*. Da hierfür aber ebenfalls eine hohe Transparenz notwendig ist, schirmt der Selenium Hub alle Selenium Server nach außen vollständig von den Tests ab. Er bietet exakt die gleiche Schnittstelle wie eine Remote Control, so dass der Test gar nicht wissen muss, ob er gerade einen Server oder einen Hub adressiert. Ein Entwickler kann also Tests sowohl auf seinem eigenen Rechner als auch auf einem hochverteilten Netzwerk ausführen, ohne sie anpassen zu müssen. Der Hub ist also der Single-Point-Of-Entry des Selenium Grids.

Der Grid selbst bedient sich dabei gerade den Stärken der Selenium Remote Control, weil deren Server-Browser-Paar völlig unabhängig von Projekten, deren Tests und deren damit gekoppelten Webanwendungen ist. Desgleichen basiert jeder Grid auf dem Prinzip der RC, dass sich Tests, Selenium Server und AUT auf getrennten Rechnern befinden können und allein über HTTP kommunizieren. Abbildung 8.2 verdeutlicht diesen Aufbau graphisch, wobei die Anzahl der Server und deren zugrundeliegenden Rechnern beliebig skaliert werden kann.

Ein Punkt bleibt dennoch offen. Die Tests selbst müssen parallel ausgeführt werden, damit sie wirklich von einem Grid profitieren können. Wenn sie in Java implementiert sind, kann dafür *TestNG*[3] parallel eingesetzt werden. Dort gibt es das Attribut `parallel`, das auf der Ebene von Testsuiten in dem Konfigurationsdatei `testng.xml` angegeben werden kann. Diesem kann als Wert `methods` oder `tests` zugewiesen werden. Das erste führt dazu, dass alle Testmethoden in getrennten Threads ausgeführt werden, wohingegen das zweite lediglich solche Tests getrennt ausführt, die über das Element `<test>` gruppiert sind; mehr dazu in der Dokumentation zu TestNG[4]. Etwas mehr über Selenium und TestNG findet sich in Kapitel 9.

Statt TestNG kann auch *Parallel-JUnit*[5] eingesetzt werden. Diese Erweiterung des JUnit-Frameworks bietet als Unterklasse von `junit.framework.TestSuite` die Klasse `ParallelTestSuite` an, die eine parallele Ausführung aller Tests aus einer Suite in getrennten Threads ermöglicht.

Was die Skalierbarkeit von Tests anbelangt, wurde damit schon ein großer Schritt nach vorne getan. Egal ob die Tests selbst nun schon parallel gegen den Selenium Hub ausgeführt werden oder noch nicht. Der Selenium Hub ist auf jeden Fall ein Fortschritt. Jedoch bietet dieser je nach Bedarf noch eine weitere Ausbaustufe: die der *Umgebungsspezifischen Konfiguration*. Diese ist in Abbildung 8.3 zu sehen.

Wie oben bereits angedeutet, erlaubt es die Remote Control nicht, beispielsweise einen Test so zu konfigurieren, dass er speziell auf einem Safari-Browser unter Windows XP abgespielt wird. Es kann aber durchaus gewünscht sein, einen speziellen Test gerade auf nur einer Umgebung auszuführen, weil dieser vielleicht einen Fehler prüft, der nur auf dieser Umgebung reproduziert werden kann.

---

[3] http://testng.org
[4] http://testng.org/doc/documentation-main.html
[5] https://parallel-junit.dev.java.net

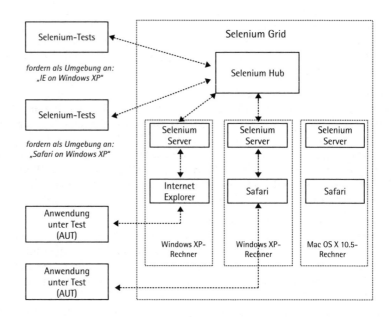

Abbildung 8.3:
Selenium Grid – umgebungsspezifische Konfiguration

Bei dieser Art der Erweiterung bleibt es jedoch nicht aus, dass auch die Tests angepasst werden müssen. Ein klassischer Selenium-Test fordert zu Beginn jeder Selenium-Session einen bestimmten Browser an – in Form einer vordefinierten Zeichenkette wie z.B. *safari. Im Falle einer umgebungsspezifischen Konfiguration könnte dies wie folgt aussehen, weil hier in die Zeichenketten für die Browser frei konfiguriert werden können:

```
new DefaultSelenium(''localhost'', 4444,
  ''Safari on Windows XP'', ''http://www.google.de'')
```

Hierbei ist jedoch Voraussetzung, dass der Selenium Hub den übergebenen Umgebungsparameter interpretieren kann und aktuell eine solche Umgebung in seinem Rechnernetz zur Verfügung hat. Deshalb registrieren sich im Selenium Grid die involvierten Selenium Server selbst beim Hub, während sie starten. Dabei beschreiben sie ihre Umgebungscharakteristiken und teilen diese dem Hub mit, wie eben Safari on Windows XP. Um eine solche eigene Umgebung zu definieren, muss lediglich im Hauptverzeichnis der Selenium-Grid-Distribution die Datei grid_configuration.yml bearbeitet werden. Diese könnte beispielsweise wie folgt aussehen:

```
hub:
  port: 4444
  environments:
    - name:    "Safari on Windows XP"
      browser: "*safari"
```

```
    - name:     "*firefox"
      browser:  "*firefox"
    - name:     "*chrome"
      browser:  "*chrome"
    - name:     "*iexplore"
      browser:  "*iexplore"
    - name:     "*iehta"
      browser:  "*iehta"
    - name:     "*safari"
      browser:  "*safari"
    - name:     "*konqueror"
      browser:  "*konqueror"
```

8.2 Demonstration

Die nachfolgende Demonstration ist bereits Bestandteil der Selenium Grid Distribution – eine Built-In-Demo, die sehr anschaulich und gut verständlich ist. Die ursprüngliche Anleitung hierfür findet sich bei OpenQA[6]. Dieses Unterkapitel vollzieht zwar die gleichen Schritte innerhalb der Demonstration, geht an den meisten Stellen aber stärker auf technische Details ein. Den Anfang macht die Installation der erforderlichen Softwarebausteine, um das Beispiel überhaupt ausführen zu können.

8.2.1 Installation

Drei Systemkomponenten sind notwendig, um ein Selenium Grid aufzusetzen bzw. einen Rechner zum Bestandteil eines Selenium Grids werden zu lassen. Dabei ist egal welches Betriebssystem auf diesem Rechner installiert ist. Eine etwas ausführlichere Anleitung hierfür findet sich parallel bei OpenQA[7]. Die drei Komponenten müssen in dieser Reihenfolge installiert werden, wenn sie auf einem Rechner noch nicht verfügbar sind:

- Java 1.5+

- Apache ANT 1.7

- Selenium Grid Software

Als erste Komponente wird eine Java-Laufzeitumgebung benötigt, die bei Sun Microsystems auf deren Downloadseite[8] heruntergeladen werden kann.

---

[6] http://selenium-grid.openqa.org/run_the_demo.html
[7] http://selenium-grid.openqa.org/get_started.html
[8] http://java.sun.com/javase/downloads/index.jsp

8 Selenium Grid

Java muss in der Version 1.5 oder höher installiert werden. Außerdem muss es in der PATH-Umgebungsvariablen eingetragen sein. Dies wird durch folgende Eingabe auf der Kommandozeile überprüft: `java -version`. Liefert diese Eingabe beispielsweise folgendes Ergebnis zurück, wurde alles korrekt installiert:

```
java version ''1.5.0_07''
Java(TM) 2 Runtime Environment, Standard Edition (build 1.5.0_07-b03)
Java HotSpot(TM) Client VM (build 1.5.0_07-b03, mixed mode, sharing)
```

Auf Mac OS X kann obiger Installationsschritt einfach ausgelassen werden, da dieses System bereits mit einer vorinstallierten Java Laufzeit- und Entwicklungsumgebung ausgeliefert wird. Bei OpenQA [9] gibt es deshalb für Mac OS X eine eigene Installationsanleitung.

Von Apache ANT[10] ist eine Installation ab der Version 1.7 erforderlich. Analog zu Java muss für ANT ebenfalls ein Eintrag in der PATH-Variablen gesetzt werden. Um ANT zu installieren müssen folgende Schritte befolgt werden:

1. Herunterladen der Binärdistribution von `ant.apache.org`

2. Entpacken der Distribution in ein Verzeichnis der Wahl

3. Ergänzung der PATH-Variablen um folgenden Eintrag `verzeichnis/apache-ant-1.7.0/bin`

4. Überprüfung der korrekten Installation mit `ant -version` auf der Kommandozeile; wurde alles entsprechend eingerichtet, erscheint folgende Antwort:

   ```
   Apache Ant version 1.7.0 compiled on December 13 2006
   ```

5. Download der Selenium Grid Software von OpenQA[11] und Entpacken in ein beliebiges Verzeichnis

Im Anschluss daran kann das neue Grid-Verzeichnis und die gesamte Installation überprüft werden, indem innerhalb dieses Verzeichnisses folgender Aufruf auf der Kommandozeile abgesetzt wird: `ant sanity-check`. Gibt dieser Befehl das anschließende Resultat zurück, wurden alle drei obigen Komponenten richtig eingerichtet.

Listing 8.1: Selenium Grid – Sanity Check

```
Buildfile: build.xml

sanity-check:
```

[9] http://selenium-grid.openqa.org/step_by_step_installation_instructions_for_osx.html
[10] http://ant.apache.org
[11] http://selenium-grid.openqa.org/download.html

```
[echo] Apache Ant version 1.7.0 compiled on December 13 2006
[echo] Java 1.5
[echo]
[echo] ****************************************************************

[echo] Congratulations, your setup looks good. Have fun with Selenium
Grid!

[echo] ****************************************************************

[echo]
[echo] You can launch a hub by running 'ant launch-hub'
[echo] You can launch a a remote control with 'ant -Dport=4444 launch-
remote-control'

BUILD SUCCESSFUL
```

Nachdem mit Hilfe des Sanity Checks sichergestellt wurde, dass die Umgebungen richtig vorbereitet wurden, kann nun der erste Testlauf zu Demonstrationszwecken ausgeführt werden. Für die ersten zwei Demonstrationen genügt ein einzelner Rechner.

Eine weitere Voraussetzung gilt es hierfür allerdings noch zu beachten: ein auf der Demoumgebung verfügbarer Mozilla Firefox Browser. Sollte dieser dort nicht vorhanden sein, muss er ebenfalls aufgespielt werden. Darüber hinaus muss dessen Installationsverzeichnis, in dem die `firefox.exe` zu finden ist, zu den Einträgen in der `PATH`-Umgebungsvariablen ergänzt werden, damit die Selenium Server den Firefox instanziieren können.

Vor Beginn der Demonstration sollten alle laufenden Firefox-Instanzen beendet werden. Zusätzlich gilt es zu beachten, dass alle im Weiteren erwähnten Befehle im Grid-Verzeichnis direkt aufgerufen werden müssen, in das die Binärdistribution entpackt wurde.

8.2.2 Ein Rechner – sequentielle Testausführung

Die Demonstration beginnt damit, vier Tests in Reihenfolge auf einem einzelnen Rechner ablaufen zu lassen. Zu diesem Zweck wird lokal zuerst der Selenium Hub initialisiert. Dies geschieht durch das Absetzen des Befehls `ant launch-hub` im Verzeichnis der entpackten Grid-Distribution. Dieser ANT-Befehl greift auf die `build.xml`-Datei zu, die sich in eben diesem Verzeichnis befindet und das Target mit dem Namen `launch-hub` enthält. Dieses Target startet den Selenium Hub über Java an Port 4444. Dieser ist in der Java-Klasse `com.thoughtworks.selenium.grid.hub.HubServer` implementiert und befindet sich in der JAR-Datei `selenium-grid-hub-standalone-1.0.jar` im `\lib`-Verzeichnis der Grid-Distribution.

Ob der Befehl erfolgreich umgesetzt wurde, kann im Browser durch die Eingabe von `http://localhost:4444/console` in der Adressleiste überprüft

8 Selenium Grid

werden. Danach sollte der Benutzer im Browser die Hub-Konsole sehen, die in Abbildung 8.4 dargestellt ist. Diese unterteilt sich in zwei Bereiche. Zum einen ist unter **Configured Environments** aufgelistet, welche Umgebungen der Selenium Hub unterstützt (`grid_configuration.yml`). Zum anderen werden auf der rechten Seite die Remote Controls aufgeführt, die sich an diesem Hub registriert haben. Dabei wird unterschieden, ob diese gerade aktiv sind (**Active Remote Controls**) oder nicht (**Available Remote Controls**).

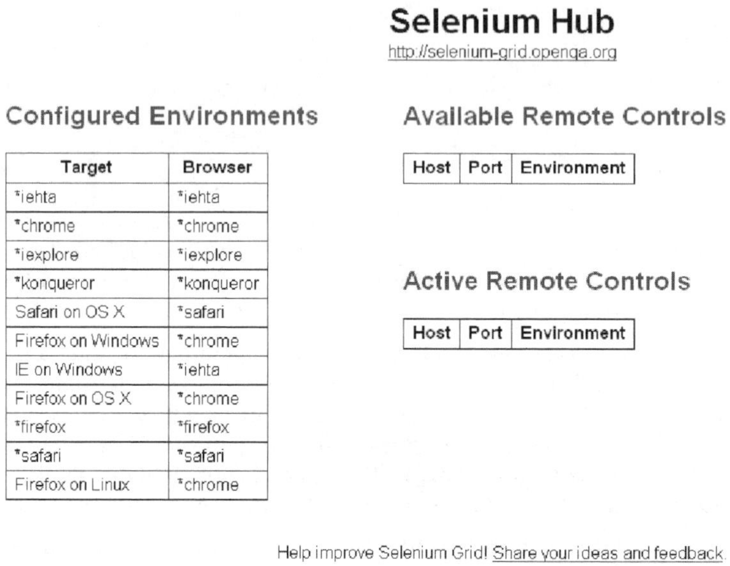

Abbildung 8.4:
Hub-Konsole von
Selenium Grid

Selenium Hub
http://selenium-grid.openqa.org

Configured Environments

Target	Browser
*iehta	*iehta
*chrome	*chrome
*iexplore	*iexplore
*konqueror	*konqueror
Safari on OS X	*safari
Firefox on Windows	*chrome
IE on Windows	*iehta
Firefox on OS X	*chrome
*firefox	*firefox
*safari	*safari
Firefox on Linux	*chrome

Available Remote Controls

Host	Port	Environment

Active Remote Controls

Host	Port	Environment

Help improve Selenium Grid! Share your ideas and feedback.

Im Anschluss an den Start des Hubs wird eine Remote Control in einem neuen Kommandozeilenfenster auf der gleichen Maschine initialisiert. Dies geschieht mit Hilfe des Befehls `ant launch-remote-control`. Dieser Aufruf kann wiederum in der Hub Konsole nachvollzogen werden, weil sich die einzelne Remote Control, die in dem ANT-Target gestartet wurde, beim Hub registriert. Es sollte wie in Abbildung 8.5 diese eine RC aufgelistet sein, die sich am Port 5555 registriert hat und die Umgebung *chrome bereitstellt.

Interessant ist dabei, was hier eigentlich passiert. Denn bisher wurde zwar gezeigt, wie Tests angepasst werden müssen, damit diese umgebungsspezifisch konfiguriert sind. Zusätzlich wurde gezeigt, wie ein Hub über seine .yml-Datei für eben jenen Zweck konfiguriert wird.

Aber wie diese Erweiterungen aber auf Seiten der einzelnen RCs zu bewerkstelligen sind, wurde noch nicht beschrieben. Dazu ist in Listing 8.2 der leicht vereinfachte Quelltext des obigen ANT-Targets abgebildet. Es lässt sich erkennen, dass ebenfalls über Initialisierungs-Parameter die notwendigen Informationen konfiguriert werden.

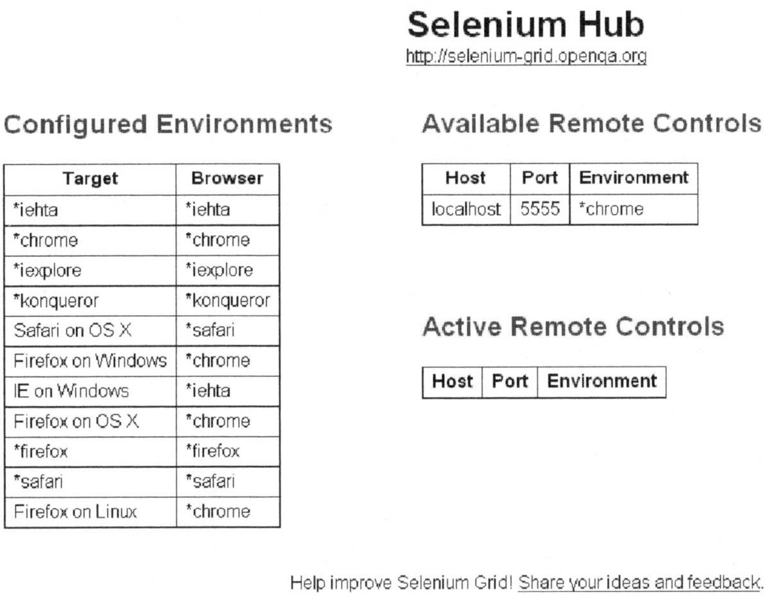

8.2 Demonstration

Selenium Hub
http://selenium-grid.openqa.org

Configured Environments

Target	Browser
*iehta	*iehta
*chrome	*chrome
*iexplore	*iexplore
*konqueror	*konqueror
Safari on OS X	*safari
Firefox on Windows	*chrome
IE on Windows	*iehta
Firefox on OS X	*chrome
*firefox	*firefox
*safari	*safari
Firefox on Linux	*chrome

Available Remote Controls

Host	Port	Environment
localhost	5555	*chrome

Active Remote Controls

Host	Port	Environment

Help improve Selenium Grid! Share your ideas and feedback.

Abbildung 8.5:
Hub Konsole mit
einer verfügbaren RC

Als `-hubURL` wird die Adresse des Selenium Hub übergeben und als `-env` die Zeichenkette, die besagt, welche Umgebung unterstützt wird. Beide Werte sind für die Registrierung erforderlich. Außerdem fällt auf, dass der Selenium Server über eine andere Klasse als in der RC instanziiert wird. Deren Name lautet `SelfRegisteringRemoteControlLauncher`.

```xml
...
<target name="launch-remote-control">
  <java classpathref="remote-control.classpath"
    classname="com.thoughtworks.selenium.grid.remotecontrol.
    SelfRegisteringRemoteControlLauncher"
    fork="true"
    failonerror="true">

    <arg value="-host"/>
    <arg value="localhost"/>
    <arg value="-port"/>
    <arg value="5555"/>
    <arg value="-hubURL"/>
    <arg value="http://localhost:4444"/>
    <arg value="-env"/>
    <arg value="*chrome"/>
    ...
  </java>
</target>
```

Listing 8.2:
Registrierung der
Remote Control am
Hub

8 Selenium Grid

Zum Abschluss des ersten Testlaufs wird das dritte ANT-Target von der Kommandozeile gestartet: `ant run-demo-in-sequence`. Dabei wird viermal der gleiche Test sequentiell gegen den Selenium Hub ausgeführt und pro Test ein neuer Browser geöffnet und wieder geschlossen. Der Hub leitet diese Tests an den einen Selenium Server weiter, der bei ihm registriert ist. Dieser hatte sich mit der für die Tests passenden Umgebungs-Zeichenkette *chrome angemeldet und beginnt darauf, die Tests abzuarbeiten. Aus diesem Grund wechselt er in der Hub Konsole auch in die Liste der aktiven RCs. Jeder Test öffnet die Amazon-Website und validiert die Beschreibung zu dem Buch *Refactoring: Improving the Design of Existing Code* von Addison-Wesley. An dieser Stelle sollten Sie sich die Zeit notieren, die dieser Testlauf auf Ihrem Rechner benötigt, um später Performancevergleiche anstellen zu können. Sie wird in dem Prompt angezeigt, in dem Sie den Test aufgerufen haben. Der TestNG-Report zu diesem Testlauf wollen wird im Unterverzeichnis `/target/reports` der Grid Distribution gespeichert.

Das ANT-Target zu diesem sequentiellen Testlauf ist in Listing 8.3 aufgeführt, vor allem, um dies mit der nächsten Demonstration vergleichen zu können. Diese erfolgt nämlich parallel auf einem Rechner. Es lässt sich erkennen, dass hier über ANT das Testframework TestNG direkt angesprochen wird, und zwar dahingehend, dass die Testklasse mit dem Namen `WebTestForASingleBrowser` zur Ausführung an TestNG übergeben wird. Diese Klasse wiederum enthält die vier gleich aufgebauten Testmethoden, die jeweils das identische Szenario durchlaufen und über TestNG ausgeführt werden.

Listing 8.3: ANT-Target für sequentiellen Test

```xml
<target name="run-demo-in-sequence">
  <java classpathref="demo.classpath"
    classname="org.testng.TestNG"
    failonerror="true">

    <sysproperty key="java.security.policy" file="${basedir}/lib/testng
        .policy"/>
    <sysproperty key="webSite" value="http://amazon.com" />
    <sysproperty key="seleniumHost" value="localhost" />
    <sysproperty key="seleniumPort" value="4444" />
    <sysproperty key="browser" value="*chrome" />

    <arg value="-suitename" />
    <arg value="Selenium Grid Demo In Sequence" />

    <arg value="-d" />
    <arg value="$basedir/target/reports" />

    <arg value="-testclass"/>
    <arg value="com.thoughtworks.selenium.grid.demo.WebTestForASingleBro
        wser"/>
  </java>
</target>
```

8.2.3 Ein Rechner – parallele Testausführung

Im zweiten Schritt der Demonstration wird jetzt vier Mal das gleiche Testszenario parallel auf vier lokal gestarteten RCs verarbeitet. Alle Tests laufen wiederum im Firefox und auf dem gleichen Rechner ab. Vorbereitend hierfür muss wie im ersten Testlauf der Selenium Hub gestartet und im Anschluss daran vier Selenium Server an unterschiedlichen Ports initialisiert werden. Die erste Remote Control kann noch wie oben durch Eingabe von `ant launch-remote-control` bereitgestellt werden. Die Instanzen zwei bis vier werden durch die aufgeführten drei Befehle in jeweils eigenen Shells gestartet. Dabei wird jeweils das gleiche ANT-Target aufgerufen wie in Listing 8.2, wobei lediglich der Port variiert.

- `ant -Dport=5556 launch-remote-control`
- `ant -Dport=5557 launch-remote-control`
- `ant -Dport=5558 launch-remote-control`

Über die Konsole des Selenium Hub kann anschließend getestet werden, ob alle vier Selenium Server verfügbar sind (Abbildung 8.6).

Jetzt können die Tests durch `ant run-demo-in-parallel` aufgerufen werden. Die Gesamtdauer sollte danach schon auf einem einzelnen Rechner deutlich kürzer sein als im ersten sequentiellen Testlauf. Wenn an dieser Stelle wieder ein oder zwei RCs beendet werden und erneut ein Test gefahren wird, kristallisiert sich heraus, dass die totale Laufzeit direkt proportional zur Anzahl der verfügbaren Selenium Server ist.

Selenium Hub
http://selenium-grid.openqa.org

Configured Environments

Target	Browser
*iehta	*iehta
*chrome	*chrome
*iexplore	*iexplore
*konqueror	*konqueror
Safari on OS X	*safari
Firefox on Windows	*chrome
IE on Windows	*iehta
Firefox on OS X	*chrome
*firefox	*firefox
*safari	*safari
Firefox on Linux	*chrome

Available Remote Controls

Host	Port	Environment
localhost	5555	*chrome
localhost	5556	*chrome
localhost	5557	*chrome
localhost	5558	*chrome

Active Remote Controls

Host	Port	Environment

Help improve Selenium Grid! Share your ideas and feedback.

Abbildung 8.6: Hub Konsole mit vier verfügbaren RCs

Aus dem Code des ANT-Targets in Listing 8.4 geht hervor, was der vorherige Hinweis in dem Unterkapitel 8.1 über die Architektur des Grids zu bedeuten hatte. Dieser besagte nämlich, dass auch die Tests selbst parallelisiert werden müssen. Genau dies geschieht in diesem Fall, indem die Bordmittel von TestNG genutzt werden und durch die Parameter -parallel und -threadcount alle Testmethoden in getrennten Threads ausgeführt werden. Dies ist übrigens der einzige Unterschied hinsichtlich des Testaufrufs im Vergleich zu der sequentiellen Ausführung. Der Testreport hierzu findet sich wiederum im Verzeichnis \target\reports.

Listing 8.4: ANT-Target für parallelen Test

```
<target name="run-demo-in-parallel">
  <java classpathref="demo.classpath"
    classname="org.testng.TestNG"
    failonerror="true">
    <sysproperty key="java.security.policy" file="${basedir}/lib/testng
      .policy"/>
    <sysproperty key="webSite" value="http://amazon.com" />
    <sysproperty key="seleniumHost" value="localhost" />
    <sysproperty key="seleniumPort" value="4444" />
    <sysproperty key="browser" value="*chrome" />

    <arg value="-suitename" />
    <arg value="Selenium Grid Demo In Parallel" />

    <arg value="-d" />
    <arg value="${basedir}/target/reports" />

    <arg value="-parallel"/>
    <arg value="methods"/>

    <arg value="-threadcount"/>
    <arg value="10"/>

    <arg value="-testclass"/>
    <arg value="com.thoughtworks.selenium.grid.demo.WebTestForASingleBro
      wser"/>
  </java>
</target>
```

8.2.4 Viele Rechner – parallele Testausführung

Bis jetzt wurden der Selenium Hub und die Selenium Server auf dem gleichen Rechner ausgeführt. Dies war zu Zwecken einer ersten Orientierung schnell und einfach aufzusetzen. Jetzt soll ein Rechnernetz aus verschiedenen Maschinen entstehen, das mehrere Selenium Server auf den dafür vorgesehenen Rechnern enthält. Als Beispiel hierfür soll ein Grid aus drei Rechnern aufgebaut werden. Die Konfiguration folgt wiederum der Dokumentation von ThoughtWorks (Abbildung 8.7).

8.2 Demonstration

Aus Sicht der aufrufenden Tests, die nach wie vor den Hub ansprechen, bleibt hierbei alles gleich. Diese werden über das ANT-Target `run-demo -in-parallel` gestartet und wissen nicht, was sich hinter dem Hub verbirgt. Analog zu allem vorherigen wird der Hub auch gleich gestartet, und zwar mit dem Target `launch-hub`.

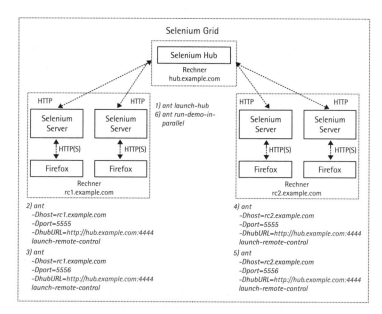

Abbildung 8.7: Selenium Grid aus drei Rechnern

In diesem Setup wird der mittlere Rechner, `hub.example.com`, als Selenium Hub betrieben und dient zum Ausführen der Tests. Es wäre beispielsweise vorstellbar, dass diese Maschine Zugriff auf ein Versionsverwaltungssystem hat und sich von dort immer den aktuellsten Code abholt, der alle Tests enthält. Die zwei anderen Rechner, links und rechts in der Abbildung, initialisieren die Remote Controls, und zwar jeweils zwei auf jeder Maschine. Deshalb tragen diese die Namen `rc1` und `rc2` unter der Domain `example.com`. Alternativ ist es natürlich immer möglich, jeden Rechner mit seiner IP-Adresse anzusprechen.

Auf jedem Rechner müssen die in Abbildung 8.7 unten dargestellten Befehle eingegeben werden, und zwar in der Reihenfolge wie sie nummeriert sind. Voraussetzung hierfür ist natürlich, dass auf jedem Rechner die Grid-Distribution vollständig installiert ist und der Sanity Check erfolgreich war. Bei der Eingabe sind einige zusätzlich Parameter nötig, wenn einer der Selenium Server gestartet werden soll. Alle werden mit folgenden Parametern aufgerufen:

```
ant -Dport=port -Dhost=hostname -DhubURL=hub-url
launch-remote-control
```

Der Port gibt an, auf welchem Port sich die jeweilige Remote Control registriert. Dieser muss eindeutig auf dem Rechner vergeben sein, auf dem die RC läuft. Zusätzlich muss der Namen des entsprechenden Hosts angegeben werden und vom Selenium Hub aus sichtbar sein. Unter Umständen ist dieser Parameter in zukünftigen Versionen des Selenium Grid sogar hinfällig, da er sich eigentlich immer auf den Computer bezieht, auf dem die Remote Control auch gestartet wird. Die Hub-URL gibt an, wo der Hub läuft, gegen den sich registriert werden soll. Wenn der Hub unter `hub.example.com` steht, lautet diese URL `http://hub.example.com:4444`.

Wenn im Anschluss an das Setup aus der obigen Abbildung 8.7 im Browser die Hub-Konsole unter `http://hub.example.com:4444/console` aufgerufen wird, sollte sich folgende Auflistung dort wiederfinden:

```
Available Remote Controls
Host                    Port        Environment
rc1.example.com         5555        *chrome
rc1.example.com         5556        *chrome
rc2.example.com         5555        *chrome
rc2.example.com         5556        *chrome
```

Daraufhin kann der dritte Testlauf mit dem bereits bekannten Befehl `ant run-demo-in-parallel` abgesetzt werden. Auf zwei Rechnern sollten sich jetzt die Browser öffnen und die Tests durchlaufen. Die gesamte Laufzeit allerdings sollte dabei nur geringfügig unter der liegen, die im zweiten Schritt dieser Demonstration auf einem Rechner parallel benötigt wurde. Wenn man jedoch dazu übergeht, auf jedem einzelnen Rechner genau einen Selenium Server zu betreiben, können Performancewerte erreicht werden, wie sie aus anderen verteilten Umgebungen bekannt sind. Die Laufzeit wird auf etwa die eines einzelnen Tests heruntergebrochen, je nachdem, wie viele Rechner pro Testsuite zur Verfügung stehen.

8.2.5 Viele Rechner – Verschiedene Umgebungen

Im vorherigen Abschnitt lag das Hauptaugenmerk auf der Verteilung auf mehrere Rechner, mit dem Zweck, die Testausführung wirklich physikalisch zu parallelisieren. Daran soll sich jetzt nichts ändern. Ein Aspekt kommt jedoch hinzu, der schon am Ende von Kapitel 8.1 näher betrachtet wurde: die Heterogenität der Umgebungen innerhalb eines Grids.

Es handelt sich hierbei um eine Erweiterung der bisher vorgestellten Konzepte, die in bestimmten Fällen vom Benutzer gewünscht sein kann oder auch nicht. Bis jetzt waren alle Selenium Server gleich und dem Test war es egal, ob er auf Windows, Linux oder Mac OS lief, solange nur der Firefox installiert war. Mit diesem Setup kann es jedoch passieren, dass ein bestimmter Selenium-Test immer wieder fehlschlägt, aber nur wenn er eben auf Mac OS X ausgeführt wurde. Dies kann schwierig festzustellen sein. Aus diesem Grund oder weil es einfach gewünscht ist, eine bessere Kontrolle über die Umgebungen zu haben, kann der Selenium Hub umgebungsspezifisch konfiguriert werden. Die Idee dahinter ist ziemlich einfach und uns mittlerweile bekannt: wenn ein Selenium Server gestartet wird, so wird er mit einem definierten Umgebungsparameter initialisiert, den er dem Hub bei seiner Registrierung am Hub mitteilt. Dies könnte beispielsweise `Firefox on Windows` sein:

```
ant ... -Denvironment=''Firefox on Windows'' launch-remote-control
```

Entsprechend wird der Testcode angepasst, um dem Hub mitzuteilen, auf welcher Umgebung ein Testlauf gewünscht wird. Wurde der Test in Java implementiert, könnte die Konfiguration dahingehend folgendermaßen aussehen:

```
new DefaultSelenium(''localhost'', 4444, **'Firefox on Windows'**,
'http://amazon.com');
```

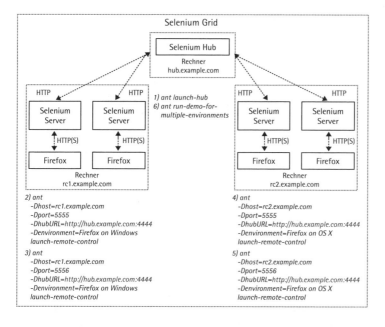

Abbildung 8.8:
Selenium Grid mit Umgebungskonfiguration

Die Abbildung 8.8 konkretisiert diese Idee. Die zwei Rechner links und rechts registrieren sich jetzt in Abhängigkeit von ihrem Betriebssystem beim Hub in der Mitte. Der Rechner `rc1` tut dies mit `Firefox on Windows`, `rc2` mit `Firefox on OS X`.

Wie schon im Vorfeld kann auch dieses Setup in der Hub-Konsole überprüft werden. Dort sollten sich folgende Registrierungen wiederfinden:

```
Available Remote Controls
Host                    Port        Environment
rc1.example.com         5555        Firefox on Windows
rc1.example.com         5556        Firefox on Windows
rc2.example.com         5555        Firefox on OS X
rc2.example.com         5556        Firefox on OS X
```

Im Anschluss daran lässt sich auf dem Hub der umgebungsspezifische Testlaufs starten: `ant run-demo-for-multiple-environments`. Damit werden drei Tests durchlaufen, von denen zwei explizit einen Firefox unter Windows anfordern und einer einen Firefox unter OS X. Die ersten beiden Tests landen demzufolge auf Rechner `rc1` und der dritte auf `rc2`.

Der Vollständigkeit halber zeigt Listing 8.5 auch das vierte ANT-Target in einer vereinfachten Variante. Auffällig ist hierbei lediglich, dass eine andere Testklasse (`WebTestInvolvingMultiEnvironments`) zur Ausführung kommt als vorher und dass die Testumgebungen angefordert werden.

Listing 8.5: ANT-Target für umgebungsspezifischen Test

```xml
<target name="run-demo-for-multiple-environments">
  <java classpathref="demo.classpath"
    classname="org.testng.TestNG"
    failonerror="true">

    <sysproperty key="java.security.policy" file="${basedir}/lib/testng
      .policy"/>
    <sysproperty key="webSite" value="http://amazon.com" />
    <sysproperty key="seleniumHost" value="localhost" />
    <sysproperty key="seleniumPort" value="4444" />
    <sysproperty key="browser" value="*chrome" />

    <sysproperty key="firstEnvironment" value="Firefox on Windows" />
    <sysproperty key="secondEnvironment" value="Firefox on Windows" />
    <sysproperty key="thirdEnvironment" value="Firefox on OS X" />

    <arg value="-suitename" />
    <arg value="Selenium Grid Demo In Parallel For Multiple
      Environments" />

    <arg value="-d" />
    <arg value="${basedir}/target/reports" />

    <arg value="-parallel"/>
    <arg value="methods"/>
    <arg value="-threadcount"/>
    <arg value="10"/>
    <arg value="-testclass"/>
    <arg value="com.thoughtworks.selenium.grid.demo.WebTestInvolvingMulti
      Environments"/>
  </java>
</target>
```

9

Ergänzungen

Dieses Kapitel erlaubt einige Einblicke, die etwas über die Standard-Benutzung von Selenium hinausgehen: der erste Teil widmet sich Erweiterungen von Selenium-Modulen wie den UI-Elementen oder der Flow Control. Letztere führt klassische Kontrollstrukturen wie Verzweigungen und Schleifen ein, die dem eigentlich linearen Ansatz von Selenium zwar widersprechen, aber dennoch praktisch sein können. Genauso wie die im Anschluss erklärte Möglichkeit, eigene Kommandos zu definieren.

Der zweite Teil widmet sich zum einen der Definition eigener Formate und zum anderen den Ergänzungen für die Remote Control, welche die Zusammenarbeit mit externen Testframeworks und anderen Applikationen ermöglichen. Dabei wird ein Ansatz für die Integration mit TestNG demonstriert und skizziert, wie Selenium nahtlos mit dem Testframework FitNesse zusammenspielen kann. Den Abschluss bildet hierauf das Kapitel über das Testen von Flash-Anwendungen mit Hilfe von Selenium.

9.1 UI-Elemente

Die UI-Elemente sind eine Erweiterung der Selenium IDE und der Selenium Remote Control. Sie sind noch ganz neu in Selenium und erst seit der Version 1.0 Beta-1 in die Selenium IDE gekommen. Weil Kenntnisse der UI-Elemente für den Einsatz von Selenium nicht zwingend nötig sind, und weil es sich um ein Modul-übergreifendes Konzept handelt, finden sie sich in diesem Kapitel wieder.

Die UI-Elemente haben die Aufgabe, die Selenium-Tests von den Anwendungen Unter Test besser zu entkoppeln, um die Selenium-Tests flexibler zu gestalten, was Änderungen auf der GUI von Webanwendungen betrifft. Dies geschieht dadurch, dass eine Mapping-Datei für die GUI eingeführt wird, die eine weitere Abstraktionsebene zwischen Selenium-Tests und dem Quelltext von Webseiten schafft. Eine ausführliche Dokumentation dazu findet sich in der Selenium IDE 1.0 Beta-1 unter **Hilfe | UI-Element Documentation** oder im Blog des UI-Elemente-Entwicklers Haw-Bin Chai[1].

9.1.1 JSON

Die technische Grundlage der UI-Elemente ist JSON, die *JavaScript Object Notation*[2]. Dahinter verbirgt sich ein leichtgewichtiges Austauschformat für Daten, das textbasiert ist und von Menschen direkt gelesen werden kann. Es beruht auf zwei Strukturen, die ineinander eingebettet werden können: erstens einer Sammlung von Schlüssel-Wert-Paaren, die auch als assoziatives Array bezeichnet wird, und zweitens einer geordneten Liste von Werten, die in verschiedenen Sprachen als Array oder Vektor bezeichnet wird. Alle modernen Programmiersprachen unterstützen diese Datenstrukturen.

Am einfachsten wird die Notation durch ein kurzes Beispiel verdeutlicht, das sich an das bei Wikipedia[3] unter JSON aufgeführte Listing anlehnt. Geschweifte Klammern legen immer ein neues Objekt an, was für das gesamte Listing, sowie für die Adresse ("adresse") gilt. Vorname und Nachname ("vorName", "nachName") sind Beispiele für Schlüssel denen Werte wie "Hans" oder "Meier" zugeordnet werden und somit Schlüssel-Wert-Paare bilden. Bei den Telefonnummern "telefonNummern" handelt es sich um ein Array gefüllt mit zwei Werten, das durch die eckigen Klammern ([]) gekennzeichnet ist.

Listing 9.1:
JSON-Notation

```
{
    "vorName": "Hans",
    "nachName": "Meier",
    "adresse": {
```

[1] http://ttwhy.org/home/blog/category/selenium/
[2] http://www.json.org/
[3] http://en.wikipedia.org/wiki/JSON

```
        "strasse": "Blumenstraße 13",
        "stadt": "Hamburg",
        "plz": 20095
    },
    "telefonNummern": [
        "212 555-1234",
        "646 555-4567"
    ]
}
```

9.1.2 Domänenmodell und Terminologie

Die nachstehende Abbildung 9.1 gibt einen Überblick über das Domänenmodell der UI-Elemente und damit über deren Terminologie. Dies geschieht mit Hilfe eines Klassendiagramms für die Analysephase. Darin fällt sofort auf, dass sich das Domänenmodell in zwei Bereiche aufteilt: den der UI-Elemente und den mit dem Bezeichner HTML.

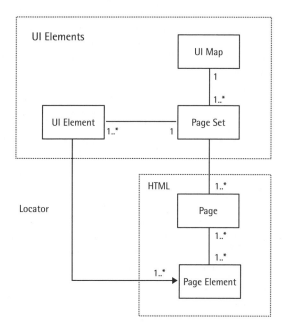

Abbildung 9.1: Domänenmodell der UI-Elemente

Der mit HTML abgegrenzte Bereich enthält die Begriffe und Domänenobjekte, die von jeder Website her bekannt sind und nicht erst durch das Konzept der UI-Elemente eingeführt wurden. *Page* repräsentiert über eine eindeutige URL die Webseite, deren Inhalte darüber erreichbar sind. Typischerweise besteht eine Webseite aus mehreren interaktiven *Page Elements*. Äquivalent könnte eine Page auch als Document-Objekt des DOM verstanden werden, das um eine URL erweitert wurde. Ein Page Element entspricht also einem DOM-Knoten innerhalb einer Seite, der Inhalte darstellt oder Benutzereingaben ermöglicht, je nachdem wie das HTML dazu aussieht. Das Interessante hierbei ist, dass ein einzelnes Page Element, wenn es im DOM gleich ist, in mehreren Seiten enthalten sein kann. Ein Button in einer Navigationsleiste, der auf allen Seiten einer Webanwendung enthalten ist, wäre ein Beispiel für ein solches Page Element.

Die Idee hinter den UI-Elementen ist es jetzt, dass mehrere ähnlich aussehende Seiten, die gemeinsame Page Elemente enthalten, in einem sogenannten *Pageset* zusammengefasst werden. Im Allgemeinen wird ein Pageset durch einen regulären Ausdruck beschrieben, der die URLs identifiziert, die zu dem jeweiligen Pageset gehören. Jedes Pageset wird über seinen eindeutigen Namen referenziert.

Jedes Pageset enthält *UI Elemente* (in der Grafik die Klasse `UI ELEMENT`), die nichts anderes darstellen als Repräsentaten von Page Elementen, die im JavaScript-Code deklariert werden – innerhalb des Konzepts der UI-Elemente. Begrifflich ist hierbei bewusst eine klare Unterscheidung vorzunehmen, zwischen dem Konzept der UI-Elemente und den einzelnen UI Element-Objekten, die im Code angelegt werden und im Domänenmodell beschrieben sind. Aus diesem Grund benötigt das UI Element einen Element Locator, um innerhalb des DOMs einer Webseite das gewünschte Element (oder die Elemente) adressieren zu können. Die Möglichkeiten der Element Locators wurden bereits in Kapitel 4 erläutert.

Die *UI Map* ist die Wurzel des ganzen Konzepts. Ihr werden mehrere Pagesets zugewiesen, die wiederum eine Anzahl von UI Element-Objekten inkludieren. Praktisch steckt hinter der `UI Map` eine Mapping-Datei, die letztendlich die neue Ebene der Abstraktion zwischen Tests und Webseiten erzeugt. Betrachten wir hierzu ein kurzes Quellcode-Beispiel, um das Domänenmodell etwas mit Leben zu füllen.

Es stammt aus der Datei `ui-map-sample.js`, die in der Version 1.0 Beta-1 Bestandteil der Selenium IDE ist und über folgende Chrome-URL im Firefox vollständig angesehen werden kann: `chrome://selenium-ide/content/ui-map-sample.js`. Es bezieht sich auf die Website `http://alistapart.com`, die hier als Referenzbeispiel dient.

Listing 9.2:
Codebeispiel zum
Domänenmodell

```
var myMap = new UIMap();

myMap.addPageset( {
    name: 'allPages'
    , description: 'all alistapart.com pages'
    , pathRegexp: '.*'
});

myMap.addElement('allPages', {
    name: 'section'
```

```
        , description: 'top level link to articles section'
        , args: [
            {
                name: 'section'
                , description: 'the name of the section'
                , defaultValues: [
                    'articles'
                    , 'topics'
                    , 'about'
                    , 'contact'
                    , 'contribute'
                    , 'feed'
                ]
            }
        ]
        // getXPath has been deprecated by getLocator,
        // but verify backward compatability here
        , getXPath: function(args) {
            return "//li[@id=" + args.section.quoteForXPath() + "]/a";
        }
        , testcase1: {
            args: { section: 'feed' }
            , xhtml: '<ul><li id="feed"><a expected-result="1" /></li></ul>'
        }
    });
```

Das kurze Listing demonstriert auf einfache Weise, wie alle Objekte des Domänenmodells der UI-Elemente zusammenhängen. Zuerst wird die UI Map in der Datei initialisiert. Dieser wird im zweiten Schritt in JavaScript Object Notation ein Pageset hinzugefügt. Das Pageset bekommt den Namen `allPages` und fasst alle URLs zusammen, die mit dem regulären Ausdruck hinter `pathRegexp` gefunden werden können. In diesem Fall bedeutet dies wirklich alle URLs, da dort der Platzhalter für eine beliebige Anzahl beliebiger Zeichen (.*) steht. Im dritten Schritt wird über die UI Map dem Pageset ein UI Element zugewiesen. Das UI Element-Objekt erhält den Namen `section` und den dynamischen xpath-Locator //li[@id=" + args.section.quoteForXPath() + "]/a, mit dem der Bezug zu den Page Elementen auf den Webseiten von Alistapart hergestellt wird – den Sektionen mit den einzelnen Unterthemen wie `articles` oder `topics`. Hinter dem Aufruf `args.section.quoteForXPath()` steht dabei die Logik, aus dem Kommando im Testfall den Wert des Arguments mit dem Namen `section` entgegenzunehmen und XPath-konform zu formatieren. In Listing 9.3 wäre dies genau der Wert `topics`.

Eine zusätzliche Erweiterung des Konzepts der UI-Elemente geht ebenfalls aus Listing 9.2 hervor: die internen Testfälle. Gemeint sind damit die letzten Zeilen des Listings ab `, testcase1: {`. Als Wert des Attributs `xhtml` wird ein String übergeben. In unserem Fall handelt es sich um:

```
<ul><li id=''feed''><a expected-result=''1'' /></li></ul>
```

Dieser hat die Aufgabe, den Locator des übergeordneten UI Element-Objekts zu prüfen. Denn bei jedem Neustart der Selenium IDE werden alle Testfälle, die UI Element-Objekten zugewiesen sind, ausgewertet. Dabei wird der Locator des jeweiligen UI Element-Objekts auf dem XHTML-String des Testfalls ausgeführt und überprüft, ob der über den Locator gefundene DOM-Knoten das Attribut `expected-result="1"` enthält. Dies hat zwei Vorteile. Zum einen wird bei jedem Neustart der IDE der Locator aller UI Element-Objekte überprüft, die einen Testfall enthalten. Zum anderen lässt sich anhand des Testfall-XHTMLs einfacher erkennen, auf welche Page Elemente in einer Webseite sich das UI Element-Objekt bezieht, da der Testfall somit ein Beispiel dafür vorgibt.

9.1.3 Installation und Beispiel

Wer das Beispiel ausprobieren möchte, das in der IDE der Beta-1 mitgeliefert wird, muss folgende Schritte beachten. In der IDE muss unter **Options | Options... | General | Enable UI-Element** das Häkchen gesetzt werden, damit UI-Elemente in der IDE eingesetzt werden können. Zusätzlich muss folgender Text in dem General-Tab unter **Selenium Core extensions (user-extensions.js)** stehen:

```
chrome://selenium-ide/content/ui-map-sample.js
```

Dadurch wird die `UI Map` für alistapart.com geladen. Nach dem Neustart der IDE steht diese zur Verfügung. Jetzt kann der Beispieltest ausgeführt werden, indem die fünf Kommandos aus dem folgenden Listing 9.3 im Source-Tab des Testeditors zwischen die <tbody>-Tags kopiert werden. Im Anschluss daran kann das Beispiel abgespielt werden, wenn als Base URL `alistapart.com` eingetragen ist. In Listing 9.2 wurde lediglich der Quelltext für das Target des ersten Kommandos beschrieben.

Listing 9.3: Beispieltest für UI-Elemente
```
<tr>
    <td>open</td>
    <td>/</td>
    <td></td>
</tr>
<tr>
    <td>clickAndWait</td>
    <td>ui=allPages::section(section=topics)</td>
    <td></td>
</tr>
<tr>
    <td>clickAndWait</td>
    <td>ui=topicListingPages::topic(topic=Process)</td>
    <td></td>
```

9.1 UI-Elemente

```
</tr>
<tr>
    <td>clickAndWait</td>
    <td>ui=subtopicListingPages::subtopic(subtopic=Creativity)</td>
    <td></td>
</tr>
<tr>
    <td>click</td>
    <td>ui=subtopicArticleListingPages::article(index=2)</td>
    <td></td>
</tr>
```

Nach der Ausführung des Tests, wenn auf eines der Kommandos geklickt wird, das als Target ein UI Element-Objekt referenziert, präsentiert sich die IDE wie in Abbildung 9.2.

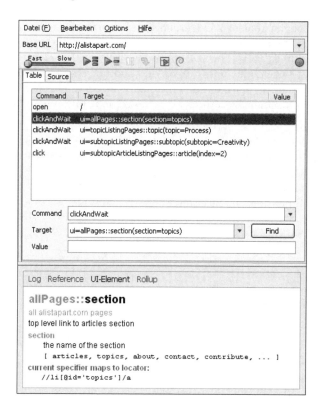

Abbildung 9.2: Beispieltest in der IDE

9.2 Rollup-Regeln

Rollup-Regeln bieten einen Mechanismus, um mehrere Selenium-Kommandos in einem Kommando zusammenzufassen. Dieses Gruppierungs-Kommando kann frei definiert werden. Wenn also eine Rollup-Regel ausgeführt wird, werden mehrere frei definierbare Selenium-Kommandos durchlaufen, obwohl innerhalb eines Testfalls nur ein einziges Kommando zu sehen ist. Um dies zu ermöglichen, werden in einer JavaScript-Datei programmatisch Rollup-Regeln implementiert, die Abfolgen von regulären Kommandos repräsentieren. Diese werden aus dem Test heraus aufgerufen.

Dabei basieren die Rollup-Regeln auf dem Konzept der UI-Elemente, weil die Rollup-Regeln die Kommandos, die sie zusammenfassen, so identifizieren, dass sie deren Target-Spalte auch auswerten. In dieser aber werden UI Element-Objekte mittels UI-Locatoren adressiert. Genau aus diesem Grund verwenden die Rollup-Regeln auch UI Specifier, die den Zugriff auf die UI Element-Objekte kapseln.

Dies geschieht folgendermaßen: Sobald ein Test aufgenommen oder geöffnet wurde, der eine Abfolge von Kommandos enthält, für die eine Rollup-Regel in JavaScript implementiert ist, kann der Button für die Rollup-Regeln in der Werkzeugleiste gedrückt werden. Dieser sorgt dafür, dass die spezielle Abfolge von Kommandos durch das Rollup-Kommando ersetzt wird. Ein Beispiel hierfür ist in Listing 9.4 abgebildet. Diesen Vorgang wird als Regelzuweisung bezeichnet und muss jedes Mal auf einen Test angewendet werden, damit die zu ersetzenden Kommandos in den Speicher der IDE geladen werden können. Rollup-Regeln sollten nicht mit abgespeichert werden.

Folgendes Kommando könnte beispielsweise in einem Test zugewiesen worden sein, um eine Rollup-Regel aufzurufen. Das Kommando `rollup` ist demnach nicht Bestandteil der Selenium-API, sondern eine Erweiterung der Selenium IDE. In diesem Fall wird die Rollup-Regel mit den Namen `do_search` aufgerufen. Bei dieser handelt es sich um eine vom Tester selbst geschriebene Rollup-Regel, die im Allgemeinen, wie auch in diesem Beispiel, auf eine bestimmte Website zugeschnitten ist.

Listing 9.4:
Kommando für
Rollup-Regeln

```
<tr>
    <td>rollup</td>
    <td>do_search</td>
    <td>term=search_term</td>
</tr>
```

Die Implementierung der obigen Rollup-Regel ist in Listing 9.5 exemplarisch dargestellt. Sie stammt aus der Dokumentation über die UI-Elemente, die Bestandteil der IDE ist. Um diese vollständig zu verstehen, sind Kenntnisse der im vorangegangenen Abschnitt erläuterten UI-Elemente sehr hilfreich.

9.2 Rollup-Regeln

Listing 9.5:
Implementierung
einer Rollup-Regel

```
var manager = new RollupManager();

manager.addRollupRule({
    name: 'do_search'
    , description: 'performs a search'
    , args: [
        name: 'term'
        , description: 'the search term'
    ]
    , commandMatchers: [
        {
            command: 'type'
            , target: 'ui=searchPages::search_box\\(.+'
            , updateArgs: function(command, args) {
                var uiSpecifier = new UISpecifier(command.target);
                args.term = uiSpecifier.args.term;
                return args;
            }
        }
        , {
            command: 'click.+'
            , target: 'ui=searchPages::search_go\\(.+'
        }
    ]
    , getExpandedCommands: function(args) {
        var commands = [];
        var uiSpecifier = new UISpecifier(
            'searchPages'
            , 'search_box'
            , term: args.term );
        commands.push({
            command: 'type'
            , target: 'ui=' + uiSpecifier.toString()
        });
        commands.push({
            command: 'clickAndWait'
            , target: 'ui=searchPages::search_go()'
        });
        return commands;
    }
});
```

Zu Beginn des Listings 9.5 wird ein RollupManager initialisiert und der Variablen `manager` zugewiesen. Anschließend wird dem Manager eine Rollup-Regel durch die Methode `addRollupRule` hinzugefügt. Diese erhält den Namen `do_search`. Der Regel darf nur ein Argument übergeben werden, das mit dem Bezeichner `term` versehen wird.

Als nächstes folgt ein Array, auf das über das Attribut `commandMatchers` zugegriffen wird. Dieses Array enthält zwei Einträge vom Typ CommandMatcher. Diese werden dazu verwendet, innerhalb eines Testfalls nach bestimmten Kommandos zu suchen und diese durch eine Rollup-Regel zu ersetzen. Sie werden eingesetzt, wenn in der Werkzeugleiste auf den Rollup-Button gedrückt wird.

Der erste CommandMatcher sucht nach `type`-Kommandos, deren Locators in der Target-Spalte mit einem `ui=searchPages::search_box` beginnen. Der zweite sucht nach allen `click`-Kommandos, deren UI-Locators das Präfix `ui=searchPages::search_go` enthalten. Aus diesen Grund sind die Werte der target-Attribute auch als reguläre Ausdrücke formuliert. Die Funktion hinter dem Bezeichner `updateArgs` kümmert sich noch darum, wie die Values der Kommandos aus dem Testfall an die Folge der Kommandos in dem `commands`-Array übergeben werden. Finden beide Matcher hintereinander eine Übereinstimmung, so wird die Rollup-Regel zugewiesen und in den Test eingetragen.

Hinter der Funktion `getExpandedCommands` verbirgt sich letztlich die Abfolge der Kommandos, die intern anstatt der Rollup-Regel ausgeführt werden. Hier steht die Folge der Kommandos, die in der Rollup-Regel zusammengefasst werden. Es werden immer zwei Kommandos an dieser Stelle hintereinander ausgeführt: `type` und `clickAndWait`, wenn der Test auf Basis der Rollup-Regeln ausgeführt wird und diese Regel enthält.

9.2.1 Export

Um Testfälle, die Rollup-Regel oder UI-Elemente nutzen, zu exportieren und vom Selenium Server verarbeiten zu lassen, muss die Selenium RC manuell erweitert werden, denn in der aktuellen Version 1.0 Beta-1 kennt die RC weder UI-Elemente noch Rollup-Regeln. Dazu muss der Selenium Server mit der RemoteRunner-Kommandozeilenoption `-userExtensions` gestartet werden. Dieser Option kann nur eine Datei übergeben werden.

Standardmäßig heißt diese Datei `user-extensions.js` und wird dazu verwendet, eigene Kommandos zu implementieren. Im Fall der Rollup-Regeln muss der Inhalt aus zwei weiteren Dateien an diese Datei angehängt werden, wenn `user-extensions.js` bereits verwendet wird. Die erste Datei heißt `ui-element.js` und enthält die allgemeinen Erweiterungen für die Nutzung von UI-Elementen und Rollup-Regeln. Die zweite ist die JavaScript-Datei mit den Definitionen der eigenen UI-Elemente und den Rollup-Regeln. Im Zusammenhang mit dem Beispiel aus der Dokumentation der UI-Elemente wäre dies die Datei `ui-map-sample.js`. Unter Unix könnten beide Dateien ganz einfach mit `cat` in einer `user-extensions.js` zusammengefasst werden:

```
cat ui-element.js ui-map-sample.js > user-extensions.js
```

9.3 Eigene Kommandos und Flow Control

In allen Selenium-Modulen gibt es die Möglichkeit, eigene Kommandos zu schreiben und diese in das jeweilige Modul zu integrieren. Bereits im Abschnitt 9.1 wurde Gebrauch von diesem Mechanismus gemacht. Dazu ist eine zusätzliche Datei einzubinden. Per Voreinstellung ist das die Datei `user-extensions.js`, die für jedes Modul vorgesehen ist. In der IDE ist dies unter **Options | Options... | General** möglich. Soll in dieser Datei, die auch einen beliebigen anderen Namen tragen kann, ein eigenes Kommando definiert werden, so muss dieses das folgende Interface implementieren:

```
Selenium.prototype.doCustomCommand = function (target, value) {
  // custom code
};
```

Wichtig ist hierbei, dass das eigene Kommando mit dem Präfix do beginnt, um von Selenium als Kommando erkannt zu werden. Im Testfall selbst wird das Kommando anschließend über den Eintrag | `customCommand` | `target` | `value` | aufgerufen. Ein Beispiel hierfür liefert das nachfolgende Listing, in dem beim Abspielen des Kommandos `customCommand` ein Alert ausgegeben wird. Dieser stellt innerhalb des Alerts die Zeichenketten der Target- und Value-Spalten nochmals dar:

```
Selenium.prototype.doCustomCommand = function (target, value) {
  alert('Debugging with target:' + target + ' and value:' + value);
};
```

Den gleichen Mechanismus macht sich auch die Erweiterung Flow Control der Selenium IDE zunutze. Diese fügt If-Else-Bedingungen und While-Loop-Konstrukte in Testfälle ein, wobei es die gleiche Logik ebenfalls für das Core Modul gibt. Auch wenn diese Erweiterung aus Sicht von Dan Fabulich unnötige Komplexität in einen Test einführt, handelt es sich doch um eine interessante Erweiterung. Mehr darüber lässt sich unter anderem im Blog von Darren De Ridder[4] erfahren. Die Erweiterung erlaubt es, Tests mit Kontrollstrukturen wie in Listing 9.6 zu definieren, wenn die Datei `goto_sel_ide.js` als Erweiterung unter **Options | Options... | General** referenziert wird.

Listing 9.6: Beispiel zur Flow Control

```
<tr>
        <td>open</td>
        <td>/</td>
        <td></td>
</tr>
<tr>
        <td>store</td>
```

[4] http://51elliot.blogspot.com/2008/02/selenium-ide-goto.html

```
                    <td>0</td>
                    <td>index</td>
        </tr>
        <tr>
                    <td>while</td>
                    <td>${index} &lt; 5</td>
                    <td></td>
        </tr>
        <tr>
                    <td>clickAndWait</td>
                    <td>link=Erweiterte Suche</td>
                    <td></td>
        </tr>
        <tr>
                    <td>type</td>
                    <td>as_q</td>
                    <td>Selenium IDE</td>
        </tr>
        <tr>
                    <td>select</td>
                    <td>num</td>
                    <td>label=20 Ergebnisse</td>
        </tr>
        <tr>
                    <td>clickAndWait</td>
                    <td>btnG</td>
                    <td></td>
        </tr>
        <tr>
                    <td>getEval</td>
                    <td>storedVars['index'] = ${index} + 1;</td>
                    <td></td>
        </tr>
        <tr>
                    <td>endWhile</td>
                    <td></td>
                    <td></td>
        </tr>
```

Hier wird wieder die Erweiterte Suche bei Google Deutschland nach dem Begriff „Selenium IDE" durchgeführt, und zwar mit einer Ergebnismenge von 20 Einträgen. Diese Suche wird fünf Mal abgespielt, obwohl die eigentlichen Actions für die Eingaben (`type`, `select`, `clickAndWait`) nur einmal definiert sind. Möglich machen dies die Kommandos, die durch die Flow Control ergänzt wurden: `while` und `endWhile`.

Zuerst wird die Variable `index`, definiert und auf Null gesetzt. Die nachfolgende While-Bedingung prüft, ob dieser Index vor jeder Iteration kleiner als fünf ist. Der Ausdruck in dem `getEval`-Kommando `storedVars['index'] = ${index} + 1;` erhöht pro Iteration den Index um eins, bis die Bedingung nicht mehr erfüllt ist und das `endWhile`-Kommando erreicht wird.

Neben den while-Kommandos gibt es noch folgende, weitere Kommandos innerhalb der Flow Control: goto, gotoAndWait, gotoIf, gotoIfAndWait, gotolabel, gotolabelAndWait, whileAndWait, endWhileAndWait.

Noch mehr Erweiterungen für die Selenium IDE finden sich im Wiki von OpenQA[5] ebenso wie eine allgemeine Beschreibung von IDE-Erweiterungen[6]. Ein weiterer Anlaufpunkt ist das OpenQA-Forum unter Clearspace[7].

9.4 Eigene Formate und TestNG

Wie man in der Selenium IDE eigene Formate für das Aufzeichnen und Konvertieren von Tests definiert, wurde bereits in Kapitel 3 kurz skizziert. Im Folgenden wird im Detail darauf eingegangen; am Beispiel von TestNG[8], dem *Next Generation Java Testing*. TestNG ist ein Testframework ähnlich wie JUnit oder NUnit. Es eignet sich für Unit-Tests und Integrations-Tests, wie auch für funktionale Tests. Es hebt sich besonders dadurch hervor, dass es Java Annotations (JDK 1.5) verwendet und Tests über XML-Konfigurationsdateien steuern kann.

Um die Selenium IDE mit einem eigenen Format für Java-TestNG zu erweitern, wird das Formats-Tab unter **Options | Options... | Formats** geöffnet. Parallel dazu wird im Browser ein Eintrag des Wikis bei OpenQA[9] aufgerufen. Im Anschluss daran klicken wir unter diesem Eintrag in die Seite, und zwar auf die Datei mit dem Namen java-testng-rc.js. Diese enthält bereits eigene Formatierungsregeln und wird im Wiki bereitgestellt. Deren Inhalt wird in die Zwischenablage kopiert, um diesen anschließend in die große Textarea einzufügen, die sich im Formats-Tab beim Klicken auf den Add-Button zeigt. Diese befindet sich unter dem Textfeld für die Eingabe des Format-Namens. Im Anschluss daran muss nun lediglich noch der Namen des Formats vergeben werden: Java - TestNG. Der Klick auf den OK-Button bestätigt das Hinzufügen des zusätzlichen Formats für TestNG.

Als nächstes kann direkt damit begonnen werden, Tests in dem neuen Format aufzuzeichnen oder bestehende Tests in dieses Format umzuwandeln. Einfach das Format unter **Options | Format | Java - TestNG** wechseln.

Dieses Format dient hier hauptsächlich dazu, um die Technik zu verdeutlichen, wie man ein weiteres Format erstellt. Dies lässt sich vertiefen, indem der Quelltext der Dateien java-testng-rc.js und remoteControl.js ausführlich analysiert wird. Dort ist nämlich die Formatierungs-Logik gekapselt. Die Implementierung des Java-TestNG-Formats ist noch nicht naht-

---

[5] http://wiki.openqa.org/display/SIDE/Contributed+Extensions+and+Formats
[6] http://wiki.openqa.org/display/SIDE/Writing+extensions
[7] http://clearspace.openqa.org
[8] http://testng.org
[9] http://wiki.openqa.org/display/SIDE/TestNG+mode

9 Ergänzungen

los mit dem nun folgenden Ansatz synchronsisiert, aber mit minimalem manuellem Zeitaufwand in diesen zu integrieren – wenn man sich z.B. allein auf die Überführung der aufgenommen Kommandos in die Klasse GoogleTest konzentriert (siehe unten).

Da das neue Format auch ein Format für die Selenium Remote Control ist, bietet es sich an, zu demonstrieren, wie Selenium-Tests mit TestNG integriert werden können. Dazu dient die Erweiterte Suche unter Google.de als Beispiel. Es wird ein Ansatz aufgezeigt, wie man die Mechanismen der RC und von TestNG miteinander kombiniert. Grundlagen in TestNG werden hierbei vorausgesetzt.

Den Anfang macht die TestNG-Konfiguration, die, wie für dieses Framework üblich, in der Datei `testng.xml` abgelegt wird. Deren Quelltext ist in Listing 9.7 abgedruckt. Es handelt sich um eine Testsuite, die über das XML-Element `<suite>` deklariert wird. Testsuiten in TestNG können, was die Hierarchie der Tests anbelangt, äquivalent zu Selenium-Testsuiten modelliert sein, sie können aber auch völlig unabhängig davon parallel existieren. Dies hängt ganz von der Integration ab, sprich welche von der IDE exportieren Codebausteine wo und wie in TestNG integriert werden.

Listing 9.7: Google.de-Beispiel mit TestNG, testng.xml

```xml
<?xml version="1.0" encoding="UTF-8"?>

<suite name="Selenium test suite">

    <parameter name="host"    value="localhost"/>
    <parameter name="port"    value="4444"/>
    <parameter name="browser" value="*iexplore"/>
    <parameter name="baseURL" value="http://www.google.de"/>

    <test name="Test for Google example">
      <classes>
        <class name="com.tests.google.GoogleTest" />
      </classes>
    </test>

</suite>
```

Das Schöne an der Lösung in Listing 9.7 findet sich direkt unterhalb des `<suite>`-Tags: die vier `<parameter>`-Elemente. Diese nämlich erlauben es dem Anwender, deklarativ alle vier Parameter des Selenium Servers zu konfigurieren, ohne Testklassen anpassen zu müssen.

So kann nicht nur der Host und Port des Servers eingestellt werden, sondern auch, welcher Browser die Testsuite abarbeiten soll und unter welcher Basis-URL. Somit kann diese Lösung als Vorlage für alle Testszenarien dienen, die TestNG in Verbindung mit der Remote Control einsetzen. Im Anschluss daran wird aus TestNG der eigentliche Test aufgerufen: `com.tests.google.GoogleTest` (Listing 9.8).

9.4 Eigene Formate und TestNG

Auffällig sind darin nur zwei Stellen: die Annotation `@Test` und die Vererbung dieser Klasse von `SeleniumAbstractTest`. Deren Implementierung ist in Listing 9.9 gezeigt. Diese Klasse enthält lediglich den Code für die Initialisierung des `selenium`-Objekts, das dem GoogleTest über Vererbung zur Verfügung gestellt wird. In JUnit wird dieses Objekt in der Klasse `com.thoughtworks.selenium.SeleneseTestCase` initialisiert, die bereits Bestandteil der RC ist. Der Vorteil dieses Ansatzes in TestNG ist es nun, dass der GoogleTest sich lediglich auf den Code beschränkt, für den er auch konzipiert ist: den für das Testszenario.

Listing 9.8:
TestNG-Beispiel GoogleTest

```
import org.testng.annotations.*;
import org.testng.Assert;

import com.tests.setup.SeleniumAbstractTest;

@Test
public class GoogleTest extends SeleniumAbstractTest {

  public void testExtendedSearch() throws Exception {

    selenium.open("/");
    assert "Google".equals(selenium.getTitle());
    selenium.click("link=Erweiterte Suche");

    selenium.waitForPageToLoad("30000");
    assert "Google Erweiterte Suche".equals(selenium.getTitle());

    for (int second = 0;; second++) {
        if (second >= 60) Assert.fail("timeout");
        try { if (selenium.isTextPresent("Erweiterte Suche"))
          break; } catch (Exception e) {}
        Thread.sleep(1000);
    }
    for (int second = 0;; second++) {
        if (second >= 60) Assert.fail("timeout");
        try { if (selenium.isElementPresent("as_q"))
          break; } catch (Exception e) {}
        Thread.sleep(1000);
    }
    for (int second = 0;; second++) {
        if (second >= 60) Assert.fail("timeout");
        try { if (selenium.isElementPresent("num"))
          break; } catch (Exception e) {}
        Thread.sleep(1000);
    }
    for (int second = 0;; second++) {
        if (second >= 60) Assert.fail("timeout");
        try { if (selenium.isElementPresent("btnG"))
          break; } catch (Exception e) {}
        Thread.sleep(1000);
    }
```

```
            selenium.type("as_q", "Selenium IDE");
            selenium.select("num", "label=20 Ergebnisse");
            selenium.click("btnG");
            selenium.waitForPageToLoad("30000");
            assert "Selenium IDE - Google-Suche".equals(selenium.getTitle());
        }

    }
```

Durch die Annotation `@BeforeSuite` wird die Methode `setUpBrowser` vor Beginn der Ausführung der Testsuite aufgerufen. Die darauffolgende Zeile übergibt die Werte von vier Parametern aus der `testng.xml` an diese Methode, mit denen daraufhin das `selenium`-Objekt erzeugt wird. Dieses implementiert das Interface `com.thoughtworks.selenium.Selenium`. Über die Annotation `@AfterSuite` wird TestNG angewiesen, den Browser nach Ausführung der Testsuite zu beenden.

Listing 9.9: TestNG-Beispiel SeleniumAbstractTest

```
import org.testng.annotations.AfterSuite;
import org.testng.annotations.BeforeSuite;
import org.testng.annotations.Parameters;
import com.thoughtworks.selenium.DefaultSelenium;
import com.thoughtworks.selenium.Selenium;

public abstract class SeleniumAbstractTest {

    public Selenium selenium;

    @BeforeSuite
    @Parameters({ "host", "port", "browser", "baseURL" })
    public void setUpBrowser(
        String host, String port, String browser, String baseURL) {
        selenium = new DefaultSelenium(
            host, Integer.valueOf(port), browser, baseURL);
        selenium.start();
    }

    @AfterSuite
    public void tearDownBrowser() {
        selenium.stop();
    }

}
```

Der Start des Selenium Servers in der RC vor dem Ausführen der Testsuite lässt sich mit dem ANT-Target aus Listing 9.10 automatisieren.

Das obige Beispiel wurde in Eclipse ausgeführt, nachdem das TestNG-Plugin für Eclipse installiert wurde. Dieses kann bei TestNG[10] bezogen werden.

[10] http://testng.org/doc/download.html

Dazu muss lediglich die *Remote Site* http://beust.com/eclipse bei der Installation in Eclipse eingetragen werden.

```
<target name="startServer" description="starts Selenium Server" >
  <java jar="${selenium_server_path}\selenium-server.jar"
    fork="true" failonerror="true" maxmemory="128m">
    <arg line="-log server.log"/>
  </java>
</target>
```

Listing 9.10: ANT-Target für Start des Selenium Server

9.5 FitNesse-Integration

FitNesse[11] ist ein von Ward Cunnigham entwickeltes Wiki und Testframework für Akzeptanztests. Es verwaltet Testfälle in einem Wiki in Form von HTML-Tabellen. Die Testfälle bleiben allerdings nicht statisch, sondern können ausgeführt werden, indem die Daten aus den HTML-Tabellen an Adapterklassen, sogenannte Fixtures, übergeben werden, die wiederum die Testausführung übernehmen.

Somit kann eine Fachabteilung im Wiki Testfälle und deren erwartete Ein- und Ausgaben definieren und diese beispielsweise mit Grafiken und fachlichen Beschreibungen ergänzen. Die Entwicklungsabteilung kümmert sich allein um die Kodierung der Testausführung, sprich um die Fixtures und wie diese die Daten weiterverarbeiten und die Ergebnisse an das Wiki zurückliefern.

FitNesse lässt sich sehr gut mit der Remote Control kombinieren, was die Stärken der einzelnen Werkzeuge vervielfacht. FitNesse eignet sich besonders für das Testen von integrierten Anwendungen, da es als Zentrale der Testautomatisierung eingesetzt werden kann. Über die unterschiedlichen Fixtures können Tests aufgesetzt werden, die beispielsweise zuerst auf einer Weboberfläche agieren und anschließend in einer Datenbank Werte überprüfen. Selbst Aufrufe von Web-Services können mit den entsprechenden Fixtures in diesen Testablauf eingebunden werden.

Hier kommt nun die Integration mit Selenium ins Spiel. Selenium eignet sich für Akzeptanztests, die auf Weboberflächen ablaufen, und kann durch ein eigenes Fixture in FitNesse integriert werden. Da auch Selenese Testfälle in HTML und HTML-Tabellen abbildet, bleibt der Aufwand überschaubar. Es muss lediglich das bereits vorhandene ColumnFixture in FitNesse erweitert werden und diesem ein Zugriff auf den Selenium Server verschafft werden. Dabei werden die Kommandos direkt an den Server delegiert, wie es auch die Klasse com.thoughtworks.selenium.HttpCommandProcessor tut. Diese lässt sich also auch dafür verwenden. Schon können Tests in Selenese ins Wiki eingepflegt und über das Wiki ausgeführt werden. Die

[11] http://fitnesse.org

Stärken von Selenium beim Testen von Ajax-Anwendungen kommen dabei ebenso zum Tragen wie seine Unabhängigkeit hinsichtlich des ausführenden Browsers.

9.6 Macromedia Flash

Mit Hilfe von Selenium können auch Flash-Anwendungen automatisiert getestet werden. Die Grundvoraussetzung hierfür ist allerdings, dass der Quelltext der zu testenden Anwendung zugänglich ist und verändert werden kann. Denn bei jeder Flash-Animation sind Anpassungen nötig, bevor Selenium auf sie zugreifen kann. Ist z.B. aus organisatorischen Gründen keine nahtlose Integration zwischen Selenium-Test und Flash-Entwicklung möglich, können die Flash-Anwendungen nicht mit Selenium getestet werden. Der Tester, der Selenium einsetzt, benötigt also Kenntnisse über die Interna der Flash-Anwendung, genauso wie ein Flash-Entwickler gewisse Erweiterungen an seiner Applikation vornehmen muss, die der Tester wiederum nutzen kann.

Aus technischer Sicht stellt sich die Frage, wie JavaScript, die Basistechnologie von Selenium, überhaupt mit Flash kommunizieren kann. Phillip Kerman geht dieser Frage in einem Artikel[12] sehr detailliert nach und beschreibt die technischen Grundlagen hierfür. Er betrachtet dabei sowohl die Aufrufe von JavaScript nach Flash als auch den umgekehrten Weg.

Das Dokument zeigt, dass es zwei Wege gibt, um über JavaScript auf Flash zuzugreifen, die beide für Selenium von Relevanz sind. Es gibt nämlich für Selenium bereits zwei Erweiterungsansätze, die jeweils von einer der beiden Arten des Zugriffs auf Flash über JavaScript profitieren, *TCallLabel* und *ExternalInterface*. TCallLabel wird im Wiki von OpenQA[13] beschrieben. Es verwendet ebenso wie der zweite Ansatz das Flash-Objekt im DOM einer HTML-Seite. Auf dieses wird mit JavaScript zugegriffen, wenn auch auf eine andere Art als bei ExternalInterface.

Mit Hilfe von TCallLabel werden auf dem Flash-Objekt die Methoden aufgerufen, die bei Macromedia[14] unter der Rubrik *Scripting with Flash* dokumentiert sind. Dieser Ansatz funktioniert auch mit älteren Flash-Playern, ExternalInterface hingegen benötigt mindestens die Version 8 des Flash-Players. Es ist dafür technisch deutlich komfortabler, weil es gezielt Methoden für den externen JavaScript-Zugriff freigeben kann und nicht auf die Methoden des ersten Ansatzes beschränkt ist. Deshalb kommt es in dem Google-Code-Projekt *Flash-Selenium*[15] zum Einsatz.

---

[12] http://phillipkerman.com/nab/nab_javascript_and_flash.pdf
[13] http://wiki.openqa.org/display/SRC/Testing+Flash+with+Selenium+RC
[14] http://www.macromedia.com/support/flash/
publishexport/scriptingwithflash/scriptingwithflash_03.html
[15] http://code.google.com/p/flash-selenium

9.6 Macromedia Flash

Beide Ansätze werden in diesem Abschnitt mit dem gleichen einfachen Beispiel erläutert. Es ist in den Abbildungen 9.3 und 9.4 illustriert und besteht aus lediglich drei Komponenten: einem umgebenden Frame, einer Checkbox und einem Button. Intern trägt das Frame – als umgebendes Fenster – bei beiden Ansätzen das Label `testFrame`, die Checkbox und der Button die Instanzennamen `testCheckbox` und `testButton`. Beide Flash-Anwendungen selbst bieten nicht mehr Funktionalität, als bei jedem Klick auf den Button die Checkbox umzuschalten: von selektiert auf nicht selektiert und umgekehrt. Genau dieses Verhalten soll von außen mit Selenium für beide Ansätze simuliert werden.

Abbildung 9.3:
Beispiel in Flash MX

Abbildung 9.4:
Beispiel in Flash Professional 8

Für den ersten Ansatz wurde das obige Beispiel auf Basis von Flash MX in der Version 6.0 realisiert, das ActionScript 2.0 und Flash-Player 6.0 verwendet. Aus Gründen eines umfassenderen Verständnisses und einer leichteren Nachvollziehbarkeit wird der erste Ansatz als Erweiterung der Selenium IDE vorgestellt, wohingegen der ExternalInterface-Ansatz bereits als komplette Erweiterung der Selenium Remote Control erläutert wird. Im diesem Ansatz wurde das obige Beispiel auf Basis von Flash Professional 8, Flash-Player 8.0 und ebenfalls ActionScript 2.0 umgesetzt. Ab diesem steht erst die API mit dem ExternalInterface zur Verfügung, die Grundvoraussetzung für Flash-Selenium ist.

9.6.1 TCallLabel – Flash MX und Selenium IDE

Der erste Ansatz wird hier „von innen nach außen" erklärt und zuerst die Erweiterung an der Flash-Anwendung selbst vorgestellt, auf die anschließend von außen mit JavaScript zugegriffen wird. Daraufhin wird beschrieben, wie die Selenium IDE erweitert werden muss, um den JavaScript-Zugriff zu nutzen. Innerhalb von Flash MX sieht der Erweiterungsblock, der in das Actions-Panel des `testFrame` kopiert werden muss, so aus wie er in Abbildung 9.5 dargestellt und zur Verdeutlichung noch einmal in Listing 9.11 aufgeführt ist. Einzig die Methode im Actions-Panel des Frames, die das Umschalten der Test-Checkbox implementiert, ist hier nicht explizit aufgeführt, da es sich um eine normale Flash-Funktionalität handelt.

Abbildung 9.5:
Actions-Panel in
Flash MX für
Frame 1 (Labeled
testFrame)

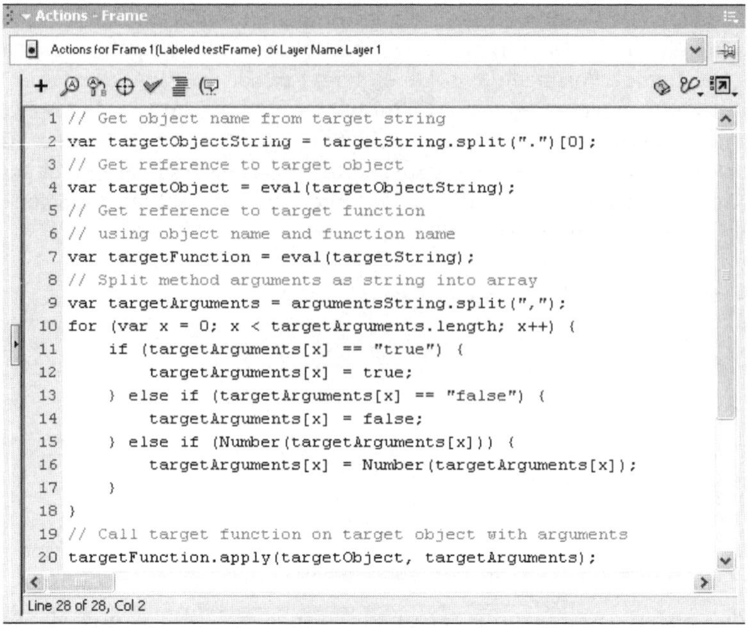

```
1  // Get object name from target string
2  var targetObjectString = targetString.split(".")[0];
3  // Get reference to target object
4  var targetObject = eval(targetObjectString);
5  // Get reference to target function
6  // using object name and function name
7  var targetFunction = eval(targetString);
8  // Split method arguments as string into array
9  var targetArguments = argumentsString.split(",");
10 for (var x = 0; x < targetArguments.length; x++) {
11     if (targetArguments[x] == "true") {
12         targetArguments[x] = true;
13     } else if (targetArguments[x] == "false") {
14         targetArguments[x] = false;
15     } else if (Number(targetArguments[x])) {
16         targetArguments[x] = Number(targetArguments[x]);
17     }
18 }
19 // Call target function on target object with arguments
20 targetFunction.apply(targetObject, targetArguments);
```

Der komplette Quellcode in Listing 9.11 verfolgt nur einen einzigen Zweck, der sich im letztem Befehl manifestiert: Mit targetFunction.apply wird auf einem beliebigen Ziel-Objekt eine beliebige Ziel-Methode mit beliebig vielen Argumenten aufgerufen. Dies alles geschieht mit Hilfe von Action-Script-Reflection und den beiden Methoden eval und apply. Die Funktion eval bekommt eine Zeichenkette übergeben und versucht diese auf eine Objekt-Referenz aufzulösen, wobei Methoden auch als Objekte referenziert werden können. Für apply gilt, dass es auf einem Objekt eine Methode mit definierten Argumenten aufruft.

Klar wird dies aber erst anhand eines Beispiels. Man kann sich nämlich vorstellen, als targetString die Zeichenkette testButton.onRelease und als argumentsString einen leeren String zu übergeben. Wenn nun der komplette Code des Listings durchlaufen wird, wird in der letzen Zeile die Funktion onRelease auf dem Button mit dem Variablennamen testButton aufgerufen, und zwar in diesem Fall, ohne dass ein Argument übergeben wird. Dies hat zur Folge, dass ein Button-Klick simuliert wird, weil eben jener über dessen onRelease-Funktion ausgelöst wird.

Mit Hilfe der Funktion TCallLabel kann sich Selenium nun dieser Erweiterung in den Flash-Actions bedienen. Deren Aufruf führt nämlich dazu, dass der komplette Actions-Block eines Frames – in diesem Fall testFrame – durchlaufen wird, wenn man das Label dieses Frames aufruft.

```
// Get object name from target string
var targetObjectString = targetString.split(".")[0];

// Get reference to target object
var targetObject = eval(targetObjectString);

// Get reference to target function
// using object name and function name
var targetFunction = eval(targetString);

// Split method arguments as string into array
var targetArguments = argumentsString.split(",");
for (var x = 0; x < targetArguments.length; x++) {
        if (targetArguments[x] == "true") {
                targetArguments[x] = true;
        } else if (targetArguments[x] == "false") {
                targetArguments[x] = false;
        } else if (Number(targetArguments[x])) {
                targetArguments[x] = Number(targetArguments[x]);
        }
}

// Call target function on target object with arguments
targetFunction.apply(targetObject, targetArguments);
```

Listing 9.11:
Code-Erweiterung im
Flash-Frame

Diese Erweiterung von Selenium, die sich z. B. in der user-extensions.js wiederfinden könnte, sieht anschließend wie folgt aus, wobei diese sich immer auf die gleiche Flash-Anwendung bezieht. Diese hat als HTML-Attribut im DOM die ID SeleniumTest. Die user-extensions.js-Datei muss in der Selenium IDE unter **Options | Options... | General** konfiguriert werden und den Code aus Listing 9.12 enthalten.

```
Selenium.prototype.doCallFlash = function(target,value) {
  /**
  * Access Flash object with ID, like "SeleniumTest"
  * and trigger execution of Actions-code (extension)
  * of the frame with the label "testFrame".
  *
  * @param targetString target name, contains object name and function
  * name, @param argumentsString a comma separated list of arguments to
  * pass to function
  */
  var flashObj = this.browserbot.getCurrentWindow().document
["SeleniumTest"];
  flashObj.SetVariable("targetString", target);
  flashObj.SetVariable("argumentsString", value);
  flashObj.TCallLabel("/", "testFrame");
}
```

Listing 9.12:
user-extensions.js
für Flash-Objekt

Den Abschluss dieses ersten Ansatzes bilden die zwei noch fehlenden Bausteine dieses Beispiels. Den Anfang hierbei macht das Kommando, das innerhalb eines Tests in der Selenium IDE aufgerufen wird, um in der Flash-Anwendung das Drücken des Buttons zu simulieren:

Listing 9.13: Flash-Kommando in Selenese
```
<tr>
        <td>open</td>
        <td>/url/to/flash/application</td>
        <td></td>
</tr>
<tr>
        <td>callFlash</td>
        <td>testButton.onRelease</td>
        <td></td>
</tr>
```

Den zweiten Baustein stellt der HTML-Quelltext dieser Beispiel-Anwendung dar, über den Selenium den Weg in den Flash-Film findet, indem es sich auf das DOM-Objekt mit der ID `SeleniumTest` bezieht.

Listing 9.14: Ausschnitt aus dem HTML-Quelltext
```
<OBJECT classid="clsid:D27CDB6E-AE6D-11cf-96B8-444553540000"
    codebase="http://download.macromedia.com/pub/shockwave/
    cabs/flash/swflash.cab#version=6,0,0,0"
    WIDTH="550" HEIGHT="400" id="SeleniumTest" ALIGN="">
  <PARAM NAME=movie VALUE="SeleniumTest.swf">
  <PARAM NAME=quality VALUE=high>
  <PARAM NAME=bgcolor VALUE=#FFFFFF>
  <EMBED src="SeleniumTest.swf" quality=high bgcolor=#FFFFFF
     WIDTH="550" HEIGHT="400" NAME="SeleniumTest" ALIGN=""
     TYPE="application/x-shockwave-flash"
     PLUGINSPAGE="http://www.macromedia.com/go/getflashplayer">
  </EMBED>
</OBJECT>
```

9.6.2 ExternalInterface – Flash 8 und Selenium RC

Analog zum ersten wird im zweiten Ansatz der gleiche Weg gewählt, was die Beschreibung der Zusammenhänge zwischen Flash und der Selenium Remote Control anbelangt: von innen nach außen: zu Beginn die nötigen Änderungen an der Flash-Anwendung selbst, anschließend die Anpassungen an der Selenium Remote Control.

In Flash Professional 8 stellt sich das Actions-Panel für das `testFrame` so dar, wie es in Abbildung 9.6 zu sehen ist. In diesem Fall ist zusätzlich noch der Quelltext der Funktion abgebildet, die das Umschalten der Checkbox implementiert. Im ersten Ansatz fehlte noch deren Implementierung. Darüber hinaus liegt dies darin begründet, dass bei Verwendung des zweiten

Ansatzes Flash-Anwendung deutlich flexibler nach außen geöffnet werden können. Analog zum TCallLabel-Ansatz ist der Quelltext noch einmal in Listing 9.15 abgedruckt.

Abbildung 9.6: Actions-Panel in Flash 8 für Frame1(Labeled testFrame)

In Listing 9.15 wiederum konzentriert sich alles auf die letzte Zeile, wo die Methode `ExternalInterface.addCallback` die Flash-Anwendung derart konfiguriert, dass die Methode `testButtonClick` von außen über JavaScript aufgerufen werden kann. Intern führt deren Aufruf dazu, dass die Funktion `buttonListener.click` aufgerufen wird, die als der dritte Parameter an die `addCallback`-Funktion übergeben wird. Der Vorteil an dieser Art des Aufrufes ist, dass die internen Flash-Methoden synchron bedient und über JavaScript die gleichen Parameter übergeben werden können, welche die eigentliche Funktion in Flash erwartet. Es kann also in JavaScript komplett mit den Ein- und Ausgabeparametern der Flash-Funktionen gearbeitet werden.

```
var buttonListener:Object = new Object();
buttonListener.click = function (evt:Object) {
        if(testCheckbox.selected) {
                testCheckbox.selected = false;
        } else {
                testCheckbox.selected = true;
        }
};
testButton.addEventListener("click", buttonListener);

// Import external interface functionality
import flash.external.ExternalInterface;

// functions available for JavaScript calls
ExternalInterface.addCallback("testButtonClick", null,
 buttonListener.click);
```

Listing 9.15: Code-Erweiterung im Flash-Frame

Im letzten Schritt muss nun noch die Selenium Remote Control um Flash-Selenium erweitert werden. Am Selenium Server sind keine Änderungen nötig. Dieser wird wie gewohnt gestartet. Die Tests müssen jedoch angepasst werden. Es beginnt damit, dass aus dem entsprechenden Google-Projekt[16] die Datei `flashselenium-java-client-extension.jar` heruntergeladen wird. Wie sich anhand des Dateinamens schon erahnen lässt, bedient sich dieses Beispiel des Java Client Drivers – analog zu den anderen RC-Beispielen dieses Buchs. Es existieren jedoch auch Client Driver für .NET, Ruby und Python.

Analog zum ursprünglichen Java Client Driver von Selenium wird der Driver für Flash-Selenium in den Klassenpfad aufgenommen. In Eclipse geschieht dies beispielsweise über **Project|Properties|Java Build Path|Libraries**. In Anlehnung an das Konzept, wie ein Selenium-Test in TestNG integriert werden könnte – siehe Kapitel 9.4 –, könnte der Quelltext des Selenium-Tests für dieses Beispiel so aussehen, wie er in Listing 9.16 nachzulesen ist.

Listing 9.16: Flash-Selenium in TestNG

```
import org.testng.annotations.Test;
import com.tests.setup.SeleniumAbstractTest;

import com.thoughtworks.selenium.FlashSelenium;

@Test
public class FlashTest extends SeleniumAbstractTest {

  public void testButtonClick() throws Exception {

    selenium.open("/url/to/flash/application");

    FlashSelenium flashApp = new FlashSelenium(selenium, "SeleniumTest");

    flashApp.call("testButtonClick");

  }
}
```

Neu sind hierbei die letzten zwei Zeilen, in denen ein `FlashSelenium`-Objekt initialisiert wird, das zwei Parameter übergeben bekommt. Der erste ist das Selenium-Objekt selbst, um das es einen Wrapper bildet. Der zweite Parameter ist die ID des Flash-Objekts im HTML der Webseite. Über diese wird die Flash-Applikation adressiert. Über den neuen Wrapper, in Form des `FlashSelenium`-Objekts, erfolgen nun die Flash-Aufrufe. In diesem Fall der Aufruf der Callback-Methode mit dem Namen `testButtonClick`.

Der Vollständigkeit halber sei hier noch zum Abschluss noch der HTML-Quelltext der obigen Flash-Anwendung dargestellt.

Listing 9.17: Ausschnitt aus dem HTML-Quelltext

```
<object classid="clsid:d27cdb6e-ae6d-11cf-96b8-444553540000"
  codebase="http://fpdownload.macromedia.com/pub/shockwave/
```

[16] http://code.google.com/p/flash-selenium

```
  cabs/flash/swflash.cab#version=8,0,0,0" width="550" height="400"
  id="SeleniumTest" align="middle">

<param name="allowScriptAccess" value="sameDomain" />
<param name="movie" value="SeleniumTest.swf" />
<param name="quality" value="high" />
<param name="bgcolor" value="#ffffff" />

<embed src="SeleniumTest.swf" quality="high" bgcolor="#ffffff"
    width="550" height="400" name="SeleniumTest" align="middle"
    allowScriptAccess="sameDomain" type="application/x-shockwave-flash"
    pluginspage="http://www.macromedia.com/go/getflashplayer" />
</object>
```

Ein ausführlicheres Beispiel für Flash-Selenium findet sich auf dessen Projektseite. Das Gleiche gilt für den TCallLabel-Ansatz. Im Wiki von OpenQA finden sich noch zwei weitere Methoden, um welche z.B. die Selenium IDE erweitert werden kann, um einfacher mit Flash zu agieren.

Ein letzter Hinweis: Wenn die Techniken der obigen Beispiele offensichtlich richtig in Ihrem Projekt integriert sind, aber dennoch nicht funktionieren wollen, könnte es an den Sicherheitsbeschränkungen für Flash-Anwendungen liegen Diese können über den Settings Manager für Adobe Flash Player konfiguriert werden. Außerdem gibt es im HTML der Webseite, die bei Flash Professional 8 erzeugt wird, ein `<param>`-Element mit dem Namen `allowScriptAccess` und ein namensgleiches Attribut innerhalb des embed-Tags. Werden deren Werte von `sameDomain` auf `always` geändert, sollte wenigstens die Sicherheit keine Hürde mehr darstellen.

Anhang

Selenium-API-Referenz

A.1 Actions

A.1.1 Maus

click(*locator*), clickAndWait(*locator*)
: Klickt auf einen Link, einen Button, eine Checkbox oder einen Radiobutton.

clickAt(*locator, coords*), clickAtAndWait(*locator, coords*)
: Klickt auf einen Link, einen Button, eine Checkbox oder einen Radiobutton. Die genaue Position des Klicks wird im zweiten Parameter relativ zum Zielelement definiert, z.B. 10,20.

doubleClick(*locator*), doubleClickAndWait(*locator*)
: Doppelklickt auf einen Link, einen Button, eine Checkbox oder einen Radiobutton.

doubleClickAt(*locator, coords*)
doubleClickAtAndWait*locator, coords*)
    Doppelklickt auf einen Link, einen Button, eine Checkbox oder einen Radiobutton. Die genaue Position des Klicks wird relativ zum Zielelement definiert, z.B. 10,20.

dragAndDrop(*locator, movementsString*)
    Zieht ein Element über eine bestimmte Strecke und positioniert es dann. Der Parameter *movementsString* gibt dabei den Offset von der aktuellen Position des Elements an, zum Beispiel "+70,-300"

dragAndDropToObject(*locatorOfObjectToBeDragged, locatorOfDestinationObject*)
    Zieht ein Element und setzt es auf einem anderen Element ab.

dragdrop(*locator, movementsString*)
    Veraltet, stattdessen sollte dragAndDrop benutzt werden.

mouseDown(*locator*) (mouseDownAndWait(*locator*))
    Simuliert das Drücken eines Maus-Buttons über einem bestimmten Element, ohne dass der Benutzer diesen wieder loslassen würde.

mouseDownAt(*locator, coords*)
mouseDownAtAndWait(*locator, coords*)
    Simuliert das Drücken des Maus-Buttons über einem bestimmten Element, ohne dass der Benutzer diesen wieder loslassen würde. Der Parameter coords gibt die Position relativ zum Zielelement an, z.B. 10,20.

mouseMove(*locator*)
    Simuliert das Drücken des Maus-Buttons (ohne ihn schon loszulassen) auf einem bestimmten Element.

mouseMoveAt(*locator, coords*)
    Simuliert das Drücken des Maus-Buttons (ohne ihn schon loszulassen) auf einem bestimmten Element. Die genaue Position wird relativ zum Zielelement definiert, z.B. 10,20.

mouseOut(*locator*)
    Simuliert eine Bewegung des Mauszeigers weg vom spezifizierten Element.

mouseOver(*locator*)
    Simuliert das Hinwegbewegen der Maus über einem bestimmten Element.

mouseUp(*locator*)
(mouseUpAndWait*locator*)
    Simuliert das Loslassen des Maus-Buttons über einem bestimmten Element.

mouseUpAt(*locator, coords*)
(mouseUpAtAndWait(*locator, coords*)
> Simuliert das Loslassen eines Maus-Buttons über einem bestimmten Element. Der Parameter *coords* gibt die Position relativ zum Zielelement an, z.B. 10,20.

setMouseSpeed(*pixels*)
> Legt fest, wieviele Pixel zwischen Mousemove-Events während eines Drag&Drop-Kommandos liegen dürfen. Liegt dieser Wert bei 0, wird jedes Pixel zwischen der Startposition und der Endposition ein Mousemove-Event auslösen. Das kann sehr langsam sein und bei manchen Browsern zu einem JavaScript-Timeout führen. Wenn der mit setMouseSpeed festgelegte Wert kleiner ist als der Abstand zwischen den zwei Objekten, wird jeweils nur an der Start- und der Endposition ein Mousemove-Event ausgelöst. Der Default ist 10 Pixel.

A.1.2 Tastatur

keyDown(*locator,key*),(keyDownAndWait(*locator,key*))
> Simuliert, dass ein Benutzer eine Taste gedrückt hält. Der Parameter key ist entweder ein Backslash, gefolgt von einem numerischen Keycode der Taste (im Allgemeinen deren ASCII-Wert) oder ein einfacher Buchstabe. Zum Beispiel: \119 oder w.

keyUp(*locator,key*),(keyUpAndWait(*locator,key*))
> Simuliert, dass ein Benutzer eine Taste loslässt. Der Parameter key ist entweder ein Backslash, gefolgt von einem numerischen Keycode der Taste (im Allgemeinen deren ASCII-Wert) oder ein einfacher Buchstabe. Zum Beispiel: \119 oder w.

keyPress(*locator,key*),(keyPressAndWait(*locator,key*))
> Simuliert, dass ein Benutzer eine Taste drückt und wieder loslässt. Der Parameter key ist entweder ein Backslash, gefolgt von einem numerischen Keycode der Taste (im Allgemeinen deren ASCII-Wert) oder ein einfacher Buchstabe. Zum Beispiel: \119 oder w.

altKeyDown(*locator*),altKeyDownAndWait*locator*)
controlKeyDown(*locator*),controlKeyDownAndWait*locator*)
metaKeyDown(*locator*),metaKeyDownAndWait*locator*)
shiftKeyDown(*locator*),shiftKeyDownAndWait*locator*)
> Hält eine der Spezialtasten Alt, Ctrl oder Shift gedrückt, solange bis doAltUp(), doControlUp ... aufgerufen oder eine neue Seite geladen wurde.

altKeyUp(*locator*),altKeyUpAndWait*locator*)
controlKeyUp(*locator*),controlKeyUpAndWait*locator*)

metaKeyUp(*locator*), metaKeyUpAndWait*locator*)
shiftKeyUp(*locator*), shiftKeyUpAndWait*locator*)
: Simuliert, dass ein Benutzer eine der Spezialtasten wieder loslässt.

typeKeys(*locator,key*), typeKeysAndWait(*locator,key*)
: Simuliert Tastendruck-Ereignisse über einem bestimmten Element, so als ob ein Benutzer sie hintereinander ausführt. Es ist also eine komfortable Methode, um keyDown, keyUp und keyPress für jeden Buchstaben der Zeichenkette auszulösen. Dies ist hilfreich für dynamische Elemente, die explizite Tastenereignisse benötigen, wie z.B. Textfelder mit Autovervollständigung.

  Anders als das type-Kommando, das einen Wert direkt in eine Seite einfügt, muss typeKeys nicht immer einen sichtbaren Effekt haben, selbst dann, wenn man eine User-Eingabe eigentlich sehen würde. Es kann deshalb nötig sein, zuerst mit type den Wert komplett in das Feld zu schreiben, und dann mit typeKeys jeden einzelnen Tastendruck zu simulieren.

A.1.3 Eingabefelder

addSelection(*locator, optionLocator*)
: Fügt eine Auswahl aus einer Auswahlbox hinzu und benutzt dazu einen Option Locator.

check(*locator*)
: Markiert eine Checkbox oder einen Radiobutton.

removeAllSelections(*locator*)
: Setzt die Auswahl in einer Mehrfachauswahlbox komplett zurück.

removeSelection(*locator, optionLocator*)
: Setzt eine bestimmte Auswahl in einer Mehrfachauswahlbox zurück; Der *locator* ist ein Element Locator einer Mehrfachauswahlbox und *optionLocator* ein Option Locator, per Default ein Label.

select(*locator, optionLocator*)
: Wählt eine Option aus einer Drop-Down-Box aus und benutzt dazu einen Option Locator.

setCursorPosition(*locator, position*)
: Setzt den Textcursor an die mit cmdvarposition angebebene Stelle in einem Eingabefeld oder einer Text Area. Der Wert ist eine ganze Zahl, 0 markiert den Anfang des Feldes, bei einem Wert von -1 springt der Cursor an das Ende des Feldes. Schlägt fehl, wenn das mit *locator* angegebene Element kein Eingabe- oder Textfeld ist.

submit(*formLocator*)
: Schickt das angegebene Formular ab. Das ist besonders nützlich für Formulare ohne Submit-Button, wie etwa für einfache Sucheingaben.

type(*locator*, *value*)
: Setzt den Wert eines Eingabefeldes, so als ob er eingetippt würde. Die Methode kann ebenso genutzt werden, um Werte für Combo-Boxen, Check-Boxen und andere zu setzen. Dann sollten die Werte der Optionen angegeben werden, nicht der sichtbare Text.

uncheck(*locator*)
: Hebt die Markierung bei einem Checkbox- oder Radiobutton auf.

A.1.4 Browser

open(*url*)
: Öffnet eine URL im Testfenster. Es werden sowohl relative als auch absolute URLs akzeptiert. Das open-Kommando wartet, bis eine Seite geladen wurde, ehe es fortfährt. Das Suffix AndWait ist also implizit. Aufgrund von Sicherheitsbeschränkungen (Same Origin Policy) muss sich die URL unter der gleichen Domain befinden wie die TestRunner.html. Wenn eine URL unter einer anderen Domain geöffnet werden soll, kann dies mit Hilfe der Remote Control, der IDE oder im HTA-Modus erfolgen.

openWindow(*url*, *windowID*), openWindowAndWait(*url*, *windowID*)
: Öffnet ein PopUp-Fenster, wenn es noch kein Fenster mit dieser ID im Selenium-internen PopUp-Speicher gibt. Nach dem Öffnen muss das selectWindow-Kommando aufgerufen werden, um es auszuwählen.

  Dieses Kommando kann eine brauchbare Lösung für den Bug SEL-339 sein. Dieser besagt nämlich, dass Selenium solche PopUp-Fenster nicht mit Hilfe des Kommandos selectWindow adressieren kann, die innerhalb einer Webseite geöffnet wurden, bevor Selenium selbst vollständig geladen wurde. Selenium überschreibt nämlich die JavaScript-Funktion window.open(), um auf jedes mittels JavaScript geöffnete Fenster zugreifen zu können. Wird jedoch der Aufruf von window.open() abgesetzt, bevor Selenium ihn überschreiben konnte, kennt Selenium das Fenster mit der entsprechenden ID nicht. Dies geschieht beispielsweise während oder vor eines onLoad-Ereignisses. In diesen Fällen kann Selenium dazu gezwungen werden, das Fenster mit Hilfe des openWindow-Kommandos zu bemerken. Dazu genügt es, openWindow mit einer leeren URL aufzurufen, also zum Beispiel openWindow("", myFunnyWindow).

`selectWindow(windowID)`
> Wählt ein Popup-Fenster aus. Sobald es ausgewählt ist, gehen alle folgenden Befehle an dieses Fenster. Der Parameter `windowID` kann der gültige JavaScript-Variablenname des aktuellen Anwendungsfensters sein; dann wird angenommen, dass diese Variable den Rückgabewert des Aufrufs der JavaScript-Methode `window.open()` enthält. Ist der Wert der `windowID` Null oder der String `null`, dann wird das ursprünglich von Nutzer geöffnete Browserfenster angesprochen. Ist beides nicht der Fall, schaut Selenium zuerst in einem Hash nach, der Strings zu Window-`names` zuordnet und sucht als letzte Möglichkeit das passende Fenster über seinen `title`. Es besteht ein wichtiger Unterschied zwischen der internen JavaScript-Eigenschaft `name` und dem `title`. Letzterer muss nicht eindeutig sein und ist das, was der Nutzer normalerweise als Fenstertitel zu sehen bekommt. Der `name` eines Fensters hingegen ist JavaScript-intern eindeutig und immer der zweite Parameter, welcher der Methode `window.open(url, windowName, windowFeatures,replaceFlag)` übergeben wird. Selenium fängt diese Methode ab.

`selectFrame(locator)`
> Wählt ein Frame innerhalb des aktuellen Fensters aus. Für verschachtelte Frames muss das Kommando möglicherweise mehrfach aufgerufen werden. Um das Parent-Frame auszuwählen, kann `relative=parent` als Locator eingesetzt werden, für das Top-Frame `relative=top`. Außerdem kann ein Frame durch seinen Index selektiert werden, und mit 0 beginnend: das erste wird also mit `index=0`, das dritte mit `index=2` angesprochen. Es können zusätzlich DOM Locators zum Einsatz kommen, um ein Frame direkt zu adressieren, wie z.B.: `dom=frames[„main"].frames[„subframe"]`.

`windowFocus,(windowFocusAndWait)`
> Legt den Fokus auf das augenblicklich ausgewählte Fenster.

`windowMaximize,(windowMaximizeAndWait)`
> Verändert die Größe des gerade gewählten Fensters, so dass es den ganzen Screen einnimmt.

`close`
> Simuliert, dass der Benutzer im Browser auf den „Schließen" Button in der Titelleiste eines PopUps oder Tabsheets gedrückt hat.

`goBack,(goBackAndWait)`
> Simuliert, dass der Benutzer im Browser auf den **Zurück**-Button gedrückt hat.

`refresh,(refreshAndWait)`
> Simuliert, dass der Benutzer im Browser auf den Button zum Neu-Laden gedrückt hat.

createCookie(*pair, options*)
createCookieAndWait(*pair, options*)
> Legt ein neues Cookie an. Pfad und Domain sind identisch mit denen der Seite, die sich gerade im Test befindet. Es kann aber explizit ein anderer Pfad definiert werden.
>
> Der Parameter *pair* gibt Name und Wert des Cookies in dem Format name=value an, *options* die Optionen des Cookies. Es werden die Optionen path und max_age unterstützt. Das Format entspricht path=/path/, max_age=60. Die Reihenfolge spielt keine Rolle, der Wert von max_age wird in Sekunden angegeben.

deleteCookie(*name, options*)
deleteCookieAndWait(*name, options*)
> Löscht ein mit *name* benanntes Cookie mit dem in *options* angegebenen Pfad.

setBrowserLogLevel(*level*)
> Setzt die Schwelle für die browserseitigen Logging-Nachrichten. Logging-Nachrichten unterhalb dieser Schwelle werden verworfen. Um die Loggings des Browser zu verfolgen, muss entweder das Log-Fenster im Core-Modul (**Show Log**) geöffnet werden oder in der Selenium RC das browserseitige Logging angeschaltet werden. Der Parameter *level* kann die Werte debug, info, warn, error oder off annehmen.

answerOnNextPrompt(*answer*)
> Weist Selenium an, den nächsten auftretenden JavaScript-Prompt (window.prompt()) mit *answer* zu beantworten.

chooseOkOnNextConfirmation
> Hebt den Aufruf von chooseCancelOnNextConfirmation auf. Dieses Kommando wird allein dann sinnvoll eingesetzt, wenn sich die Meinung über die Beantwortung des nächsten Confirmation-Dialogs dahingehend ändert, dass nach einem Aufruf von chooseCancelOnNextConfirmation jetzt doch wieder mit Ok geantwortet werden soll, was der Standardeinstellung entspricht.

chooseCancelOnNextConfirmation
> Standardmäßig gibt Seleniums überschriebene window.confirm()-Funktion true zurück, gerade so als ob der Benutzer selbst auf Ok geklickt hätte. Nachdem dieses Kommando ausgeführt wurde, wird der nächste Aufruf an confirm() false zurückliefern - analog zum Verhalten des Benutzers, wenn er auf Cancel klickt. Im Anschluss daran fährt Selenium wieder fort jede zukünftige Bestätigung automatisch wieder mit true (Ok) zu beantworten, solange bis das nächste Mal dieses Kommando aufgerufen wird.

A Selenium-API-Referenz

fireEvent(*locator*, *event*), (fireEventAndWait(*locator*, *event*))
Simuliere explizit ein Ereignis, um den entsprechenden on*event*-Handler anzustoßen. Als Parameter werden ein Element Locator und ein Ereignisname, wie z.B. focus oder blur übergeben.

Wenn es mit diesem Kommando in einem Browser Probleme gibt, kann es hilfreich sein, ein eigenes Kommando hierfür in der Datei user-extensions.js zu definieren. Die folgende Action löst beispielsweise ein OnClick-Ereignis über einem Element aus. Es kann über onClick in Selenese aufgerufen werden, wenn es über die user-extensions.js nachgeladen wurde:

```
Selenium.prototype.doOnClick = function(locator) {
/**
 * Simulate an onClick event.
 * @param locator an element locator
 */
var element = this.page().findElement(locator);
if (element.onclick)
element.onclick();
};
```

Dieses Beispiel ist allerdings etwas konstruiert, da mittlerweile das click-Kommando ebenfalls das onclick-Ereignis auslöst. Für Tastatur-Ereignisse gibt es analog die keyUp-, keyDown- und keyPress-Actions.

A.1.5 Programmfluss

waitForCondition(*script*, *timeout*)
Führt solange einen übergebenen JavaScript-Ausdruck aus, bis es mit true evaluiert. Wenn der Code aus mehreren Ausdrücken besteht, wird das Ergebnis des letzten Ausdrucks als Rückgabewert zurückgeliefert. Ist die in *timeout* übergebene Zeit in Millisekunden abgelaufen, bricht das Kommando mit einem Error ab. Standardmäßig wird der übergebene JacaScript-Code im Fenster des TestRunners ausgeführt, nicht im Fenster der Anwendung Unter Test. Ist dies gewünscht, kann selenium.browserbot.getCurrentWindow() auch dieses Verhalten herbeiführen.

waitForFrameToLoad(*frame*, *timeout*)
Wartet darauf, dass ein neues Frame geladen wurde. Kontinuierlich beobachtet Selenium, ob neue Seiten oder Frames geladen werden oder bricht nach cmdvartimeout Millisekunden erfolglosen Wartens mit einem Fehler ab. Das Flag newPageLoaded wird gesetzt, sobald das Laden einer Seite bemerkt wurde.

`waitForPageToLoad(timeout)`
: Wartet darauf, dass eine neue Seite geladen wurde oder bricht nach *timeout* Millisekunden mit einem Fehler ab. Kontinuierlich beobachtet Selenium, ob neue Seiten oder Frames geladen werden. Das Flag `newPageLoaded` wird gesetzt, sobald das Laden einer Seite bemerkt wurde. Die Ausführung eines anderen Selenium-Kommandos setzt dieses Flag auf false. Wenn also auf das Laden einer Seite gewartet werden soll, muss dies unmittelbar danach passieren, wenn ein Kommando das Laden einer Seite ausgelöst hat. Dieses Kommando kann anstelle des `AndWait`-Suffixes benutzt werden.

`waitForPopUp(windowID, timeout)`
: Wartet, bis ein PopUp-Fenster mit der angegebenen *windowID* erscheint und geladen wurde oder bricht nach *timeout* Millisekunden mit einem Fehler ab.

`pause(timeout)`
: Warte die gewünschte Zeit in Millisekunden.

`break`
: Hältet den momentan ablaufenden Test an, bis ein Benutzer den Resume-Button gedrückt hat. Dieses Kommando ist hilfreich fürs Debugging. Es hat jedoch den Nachteil, dass der Benutzer immer manuell eingreifen muss.

`getSpeed, getSpeedAndWait`
: Gibt die Ausführungsverzögerung zurück: wieviele Millisekunden wartet Selenium zwischen zwei Kommandos. Standardmäßig ist dieser Wert auf 0 Millisekunden konfiguriert.

`setSpeed(speed), setSpeedAndWait(speed)`
: Setzt die Ausführungsverzögerung: wieviele Millisekunden wartet Selenium zwischen zwei Kommandos. Standardmäßig ist `cmdvarspeed` auf 0 Millisekunden konfiguriert.

`setTimeout(timeout)`
: Setzt den Zeitraum in Millisekunden, den Selenium wartet, bis Actions beendet werden. Betrifft die Actions, die mit `open` oder `waitFor` beginnen. Standardmäßig wird 30 Sekunden gewartet.

A.1.6 Erweiterungen

`addLocationStrategy(strategy, function)`
: Fügt eine neue Selenium-Funktion hinzu, um Elemente auf einer Seite zu adressieren. Ein neuer Element Locator wird definiert und dessen implementierende Funktion zum TestRunner hinzugefügt. Würde man den Typbezeichner `foo` wählen und `addLocationStrategy`

verwenden, wird über `click("foo=blah")` eine neue Funktion mit dem Parameter „blah" aufgerufen. Es wird auf das Element geklickt, das deren Implementierung zurückliefert oder ein Error `Element not found` ausgelöst, wenn der Rückgabewert Null ist. Die Funktion muss also Null zurückgeben, wenn kein Element gefunden werden konnte. Drei Argumente werden an `foo` übergeben:

- `locator`: die Zeichenkette, die an den Locator übergeben wurde (`blah`)
- `inWindow`: das aktuelle gewählte Fenster
- `inDocument`: das aktuelle gewählte Dokument

Der Parameter *strategy* enthält den Namen der zu definierenden Strategie; bestehend aus Groß- oder Kleinbuchstaben ohne Leerzeichen und sonstige Zeichen, *function* ist der Inhalt einer Funktion in JavaScript, z.B.: `return inDocument.getElementById(locator);`

allowNativeXpath(*allow*)
Bestimmt, ob Selenium eine native In-Browser-Implementierung von XPath verwenden soll (`true`), wenn diese verfügbar ist. `false` im Parameter führt dazu, dass immer die Selenium-eigene reine JavaScript-XPath-Bibliothek verwendet wird. Diese kann die Konsistenz von XPath Element Locators über mehrere Browser hinweg verbessern, ist aber deutlich langsamer als eine native Implementierung.

assignId(*locator, identifier*)
Setzt vorübergehend das Id-Attribut innerhalb eines adressierten Elements. So kann es über seine ID lokalisiert werden anstatt z.B. über einen langsamen und komplizierten XPath-Ausdruck. Wenn die Seite jedoch neu geladen wird, ist diese ID verschwunden. *identifier* enthält die Zeichenkette, die als Wert des Id-Attributs gesetzt werden soll.

echo(*message*)
Schreibt zur Laufzeit eine Meldung in seine Value-Spalte; hilfreich fürs Debugging.

highlight(*locator*),(highlightAndWait(*locator*))
Setzt kurzzeitig die Hintergrundfarbe eines Elements auf gelb; hilfreich fürs Debugging.

runScript(*script*)
Fügt einen neuen <script>-Block in den Body des aktuellen Testfensters ein und injiziert den als Parameter übergebene JavaScript-Ausdruck in diesen Block, der als Parameter übergeben wurde. Auf diese Art und Weise können Skripte leichter debugged werden als mit Hilfe von Seleniums `getEval`-Kommando. JavaScript-Exceptions, die

in diesem Skript geworfen werden, werden nicht von Selenium verarbeitet. Ein Try/Catch-Block könnte an dieser Stelle hilfreich sein, wenn die Gefahr besteht, dass eine Exception geworfen wird.

A.2 Accessors und Assertions

A.2.1 Browser

`storeCookie(variableName)`
Liefert alle Cookies der aktuell in Test befindlichen Seite zurück und speichert sie in `variableName`

Generierte Assertions:

```
assertCookie(pattern),
assertNotCookie(pattern),
verifyCookie(pattern),
verifyNotCookie(pattern),
waitForCookie(pattern),
waitForNotCookie(pattern)
```

`storeLocation(variableName)`
Liefert die absolute URL der aktuellen Seite zurück und speichert sie in `variableName`

Generierte Assertions:

```
assertLocation(pattern)
assertNotLocation(pattern)
verifyLocation(pattern)
verifyNotLocation(pattern)
waitForLocation(pattern)
waitForNotLocation(pattern)
```

A.2.2 Window

`storeAllWindowTitles(variableName)`
Liefert die Titel aller Fenster zurück, die dem Browser bekannt sind und speichert sie in `variableName`.

Generierte Assertions:

```
assertAllWindowTitles(pattern)
assertNotAllWindowTitles(pattern)
verifyAllWindowTitles(pattern)
verifyNotAllWindowTitles(pattern)
waitForAllWindowTitles(pattern)
waitForNotAllWindowTitles(pattern)
```

A Selenium-API-Referenz

storeAllWindowIds(*variableName*)
: Liefert die IDs aller Fenster zurück, die dem Browser bekannt sind und speichert sie in *variableName*.

Generierte Assertions:

```
assertAllWindowIds(pattern)
assertNotAllWindowIds(pattern)
verifyAllWindowIds(pattern)
verifyNotAllWindowIds(pattern)
waitForAllWindowIds(pattern)
waitForNotAllWindowIds(pattern)
```

storeAllWindowNames(*variableName*)
: Liefert die Namen aller Fenster zurück, die dem Browser bekannt sind und speichert sie in *variableName*.

Generierte Assertions:

```
assertAllWindowNames(pattern)
assertNotAllWindowNames(pattern)
verifyAllWindowNames(pattern)
verifyNotAllWindowNames(pattern)
waitForAllWindowNames(pattern)
waitForNotAllWindowNames(pattern)
```

storeAttributeFromAllWindows(*attributeName*, *variableName*)
: Liefert die Werte des Attributs mit dem Namen *attributeName* von allen Fenstern zurück, die dem Browser bekannt sind und speichert das Ergebnis in *variableName*.

Generierte Assertions:

```
assertAttributeFromAllWindows(attributeName,pattern)
assertNotAttributeFromAllWindows(attributeName,pattern)
verifyAttributeFromAllWindows(attributeName,pattern)
verifyNotAttributeFromAllWindows(attributeName,pattern)
waitForAttributeFromAllWindows(attributeName,pattern)
waitForNotAttributeFromAllWindows(attributeName,pattern)
```

A.2.3 Webseite

storeHtmlSource(*variableName*)
: Speichert den kompletten HTML-Quelltext zwischen dem öffnenden und schließenden HTML-Tag in *variableName*

Generierte Assertions:

```
assertHtmlSource(pattern)
assertNotHtmlSource(pattern)
verifyHtmlSource(pattern)
verifyNotHtmlSource(pattern)
```

```
waitForHtmlSource(pattern)
waitForNotHtmlSource(pattern)
```

storeBodyText(*variableName*)

. Speichert den kompletten Text in einer Seite in *variableName*.

Generierte Assertions:

```
assertBodyText(pattern)
assertNotBodyText(pattern)
verifyBodyText(pattern)
verifyNotBodyText(pattern)
waitForBodyText(pattern)
waitForNotBodyText(pattern)
```

storeTitle(*variableName*)

Speichert den Titel der aktuellen Seite in *variableName*.

Generierte Assertions:

```
assertTitle(pattern)
assertNotTitle(pattern)
verifyTitle(pattern)
verifyNotTitle(pattern)
waitForTitle(pattern)
waitForNotTitle(pattern)
```

storeAllLinks(*variableName*)

Speichert die IDs aller Links auf der aktuellen Seite in einem Array unter *variableName*. Wenn ein Link keine ID eingetragen hat, erscheint der leere String ("") in dem Array.

Generierte Assertions:

```
assertAllLinks(pattern)
assertNotAllLinks(pattern)
verifyAllLinks(pattern)
verifyNotAllLinks(pattern)
waitForAllLinks(pattern)
waitForNotAllLinks(pattern)
```

storeTable(*tableCellAddress, variableName*)

Holt den Text einer Zelle aus einer Tabelle ab und speichert ihn in *variableName*. Die Zellenadresse *tableCellAddress* wird in der Form *tableLocator.row.column* angegeben, wobei Reihe und Spalte mit 0 beginnen, also z.B. `foo.1.4`

Generierte Assertions:

```
assertTable(tableCellAddress,pattern)
assertNotTable(tableCellAddress,pattern)
verifyTable(tableCellAddress,pattern)
verifyNotTable(tableCellAddress,pattern)
waitForTable(tableCellAddress,pattern)
waitForNotTable(tableCellAddress,pattern)
```

`storeText(locator, variableName)`
: Liefert den Text des Elements *locator* zurück und speichert ihn in *variableName*. Dies funktioniert für jedes Element, das Text enthält. Das Kommando verwendet intern entweder `textContent` im Fall von Mozilla-basierten Browsern oder `innerText` im Fall des IE, da diese den Text enthalten, der dem Benutzer angezeigt wird.

    Generierte Assertions:

    ```
    assertText(locator,pattern)
    assertNotText(locator,pattern)
    verifyText(locator,pattern)
    verifyNotText(locator,pattern)
    waitForText(locator,pattern)
    waitForNotText(locator,pattern)
    ```

`storeTextPresent(pattern, variableName)`
: Verifiziert, ob das Textmuster *pattern* irgendwo auf der Seite erscheint, die dem Benutzer dargestellt wird und speichert `true` oder `false` in *variableName*

    Generierte Assertions:

    ```
    assertTextPresent(pattern)
    assertTextNotPresent(pattern)
    verifyTextPresent(pattern)
    verifyTextNotPresent(pattern)
    waitForTextPresent(pattern)
    waitForTextNotPresent(pattern)
    ```

A.2.4 Eingabefeld

`storeAllButtons(variabelName)`
`storeAllFields(variabelName)`
: Speichert alle IDs aller Buttons bzw. Eingabefelder auf einer Seite als Array in *variabelName*. Hat ein Button oder Feld keine ID, erscheint im Array ein "".

    Generierte Assertions:

    ```
    assertAllButtons(pattern)
    assertNotAllButtons(pattern)
    verifyAllButtons(pattern)
    verifyNotAllButtons(pattern)
    waitForAllButtons(pattern)
    waitForNotAllButtons(pattern)
    ```

`storeChecked(locator, variableName)`
: Stellt fest, ob ein Button (Checkbox oder Radiobutton) ausgewählt ist. Falls das adressierte Element kein Button ist, schlägt die Methode

fehl. *variableName* ist true, wenn das Element ausgewählt ist, sonst false.

Generierte Assertions:

```
assertChecked(locator)
assertNotChecked(locator)
verifyChecked(locator)
verifyNotChecked(locator)
waitForChecked(locator)
waitForNotChecked(locator)
```

storeEditable(*locator, variableName*)

Stellt fest, ob das angegebene Eingabeelement editierbar ist, also nicht deaktviert wurde. Schlägt fehl, wenn *locator* kein Eingabeelement ist. *variableName* ist true, wenn das Element editierbar ist, sonst false.

Generierte Assertions:

```
assertEditable(locator)
assertNotEditable(locator)
verifyEditable(locator)
verifyNotEditable(locator)
waitForEditable(locator)
waitForNotEditable(locator)
```

storeSelectedId(*selectLocator, variableName*)
storeSelectedIds(*selectLocator, variableName*)

Liefert die Option ID der ausgewählten Option in einem durch *selectLocator* spezifizierten Auswahlelement bzw. ein Array von Option IDs aller ausgewählten Optionen in einem Mehrfachauswahlelement.

Generierte Assertions:

```
assertSelectedId(selectLocator,pattern)
assertNotSelectedId(selectLocator,pattern)
verifySelectedId(selectLocator,pattern)
verifyNotSelectedId(selectLocator,pattern)
waitForSelectedId(selectLocator,pattern)
waitForNotSelectedId(selectLocator,pattern)
```

Assertions für SelectedIds analog.

storeSelectedIndex(*selectLocator, variableName*)
storeSelectedIndexes(*selectLocator, variableName*)

Liefert den Optionsindex (die Optionsummer mit 0 beginnend) für eine ausgewählte Option in einem durch *selectLocator* festgelegten Auswahlelement zurück, bzw. ein Array aller Optionsindices der ausgewählten Optionen in einem Mehrfachauswahlelement.

Generierte Assertions:

```
assertSelectedIndex(selectLocator,pattern)
assertNotSelectedIndex(selectLocator,pattern)
verifySelectedIndex(selectLocator,pattern)
verifyNotSelectedIndex(selectLocator,pattern)
waitForSelectedIndex(selectLocator,pattern)
waitForNotSelectedIndex(selectLocator,pattern)
```

Assertions für `SelectedIndexes` analog

`storeSelectedLabel(selectLocator, variableName)`
`storeSelectedLabels(selectLocator, variableName)`
> Liefert das Label einer ausgewählten Option, also den sichtbaren Text in einem durch `selectLocator` festgelegten Auswahlelement zurück, bzw. ein Array aller Labels der ausgewählten Optionen in einem Mehrfachauswahlelement.

Generierte Assertions:

```
assertSelectedLabel(selectLocator,pattern)
assertNotSelectedLabel(selectLocator,pattern)
verifySelectedLabel(selectLocator,pattern)
verifyNotSelectedLabel(selectLocator,pattern)
waitForSelectedLabel(selectLocator,pattern)
waitForNotSelectedLabel(selectLocator,pattern)
```

Assertions für `SelectedLabels` analog

`storeSelectedValue(selectLocator, variableName)`
`storeSelectedValues(selectLocator, variableName)`
> Liefert den Wert einer ausgewählten Option (das Attribut) in einem durch `selectLocator` festgelegten Auswahlelement zurück, bzw. ein Array aller Werte der ausgewählten Optionen in einem Mehrfachauswahlelement.

Generierte Assertions:

```
assertSelectedValue(selectLocator,pattern)
assertNotSelectedValue(selectLocator,pattern)
verifySelectedValue(selectLocator,pattern)
verifyNotSelectedValue(selectLocator,pattern)
waitForSelectedValue(selectLocator,pattern)
waitForNotSelectedValue(selectLocator,pattern)
```

Assertions für `SelectedValues` analog

`storeSelectOptions(selectLocator, variableName)`
> Liefert für das durch `selectLocator` festgelegte Auswahlelement ein Array der Labels aller Optionen zurück.

Generierte Assertions:

```
assertSelectOptions(selectLocator,pattern)
assertNotSelectOptions(selectLocator,pattern)
verifySelectOptions(selectLocator,pattern)
verifyNotSelectOptions(selectLocator,pattern)
waitForSelectOptions(selectLocator,pattern)
waitForNotSelectOptions(selectLocator,pattern)
```

`storeSomethingSelected(selectLocator, variableName)`
Stellt fest, ob irgendeine Option in einem durch `selectLocator` festgelegten Drop-Down-Menü ausgewählt ist. `variableName` ist `true` wenn das der Fall ist, sonst `false`.

Generierte Assertions:

```
assertSomethingSelected(selectLocator)
assertNotSomethingSelected(selectLocator)
verifySomethingSelected(selectLocator)
verifyNotSomethingSelected(selectLocator)
waitForSomethingSelected(selectLocator)
waitForNotSomethingSelected(selectLocator)
```

`assertSelected(selectLocator, optionLocator)`
Prüft, ob eine ausgewählte Option einem Wert `optionSpecifier` entspricht. Veraltet, stattdessen sollte `assertSelectedLabel, assert SelectedValue, assertSelectedIndex` oder `assertSelectedId` verwendet werden.

A.2.5 Elemente

`storeElementHeight(locator, variableName)`
`storeElementWidth(locator, variableName)`
Liefert die Höhe bzw. Breite eines durch `locator` bezeichneten Elementes in Pixeln zurück und speichert den Wert in `variableName`.

Generierte Assertions:

```
assertElementHeight(locator, pattern)
assertNotElementHeight(locator, pattern)
verifyElementHeight(locator, pattern)
verifyNotElementHeight(locator, pattern)
waitForElementHeight (locator, pattern)
waitForNotElementHeight(locator, pattern)
```

Assertions mit `ElementWidth` analog

`storeElementIndex(locator, variableName)`
Liefert den relativen Index eines durch `locator` bezeichneten Elementes in Bezug auf sein Elternelement (beginnend bei 0) zurück

und speichert den Wert in *variableName*. Kommentar-Nodes und leere Text-Nodes werden ignoriert.

Generierte Assertions:

```
assertElementIndex(locator, pattern)
assertNotElementIndex(locator, pattern)
verifyElementIndex(locator, pattern)
verifyNotElementIndex(locator, pattern)
waitForElementIndex (locator, pattern)
waitForNotElementIndex(locator, pattern)
```

`storeElementPositionLeft(`*locator*`, `*variableName*`)`
`storeElementPositionTop(`*locator*`, `*variableName*`)`

Liefert die horizontale bzw. vertikale Position eines durch *locator* bezeichneten Elementes zurück, und zwar in Pixeln vom Rand des Frames. Speichert den Wert in *variableName*.

Generierte Assertions:

```
assertElementPositionLeft(locator, pattern)
assertNotElementPositionLeft(locator, pattern)
verifyElementPositionLeft(locator, pattern)
verifyNotElementPositionLeft(locator, pattern)
waitForElementPositionLeft (locator, pattern)
waitForNotElementPositionLeft(locator, pattern)
```

`storeElementPresent(`*locator*`, `*variableName*`)`

Fragt ab, ob das mit *locator* bezeichnete Element sich überhaupt auf der Seite befindet. *variableName* ist `true`, wenn das der Fall ist, sonst `false`.

Generierte Assertions:

```
assertElementPresent(locator, pattern)
assertNotElementPresent(locator, pattern)
verifyElementPresent(locator, pattern)
verifyNotElementPresent(locator, pattern)
waitForElementPresent (locator, pattern)
waitForNotElementPresent(locator, pattern)
```

`storeOrdered(`*locator1*`, `*locator2*`, `*variableName*`)`

Fragt ab, ob die zwei mit *locator1* und *locator2* bezeichneten Elemente dasselbe Elternelement im DOM haben und somit geordnete Geschwisterelemente sind. Zwei gleiche Elemente werden nicht als geordnet betrachtet. *variableName* ist `true` wenn *locator1* das vorhergehende Geschwisterelement von *locator2* bezeichnet, sonst ist es `false`.

Generierte Assertions:

```
assertOrdered(locator1, locator2)
assertNotOrdered(locator1, locator2)
```

```
verifyOrdered(locator1, locator2)
verifyNotOrdered(locator1, locator2)
waitForOrdered (locator1, locator2)
waitForNotOrdered(locator1, locator2)
```

storeAttribute(*attributeLocator, variableName*)

Liefert den Wert eines Element-Attributs zurück. Dabei ist der Parameter *attributeLocator* ein Element Locator, gefolgt von einem @-Zeichen und dem Namen des Attributs, z.B. foo@bar. Der Wert des Attributs wird in *variableName* gespeichert.

Generierte Assertions:

```
assertAttribute(attributeLocator,pattern)
assertNotAttribute(attributeLocator,pattern)
verifyAttribute(attributeLocator,pattern)
verifyNotAttribute(attributeLocator,pattern)
waitForAttribute(attributeLocator,pattern)
waitForNotAttribute(attributeLocator,pattern)
```

storeValue(*locator, variableName*)

Liefert den Wert eines Input-Feldes oder irgendeines anderen mit *locator* spezifizierten Elementes mit value-Parameter zurück, Leerzeichen werden dabei entfernt. Bei Checkboxen oder Radiobuttons ist der Wert entweder on oder off.

Generierte Assertions:

```
assertValue(locator, pattern)
assertNotValue(locator, pattern)
verifyValue(locator, pattern)
verifyNotValue(locator, pattern)
waitForValue (locator, pattern)
waitForNotValue(locator, pattern)
```

storeVisible(*locator, variableName*)

Stellt fest, ob ein mit *locator* spezifiziertes Element sichtbar ist. Ein Element oder eines seiner Elternelemente kann über CSS mittels der Property visibility auf hidden oder der Property display auf none gesetzt werden. Das Element ist dann nicht sichtbar und *variableName* ist false. Die Methode schlägt fehl, wenn das Element gar nicht vorhanden ist.

Generierte Assertions:

```
assertVisible(locator)
assertNotVisible(locator)
verifyVisible(locator)
verifyNotVisible(locator)
waitForVisible (locator)
waitForNotVisible(locator)
```

A.2.6 JavaScript-Dialog

storeAlert
: Liefert die Message des JavaScript-Alerts zurück, der während der vorangegangenen Action erzeugt wurde, oder `fail`, wenn es keinen Alert gab.

    Generierte Assertions:

    ```
    assertAlert(pattern)
    assertNotAlert(pattern)
    verifyAlert(pattern)
    verifyNotAlert(pattern)
    waitForAlert(pattern)
    waitForNotAlert(pattern)
    ```

storeAlertPresent(*variableName*)
: Ist ein Alert aufgetreten? Die Funktion löst niemals eine Ausnahme aus.

    Generierte Assertions:

    ```
    assertAlertPresent()
    assertAlertNotPresent()
    verifyAlertPresent()
    verifyAlertNotPresent()
    waitForAlertPresent()
    waitForAlertNotPresent()
    ```

storeConfirmation(*variableName*)
: Ruft die Nachricht des Bestätigungsdialogs ab, der während der vorangegangenen Action erzeugt wurde. Per Default liefert die Bestätigungsfunktion `true`, was einem Klick auf den Ok-Button entspricht. Mit `chooseCancelOnNextConfirmation` vor der Ausführung kann dieses Verhalten geändert werden. Wenn eine Bestätigung erzeugt, aber nicht beantwortet wird, wird die nächste Selenium-Action scheitern. Hinweis: Unter Selenium tauchen JavaScript-Bestätigungen nicht als sichtbare Dialoge auf. Selenium unterstützt keine JavaScript-Bestätigungen, die vom Event Handler `onload()` der Seite erzeugt werden. In solche Fällen taucht ein sichtbarer Dialog auf und Selenium wartet so lange, bis jemand Ok klickt.

    Generierte Assertions:

    ```
    assertConfirmation(pattern)
    assertNotConfirmation(pattern)
    verifyConfirmation(pattern)
    verifyNotConfirmation(pattern)
    waitForConfirmation(pattern)
    waitForNotConfirmation(pattern)
    ```

`storeConfirmationPresent(variableName)`
> Fragt ab, ob `confirm()` aufgerufen wurde. Die Funktion löst niemals eine Ausnahme aus und liefert `true` zurück, wenn eine Bestätigung wartet.
>
> Generierte Assertions:
>
> ```
> assertConfirmationPresent()
> assertConfirmationNotPresent()
> verifyConfirmationPresent()
> verifyConfirmationNotPresent()
> waitForConfirmationPresent()
> waitForConfirmationNotPresent()
> ```

`storePrompt(variableName)`
> Ermittelt die Nachricht aus einem JavaScript-Abfrageprompt, den die letzte Action erzeugt hat und speichert sie in `variableName`. Ein erfolgreiches Abarbeiten des Prompts setzt voraus, das vorher ein `answerOnNextPrompt()`-Befehl ausgeführt wurde. Wenn ein Prompt erzeugt, aber nicht bestätigt wurde, schlägt die nächste Selenium-Action fehl. Zu beachten ist, dass unter Selenium JavaScript-Prompts nicht als sichtbare Dialoge erscheinen. Selenium unterstützt keine JavaScript-Prompts, die mit dem `onload()`-Event-Handler einer Seite erzeugt werden. In einem solchen Fall *wird* ein sichtbarer Dialog erzeugt und Selenium wartet so lange, bis jemand manuell auf **Ok** klickt.
>
> Generierte Assertions:
>
> ```
> assertPrompt(pattern)
> assertNotPrompt(pattern)
> verifyPrompt(pattern)
> verifyNotPrompt(pattern)
> waitForPrompt(pattern)
> waitForNotPrompt(pattern)
> ```

`storePromptPresent(variableName)`
> Stellt fest, ob ein Prompt vorkam. Diese Funktion liefert niemals eine Exception und gibt `true` zurück, wenn ein Prompt wartet.
>
> Generierte Assertions:
>
> ```
> assertPromptPresent()
> assertPromptNotPresent()
> verifyPromptPresent()
> verifyPromptNotPresent()
> waitForPromptPresent()
> waitForPromptNotPresent()
> ```

A.2.7 TestRunner

`assertErrorOnNext(message)`
Lässt Selenium bei der nächsten Ausführung eines Kommandos eine Fehlermeldung (Error) mit dem im Parameter `message` angegebenen Text erwarten. Schlägt fehl, wenn es die falsche Fehlermeldung ist.

Generierte Assertions:

```
assertNotErrorOnNext(message)
verifyErrorOnNext(message)
verifyNotErrorOnNext(message)
waitForErrorOnNext(message)
waitForNotErrorOnNext(message)
```

`assertFailureOnNext(message)`
Lässt Selenium bei der nächsten Ausführung eines Kommandos eine Fehlermeldung (Failure) mit dem im Parameter `message` angegebenen Text erwarten. Schlägt fehl, wenn es die falsche Fehlermeldung ist.

Generierte Assertions:

```
assertNotFailureOnNext(message)
verifyFailureOnNext(message)
verifyNotFailureOnNext(message)
waitForFailureOnNext(message)
waitForNotFailureOnNext(message)
```

`store(expression, variable)`
Dieses Kommando ist ein Synonym für `storeExpression`. Speichert einen Wert in einer Variable.

`storeCursorPosition(locator, variableName)`
Liefert die Position des Cursors innerhalb eines Eingabefeldes oder eines Textfeldes als Zahl zurück. Dies könnte bei einigen Browsern nicht korrekt funktionieren. Vor allem wenn der Cursor oder die Auswahl durch JavaScript bereits gelöscht wurde, kann dieses Kommando trotzdem noch die letzte Cursorposition zurückliefern, obwohl der Cursor schon verschwunden ist. Die Methode schlägt fehl, wenn das angegebene Element kein Eingabe- oder Textfeld ist oder wenn sich der Cursor nicht in diesem Element befindet.

`storeEval(script, variableName)`
Liefert das Ergebnis zurück, das beim Evaluieren des mit `script` übergebenen JavaScript-Ausdrucks erzeugt wird. Es können mehrere Zeilen übergeben werden, aber es wird nur das Ergebnis der letzten Zeile zurückgeliefert. Standardmäßig läuft der übergebene Code im Kontext des Selenium-Objektes, will man sich direkt auf das Fenster

der Applikation beziehen, muss `window` benutzt werden, zum Beispiel `window.document.getElementByID('foo')`. Benötigt man einen Locator, um sich auf ein einzelnes Element zu beziehen, kann man `this.browserbot.findElement("id=foo")` heranziehen, wobei "id=foo" der Locator ist.

Generierte Assertions:

```
assertEval(script,pattern)
assertNotEval(script,pattern)
verifyEval(script,pattern)
verifyNotEval(script,pattern)
waitForEval(script,pattern)
waitForNotEval(script,pattern)
```

`storeExpression(expression, variableName)`
Gibt den angegebenen Ausdruck zurück. Das ist nützlich wegen des Preprocessings in JavaScript und wird verwendet, um Befehle wie `assertExpression` und `waitForExpression` zu generieren.

Generierte Assertions:

```
assertExpression(expression, pattern)
assertExpression(expression, pattern)
verifyExpression(expression, pattern)
verifyExpression(expression, pattern)
waitForExpression(expression, pattern)
waitForNotExpression(expression, pattern)
```

`storeWhetherThisFrameMatchFrameExpression(`
`currentFrameString, target, variableName)`
Stellt fest, ob der aktuelle Locator den Frame identifiziert, in dem der aktuelle Code abläuft. Das ist im Proxy Injection Mode nützlich, wo der Selenium.Code in jedem Frame und Window des Browsers abläuft. Manchmal muss dann der Selenium Server das „aktuelle" Frame identifizieren. Wenn in diesem Fall ein Test `selectFrame` aufruft, wird für jeden Frame diese Routine aufgerufen, um herauszufinden, welcher selektiert wurde. Der selektierte Frame wird `true` zurückgeben, alle anderen `false`.

Generierte Assertions:

```
assertWhetherThisFrameMatchFrameExpression(currentFrameString,
target)
assertNotWhetherThisFrameMatchFrameExpression(currentFrameString,
target)
verifyWhetherThisFrameMatchFrameExpression(currentFrameString,
target)
verifyNotWhetherThisFrameMatchFrameExpression(currentFrameString,
target)
waitForWhetherThisFrameMatchFrameExpression(currentFrameString,
target)
```

waitForNotWhetherThisFrameMatchFrameExpression(currentFrameString, target)

storeWhetherThisWindowMatchWindowExpression(currentWindowString, target, variableName)

Stellt fest, ob *currentWindowString* plus *target* das Window identifiziert, in dem der Code abläuft. Das ist im Proxy Injection Mode nützlich, wo dieser Code in jedem Frame und Window des Browsers abläuft. Manchmal muss dann der Selenium Server das „aktuelle" Window identifizieren. Wenn in diesem Fall ein Test `selectWindow` aufruft, wird für jedes Window diese Routine aufgerufen, um herauszufinden, welches selektiert wurde. Das selektierte Window wird `true` zurückgeben, alle anderen `false`.

currentWindowString identifiziert das Start-Window, *target* das neue Window, wobei es relativ zum aktuellen Window angegeben werden kann, z.B. mit `_parent`.

Generierte Assertions:

assertWhetherThisWindowMatchWindowExpression(currentWindowString, target)
assertNotWhetherThisWindowMatchWindowExpression(currentWindowString, target)
verifyWhetherThisWindowMatchWindowExpression(currentWindowString, target)
verifyNotWhetherThisWindowMatchWindowExpression(currentWindowString, target)
waitForWhetherThisWindowMatchWindowExpression(currentWindowString, target)
waitForNotWhetherThisWindowMatchWindowExpression(currentWindowString, target)

storeXpathCount(*xpath*, *variableName*)

Gibt die Anzahl der Nodes zurück, die dem in *xpath* spezifizierten XPath-Ausdruck entsprechen. zum Beispiel würde `//table` die Anzahl der Tabellen ermitteln. Der Ausdruck darf nicht in eine `count()`-Funktion eingebettet werden. Selenium übernimmt das bereits.

Generierte Assertions:

assertXpathCount(xpath,pattern)
assertNotXpathCount(xpath,pattern)
verifyXpathCount(xpath,pattern)
verifyNotXpathCount(xpath,pattern)
waitForXpathCount(xpath,pattern)
waitForNotXpathCount(xpath,pattern)

Index

A

Abspiel-Modus (Selenium IDE) 49–51
   Geschwindigkeit 49
   schrittweise 49
Accessors 75
   Browser, Window, Webseite (Tabelle) 76
   Eingabefeld (Tabelle) 78
   Element, Dialog (Tabelle) 77
   Kategoriesierung 76
   Testrunner (Tabelle) 79
Actions
   -AndWait 65
   Benutzerinteration 64
   Browser (Tabelle) 70
   Cookie 71
   Eingabefeld (Tabelle) 68
   Erweiterungen 64
   JavaScript 71
   Logging 71
   Maus (Tabelle) 65
   Programmfluss 64, 73
   Tastatur (Tabelle) 67
   TestRunner 73
   TestRunner (Tabelle) 74
addLocationStrategy 74, 193
addRollupRule 165
addSelection 188
allowNativeXpath 74, 194
altKeyDown 187
altKeyUp 187
Änderungsbezogener Test 40
AndWait-Actions 65
answerOnNextPrompt 72, 191
ANT
   für Selenium Grid 146

ant launch-hub 147
Anwendungsfallbasierter Test 23
apply 176
Äquivalenzklassenbildung 25–30
   Beispiel 25
   Prinzip 25
assert 75
assertAlert 26
assertErrorOnNext 80, 206
assertFailureOnNext 80, 206
Assertions *siehe auch* Zusicherungen, 75
   aus Accessors ableiten 75
   Parameteranzahl 75
assertSelected 79, 201
assertTitle 57
assignId 74, 194
Attribute Locators 89
auto (TestRunner-Parameter) 106, 107
avoidProxy 122

B

Base URL (Selenium IDE) 44
Befehlsliste (Selenium IDE) 48
Bot Mode 13
break 73, 193
Breakpoints (Selenium IDE) 50
Browser
   von Selenium unterstützte 14
Browser-Test 39
Browserkennungen 116
Browserlauncher
   experimentelle 118–120
   Kommandozeilenoptionen 122
browserSessionReuse 122
Browserspezifische Tests 144

Index

C
C# 51
check 69, 188
chooseCancelOnNextConfirmation 72, 191
chooseOkOnNextConfirmation 72, 191
Chrome 119
*chrome 119
click 185
clickAndWait 66, 185
clickAt 185
clickAtAndWait 185
client-driver (Ordner) 114
close 71, 190
close (TestRunner-Parameter) 107
commandMatchers 166
Continuous Integration
    im TestRunner 106
controlKeyDown 187
controlKeyUp 188
Cookie-Test 37
Cookies 71
Core *siehe* Selenium Core
Core Mode 13
CPAN 131
createCookie 37, 71, 191
CSS 88
    Selector-Syntax 88
css (Locator) 88–89
CSS3
    in Selenium erlaubte Elemente 89
cssQuery 100
*custom 116, 119
cybervillainsCA.cer 137

D
debug (Kommandozeilenoption) 121
defaultLogLevel (TestRunner-Parameter) 107
deleteCookie 37, 71, 191
Dhttp.proxyHost 121
Dhttp.proxyPassword 121
Dhttp.proxyPort 121
Dhttp.proxyUser 121
document (JavaScript-Objekt) 85
Document Object Model *siehe* DOM
DOM 85
dom (Locator) 85–86
dontInjectRegex 122

doubleClick 185
doubleClickAndWait 185
doubleClickAt 186
dragAndDrop 186
dragAndDropToObject 186
dragdrop 186
Driven Mode 15, 122–125

E
echo 74, 194
Element Filter 84
Element Locators *siehe* Locators
Elevated Security Privilege 119
else 167
Encoding
    beim Export aus IDE 124
eval 176
exact (Pattern 97
Export von Tests (Selenium IDE
    teilweise exportieren 53
Export von Tests (Selenium IDE) 51–53
    Sprachen 51
ExternalInterface 174, 178–181

F
Fachlichkeit 36
fireEvent 72, 191
Firefox
    PATH-Variable 147
    Profil 116
    Proxy-Einstellung 116
*firefox 116
Firefox-Add-ons 42
firefox-bin 115
firefoxProfileTemplate 122
FitNesse 173
    Selenium-Tests einbinden 173
Flash 174–181
    Sicherheitseinstellungen 181
Flash 8 und Selenium 178
Flash MX 175
Flash-Selenium 174
flashselenium-java-client-extension.jar 180
Flow Control 167
forcedBrowserMode 122
Formate definieren 169
Funktionaler Test 22

Index

G
getExpandedCommands 166
getNewBrowserSession 115
getSpeed 193
glob (Pattern) 95
goBack 71, 190
Grenzwertanalyse 30–36
    Beispiel 31
    Prinzip 31
grid_configuration.yml 144

H
highlight 74, 194
highlight (TestRunner-Parameter) 107
HTA-Modus des IE 102
htmlSuite 121
HTTPS
    Selenium RC 137
Hub-Konsole 148
-hubURL 149

I
id (Locator) 81, 83
id (Option Locator) 92
ID eines Fensters festlegen 72
identifier (Locator) 81, 83
*iexplore 116
*iehta 119
if 167
index (Option Locator) 92
-interactive (Aufrufoption) 115
interactive (Kommandozeilenoption) 121
Interactive Mode *siehe* Selenium RC
Internet Explorer
    Tests abspielen 17
ISO-8859-1 53

J
Java 51
    Kommandozeilenoptionen 121
JavaScript
    Event auslösen 72
    Selenium RC 134
Javascript Functional Test Runner 100
JavaScript-Alerts
    Unterdrückung 26
JavaScript-Funktion

    als XPath-Ausdruck 88
JSON 158–159
JUnit 22
junit.framework.TestCase 126

K
keyDown 187
keyPress 187
keyUp 187
Komponententest 21
Kontextmenü (Selenium IDE) 46

L
label (Option Locator) 91
launch-hub 147
link (Locator) 84
Link-Test 37
Lizenzierung 12
Locators
    Attribute Locators 89
    HTML-Bezug 81
    Option Locators *siehe* Option Locators
    Rückgabewert bei mehreren Fundstellen 84
    Typen 81
log (Kommandozeilenoption) 121
log (TestRunner-Parameter) 108
Log-Konsole (Seleium IDE) 44
Logging 71
Logging (Selenium IDE) 50
Loglevel setzen 71

M
Macromedia Flash *siehe* Flash
metaKeyDown 187
metaKeyUp 188
Modultest *siehe* Komponententest
mouseDown 186
mouseDownAt 186
mouseMove 186
mouseMoveAt 186
mouseOut 186
mouseOver 186
mouseUp 186
mouseUpAt 187
multiWindow 121
multiWindow (TestRunner-Parameter) 107
Mustererkennung 95

Index

N
name (Locator) 81, 83
    Element Filter 84
        index-Parameter 84
        value-Parameter) 83
Nichtfunktionaler Test 38–40
numCommandErrors (TestRunner-Parameter) 108
numCommandFailures (TestRunner-Parameter) 108
numCommandPasses (TestRunner-Parameter) 108
numTestFailures (TestRunner-Parameter) 108
numTestPasses (TestRunner-Parameter) 108
NUnit 22, 127

O
Oberflächentest 39
open 71, 189
openPopUp 72
OpenQA 12
openWindow 71, 189
*opera 116
Option Locators 90
    id 92
    implizite Adressierung 91
    index 92
    label 91
    value 92

P
Page Element 160
Pageset 160
Parallel-JUnit 143
Patternmatching 95
    implizites 96
pause 73, 193
PEAR 129
Perl 51
Perl Client Driver 131
PERL5LIB 131
PHP 52
PHP Client Driver 129
PHPUnit 130
*pifirefox 119
*piiexplore 119
*piiexplore 119

Pipe-Selenese 110
Play-Button (Selenium IDE) 49
Plugin-Test 37
port (Kommandozeilenoption) 121
Prototype (JavaScript-Bibliothek) 100
Proxy Injection Mode 119
proxyInjectionMode 120, 122
Prozessmodell *siehe* Vorgehensmodell
Python 52
Python Client Driver 132

R
RedCloth 110
reference.html 101
refresh 71, 190
Regressionstest *siehe* Änderungsbezogener Test
reguläre Ausdrücke 96
Remote Runner
    Kommandozeilenoptionen 121
removeAllSelections 188
removeSelection 188
result (TestRunner-Parameter) 108
resultsUrl 106
Rhino 135
rollup 164
Rollup-Regeln 164–167
    aufrufen 164
    exportieren 166
    hinzufügen 165
Ruby 52
Ruby Client Driver 133
Ruby-Selenese 110
    Testbuilder 111
runInterval (TestRunner-Parameter) 107
runScript 74, 194

S
Same Origin Policy 101
    und Selenium-IDE 102
save (TestRunner-Parameter) 107
script.aculo.us 100
select 69, 188
selectFrame 71, 190
selectLocator 79
selectWindow 71, 72, 190
Selenese 16
    Actions *siehe* Actions

Index

Command-Spalte 62
Kommandogruppen 64
Linearität 63
Selenium RC 135
Tabellenaufbau 61
Target-Spalte 62
Value-Spalte 63
Variablen 92–95
Selenese-Kommandos gruppieren 164
SeleneseTestCase 114
Selenium Core 13
Selenium Grid 15
  Architektur 140–145
  mehrere Rechner 152
  parallele Tests 151
  Sanity Check 146
  Starten 147
  Voraussetzungen 145
Selenium Hub 142–143
  Registrierung der RC 149
  Umgebung 144
Selenium IDE 14
  Abspiel-Modus 49–51
  Aufnahme-Modus 44–47
  Base URL wiederverwenden 54
  Befehlsliste 48
  Breakpoints 50
  Browserkompatibilität 42
  Encoding beim Export 124
  Export von Tests 51–53
  Exportieren von Tests 123
  Format für Quelltexte 55
  Installation 42
  Kontextmenü 46
  Logging 50
  Netzwerk-Installation 43
  Optionen 53–56
  Quelltext-Beispiel 59
  setTimeout 53
  sichtbar lassen 46
  Testbefehle hinzufügen 54
  Testeditor 47–49
  TestRunner-Fenster 49
  Tests öffnen 47
  Tests speichern 46
  Testsuiten 47
  Timeout für Remote Control 53

Titel automatisch prüfen 54
Zeichenkodierung 53
Zusicherungen aufnehmen 57
Zusicherungen speichern 45
Selenium on Rails 15
  Installation 110
  partielle Tests 111
Selenium RC 14
  ANT-Target für Start 172
  Browser 114
  C#-Beispiel 128
  Driven Mode 122–125
  Firefox-Aufruf 115
  Flaschenhälse 141
  HTTPS 137
  Interactive Mode 115
  Java 125–127
  JavaScript-Beispiel 135
  Kommandozeilenoptionen 121
  Perl-Beispiel 132
  PHP-Beispiel 130
  Python-Beispiel 132
  Ruby-Beispiel 134
  Selenese 135
  Skalierung 141
  und JavaScript 134
  unter Linux 115
  unter Mac OS X 115
  unterstützte Sprachen 124
  Visual Basic Beispiel 128
Selenium Remote Control *siehe* Selenium RC
Selenium Server
  Kommandozeilenoptionen 121
Selenium-API-Referenz 101
selenium-api.js 100
selenium-browserbot.js 100
selenium-core-1.0-beta-1.jar 100
selenium-java-client-driver.jar 126
Selenium-Module 13
selenium.rb 133
SeleniumAbstractTest 171
sessionId 117
setBrowserLogLevel 71, 191
setCursorPosition 188
setMouseSpeed 187
setSpeed 73, 193
setTimeout 73, 193

Index

setTimeout (Selenium IDE) 53
shiftKeyDown 187
shiftKeyUp 188
Sicherheitstest 38
Smoke-Test 24
Special Keys 67
SSL-Zertifikat 137
    Sicherheitsrisiko 137
store 206
store (Variablendefinition) 93
storeAlert 204
storeAlertPresent 204
storeAllButtons 198
storeAllFields 198
storeAllLinks 197
storeAllWindowIds 196
storeAllWindowNames 196
storeAllWindowTitles 195
storeAttribute 203
storeAttributeFromAllWindows 196
storeBodyText 197
storeChecked 198
storeConfirmation 204
storeConfirmationPresent 205
storeCookie 37, 195
storeCursorPosition 80, 206
storeEditable 79, 199
storeElementHeight 201
storeElementIndex 201
storeElementPositionLeft 202
storeElementPositionTop 202
storeElementPresent 78, 202
    Assertions zu ~ 78
storeElementWidth 201
storeEval 80, 206
storeExpression 80, 207
storeHtmlSource 196
storeLocation 195
storeMouseSpeed 80
storeOrdered 202
storePrompt 205
storePromptPresent 205
storeSelectedId 199
storeSelectedIds 199
storeSelectedIndex 199
storeSelectedIndexes 199
storeSelectedLabel 200
storeSelectedLabels 200
storeSelectedValue 200
storeSelectedValues 200
storeSelectOptions 200
storeSomethingSelected 79, 201
storeTable 197
storeText 77, 198
storeTextPresent 77, 198
storeTitle 197
storeValue 203
storeVisible 203
storeWhetherThisFrameMatchFrameExpression 207
storeWhetherThisWindowMatchWindowExpression 208
storeXpathCount 80, 208
submit 189
suite (TestRunner-Parameter) 108

T
TCallLabel 174–178
test (TestRunner-Parameter) 106, 107
Test::Unit 133
Testarten 22
Testeditor (Selenium IDE) 47–49
TestNG 143, 169
    in Eclipse 172
    Selenium-Tests einbinden 170
Testprozess
    fundamentaler 20
TestRunner 100
    ANT-Task 106
    Ausgabeparameter 108
    auto 106, 107
    Bedienelemente 102
    Benutzeroberfläche 102
    close 107
    Continous Integration 106
    defaultLogLevel 107
    Eingabeparameter 107
    highlight 107
    Kommandozeilen-Aufruf 106
    log 108
    multiWindow 107
    numCommandErrors 108
    numCommandFailures 108
    numCommandPasses 108

N

numTestFailures 108
numTestPasses 108
Optionen 104
result 108
runInterval 107
save 107
Steuerpult 105
suite 108
test 107
test (Parameter) 106
TestTable.x 108
totalTime 108
TestRunner-Fenster (Selenium IDE) 49
TestRunner.hta 102
TestRunner.html 13
Tests öffnen (Selenium IDE) 47
Tests speichern (Selenium IDE) 46
Teststufen 21
Testsuite
Aufbau 104
TestSuite.php 114
Testsuiten (Selenium IDE) 47
TestTable.x (TestRunner-Parameter) 108
ThoughtWorks 12
ThoughtWorks.Selenium.Core.dll 127
Timeout (für Remote Control) 53
timeout (Kommandozeilenoption) 121
Titel automatisch prüfen (Selenium IDE) 54
totalTime (TestRunner-Parameter) 108
trusAllSSLCertificates 121
type 189
typeKeys 68, 188

U

UI Map 160
ui-element.js 166
UI-Elemente 158-163
Domänenmodell 159
in IDE aktiviere 162
Page Element 160
Pageset 160
ui-map-sample.js 166
uncheck 69, 189
Unit-Test *siehe* Komponententest
unittest 132

V

value (Option Locator) 92
variable Nutzereingaben automatisieren 95
Variablen 92
Datenstruktur 94
Direktzugriff auf Array 94
Substitution 94
Wertzuweisung 93
verify 75
Visual Basic 128
Visual Studio 127
Visual Studio 2005 Team System 127
Vorgehensmodell 19

W

waitfor 75
waitForCondition 73, 192
waitForElementPresent 57
waitForFrameToLoad 192
waitForPageToLoad 65, 193
waitForPopUp 193
waitForTextPresent 57
while 167
windowFocus 71, 190
windowID festlegen 72
windowMaximize 71, 190

X

XPath 86
xpath (Locator) 86-88
XPI-Datei 43
XUL 119

Z

Zeichenkodierung (Selenium IDE) 53
Zusicherungen (Selenium IDE) 45
Zustandsbezogener Test 36
Ursache-Wirkungs-Graph-Analyse 36
Use-Case-Diagramm 23
user-extensions.js 54, 166, 167
userContentTransformation 122
userExtensions 121
userlsInjection 122
UTF-8 53